A ARTE DA FELICIDADE
EM UM MUNDO CONTURBADO

A ARTE DA FELICIDADE EM UM MUNDO CONTURBADO

SUA SANTIDADE,
O DALAI-LAMA
e
HOWARD C. CUTLER

Tradução
RODRIGO NEVES

SÃO PAULO 2013

Esta obra foi publicada originalmente em inglês com o título
THE ART OF HAPPINESS IN A TROUBLED WORLD
por Doubleday Religion, um selo de Crown Publishing Group,
divisão de Random House, Inc, N. York.
Copyright © 2009 by Sua Santidade, o Dalai-Lama, e Howard C. Cutler, M.D.
Todos os direitos reservados. Este livro não pode ser reproduzido, no todo ou em parte, armazenado
em sistemas eletrônicos recuperáveis nem transmitido por nenhuma forma ou meio eletrônico,
mecânico ou outros, sem a prévia autorização por escrito do Editor.
Copyright © 2011, Editora WMF Martins Fontes Ltda.,
São Paulo, para a presente edição.

1ª edição 2011
2ª tiragem 2013

Tradução
RODRIGO NEVES

Acompanhamento editorial
Márcia Leme
Preparação do original
Maria Luiza Favret
Revisões gráficas
Letícia Braun
Ana Paula Luccisano
Edição de arte
Katia Harumi Terasaka
Produção gráfica
Geraldo Alves
Paginação
Moacir Katsumi Matsusaki

Dados Internacionais de Catalogação na Publicação (CIP)
(Câmara Brasileira do Livro, SP, Brasil)

Bstan-'dzin-rgya-mtsho, Dalai Lama XIV
A arte da felicidade em um mundo conturbado / Sua Santidade, o
Dalai-Lama e Howard C. Cutler ; tradução Rodrigo Neves. – São
Paulo : Editora WMF Martins Fontes, 2011.

Título original: The Art of Happiness in a Troubled World.
ISBN 978-85-7827-437-5

1. Budismo – Doutrinas 2. Felicidade – Aspectos religiosos –
Budismo 3. Vida religiosa – Budismo I. Cutler, Howard C. II. Título.

11-06805 CDD-294.3444

Índice para catálogo sistemático:
1. Vida religiosa : Budismo 294.3444

Todos os direitos desta edição reservados à
Editora WMF Martins Fontes Ltda.
Rua Prof. Laerte Ramos de Carvalho, 133 01325.030 São Paulo SP Brasil
Tel. (11) 3293.8150 Fax (11) 3101.1042
e-mail: info@wmfmartinsfontes.com.br http://www.wmfmartinsfontes.com.br

SUMÁRIO

Nota do autor   *VII*
Introdução   *IX*

PRIMEIRA PARTE: EU, NÓS E ELES   *3*

Capítulo 1 Eu *versus* nós   *5*
Capítulo 2 Eu *e* nós   *36*
Capítulo 3 O preconceito (nós *versus* eles)   *62*
Capítulo 4 Superando o preconceito   *92*
Capítulo 5 O nacionalismo exacerbado   *132*

SEGUNDA PARTE: A VIOLÊNCIA *VERSUS* O DIÁLOGO   *149*

Capítulo 6 Revendo a natureza humana   *151*
Capítulo 7 As causas da violência   *172*
Capítulo 8 As raízes da violência   *188*
Capítulo 9 Lidando com o medo   *212*

**TERCEIRA PARTE: A FELICIDADE
EM UM MUNDO CONTURBADO** *245*

Capítulo 10 Lidando com um mundo conturbado *247*
Capítulo 11 A esperança, o otimismo
e a resiliência *273*
Capítulo 12 A felicidade interior, a felicidade exterior
e a confiança *328*
Capítulo 13 As emoções positivas e a construção
de um novo mundo *352*
Capítulo 14 Encontrando a nossa humanidade
comum *370*
Capítulo 15 A empatia e a compaixão: encontrando a
felicidade em um mundo conturbado *402*

Sobre os autores *447*

NOTA DO AUTOR

Neste livro são relatadas longas conversas com o Dalai-Lama. Com generosidade, ele me permitiu escolher para o livro o formato que, a meu ver, transmitiria melhor suas ideias. Considerei que a narrativa encontrada nestas páginas proporcionaria uma leitura mais agradável e ao mesmo tempo passaria uma noção de como o Dalai-Lama põe em prática suas ideias na vida diária. Com sua aprovação, organizei este livro de acordo com o tema tratado. Acabei decidindo combinar e associar material que pode ter sido extraído de conversas variadas. O intérprete do Dalai-Lama, o doutor Thupten Jinpa, gentilmente fez a revisão da versão final dos originais, para assegurar que não houvesse, em decorrência do processo de organização, nenhuma distorção inadvertida das ideias do Dalai-Lama.

Uma série de descrições de casos e relatos pessoais foi apresentada para ilustrar as ideias em pauta. Com o objetivo de manter a confidencialidade e proteger a privacidade dos envolvidos, em todos os casos alterei os nomes, detalhes e outras características particulares, para evitar que fossem identificados.

HOWARD C. CUTLER

INTRODUÇÃO

Não faz muito tempo, fui convidado a abrir uma conferência sobre a felicidade humana, na Austrália. Era um evento extraordinariamente grandioso, que reunia cinquenta importantes estudiosos vindos de diferentes partes do mundo para falar sobre a felicidade. Recebeu milhares de participantes, e até mesmo o Dalai-Lama apareceu no segundo dia, como palestrante convidado.

Com tantos colegas de profissão reunidos no mesmo lugar, surgiram muitas discussões animadas sobre grande variedade de assuntos. Durante o almoço, ouvi alguns colegas que discutiam o mérito de artigos que tinham sido publicados recentemente em jornais australianos e que versavam sobre o debate que ocorria nos círculos da psicologia positiva, um novo ramo da psicologia, muitas vezes chamado de "a ciência da felicidade humana". A questão em debate era a seguinte: Se quiséssemos aumentar a felicidade humana, que estratégia seria melhor: centrar-nos no desenvolvimento interior ou no bem-estar coletivo? Em outras palavras, deveríamos nos dedicar primeiramente à criação de técnicas que almejassem a felicidade particular da pessoa, ou deveríamos focar nossa atenção em melhorar as condições sociais, criando um ambiente que permitisse aos membros de determinada sociedade vicejar e que resultasse em um aprimoramento da felicidade da população como um todo?

O debate, por vezes, parecia ficar bastante acalorado. Alguns dos que defendiam a abordagem social repudiavam a psicologia positiva – que tem seu foco na criação de métodos efetivos para garantir a felicidade pessoal –, tratando-a como um simples modismo de autoajuda, voltado para a busca egoísta da gratificação individual. É claro que os estudiosos da psicologia positiva tinham argumentos poderosos contra essa visão. Embora não discordassem de que as necessidades básicas da vida eram um pré-requisito para a felicidade, ressaltavam que, uma vez que a felicidade era um estado subjetivo, que compreendia as atitudes, as percepções e as emoções de uma pessoa, em última análise, era necessário centrar-se no estado interno de cada um, a fim de aumentar os seus níveis de felicidade. Mais ainda, respondendo às alegações de que a busca de felicidade pessoal seria uma prática egoísta e egocêntrica, os

INTRODUÇÃO

defensores da psicologia positiva mencionaram estudos mostrando que o aumento da felicidade torna o indivíduo mais caridoso, mais gentil, mais disposto a estender a mão para ajudar os outros, ao passo que as pessoas *infelizes* são mais egoístas e egocêntricas.

Até aquele momento, eu desconhecia a real extensão do debate, que, de certa forma, podia ser resumido a uma questão básica de orientação pessoal: "eu" ou "nós"? Assim, quando percebi pela primeira vez que as pessoas estavam debatendo essa questão, fiquei empolgado. Eu e o Dalai-Lama tínhamos conversado sobre isso durante discussões recentes a respeito da relação entre a pessoa, a sociedade e a felicidade humana, ao tentar responder a perguntas como: Que influência tem a sociedade na felicidade de uma pessoa? Se os problemas sociais prejudicam a nossa felicidade, o que podemos fazer quanto a isso? Que responsabilidade tem o indivíduo de mudar a sociedade? E o que ele pode fazer de fato?

Essas discussões, que incluem algumas das conversas relatadas neste livro, fazem parte de um diálogo contínuo que iniciamos em 1993. Para colocar essas conversas em um contexto adequado, creio que devo dar um passo para trás e falar sucintamente a respeito da série de livros *The Art of Happiness* [*A arte da felicidade*] e das mudanças radicais que ocorreram tanto no mundo acadêmico quanto entre o público geral com relação à percepção e ao entendimento da felicidade.

HISTÓRIA DE *A ARTE DA FELICIDADE*

Foi no começo da década de 1990 que tive a ideia de escrever um livro sobre a felicidade em coautoria com o Dalai-Lama. Ele, é claro, àquela altura já havia escrito cerca de trinta livros mas não havia atingido o público ocidental, pois seus livros eram voltados quase exclusivamente para os estudiosos e os praticantes do budismo. Eu já conhecia o Dalai-Lama fazia uma década, tempo suficiente para saber que ele tinha muito a oferecer tanto a budistas quanto a não budistas. Então comecei a pensar em um livro escrito para o público ocidental que resumisse os princípios fundamentais que haviam permitido a Sua Santidade atingir a felicidade. Concentrando-me na aplicação prática das suas ideias na vida cotidiana e enquadrando os seus pensamentos no contexto da ciência e da psicologia ocidentais, eu esperava criar uma estratégia eficiente para encontrar a felicidade, algo que incluísse o melhor do Oriente e do Ocidente. O Dalai-Lama aceitou minha proposta de imediato, e começamos a desenvolver o projeto em 1993, durante sua primeira visita ao meu estado, o Arizona.

Inspirado e instigado pelo projeto, resolvi abandonar temporariamente a prática da psiquiatria para me dedicar de corpo e alma ao livro. Imaginei que o escreveria em seis meses, e, com a coautoria do Dalai-Lama, eu tinha certeza de que as melhores editoras do ramo se interessariam em publicá-lo.

Calculei mal. Cinco anos depois, eu ainda estava trabalhando no livro, vendo crescer sobre a minha mesa a desmoralizante pilha de cartas de rejeição – cartas de agentes

INTRODUÇÃO

literários e de editores que estavam convencidos de que não havia público para os livros do Dalai-Lama, de que não existia mercado para uma colaboração dele com um psiquiatra ocidental, de que o público não se interessava por livros sobre a felicidade. Esgotados os meus recursos financeiros, parecia que não me restava alternativa, e eu estava quase decidido a publicar alguns exemplares por conta própria e retornar para a psiquiatria, quando a sorte, enfim, bateu à minha porta. Um comentário casual feito pela mãe de um amigo quando conversávamos, perto de um desconhecido, no metrô de Nova York – um desconhecido que, por acaso, trabalhava no setor editorial – iniciou uma série de ligações que terminou por me garantir um agente e uma grande editora. E foi assim que, em 1998, com expectativas modestas e uma pequena tiragem, *The Art of Happiness: a Handbook for Living* [*A arte da felicidade: um manual para a vida*] finalmente foi publicado.

A vida é imprevisível. Para a nossa imensa surpresa, o livro foi recebido de maneira positiva e arrebatadora. Ele parecia tocar os leitores, ecoando profundamente no coração de muitas pessoas que ansiavam por uma vida melhor. Em pouco tempo, despontou nas listas de *best-sellers* em todo o mundo, inclusive na do *New York Times*, na qual permaneceu por 97 semanas. Por fim, foi traduzido para cinquenta idiomas e tornou-se um clássico eterno, com milhões de exemplares vendidos.

Graças à popularidade do livro, recebemos cartas lindas e comoventes. Muitas pediam uma continuação, destacando questões omitidas no primeiro livro. Por exemplo, ao focar principalmente no desenvolvimento interno como caminho para a felicidade, incluí discussões sobre obstáculos internos à felicidade, mas não falei sobre os problemas sociais maiores, apesar de o Dalai-Lama ter levantado essas questões com certa regularidade em nossas conversas particulares e em suas palestras.

Mas era chegada a hora de enfrentar o fato de que nós, seres humanos, não vivemos no vácuo – vivemos em uma sociedade com muitos problemas que podem prejudicar a nossa felicidade. Assim, querendo explorar essas questões sociais e globais mais profundamente com o Dalai-Lama – e, ao mesmo tempo, desejando responder aos pedidos dos leitores –, eu lhe propus que escrevêssemos uma continuação para o livro, motivados pela questão fundamental: *Como podemos ser felizes em um mundo conturbado?* Ele aceitou.

Embora minha intenção inicial fosse tratar desse vasto assunto em uma única continuação de *A arte da felicidade: um manual para a vida*, logo percebemos que o tema era bastante amplo e incluía tópicos demais para caber em um único livro, de modo que fomos obrigados a dividir os tópicos em uma série de volumes. O segundo livro da série, *The Art of Happiness at Work* [*A arte da felicidade no trabalho*], publicado em 2003, aplicava os princípios da arte da felicidade no ambiente em que muitos de nós passamos grande parte de nossa vida: o local de trabalho. Assim como o primeiro livro, *A arte da felicidade no trabalho* foi muito bem recebido e chegou à lista de *best-sellers* do *New York Times* – mas, como seu antecessor, focou quase exclusivamente o nível individual.

♦

XIV

INTRODUÇÃO

Neste volume, finalmente nos voltamos para os problemas sociais mais amplos que prejudicam a felicidade humana. Em primeiro lugar, identificamos a ausência de um espírito comunitário e o desgaste da confiança em muitas das sociedades atuais. Depois, abordamos questões como o preconceito, o racismo, o terrorismo, a violência e o medo. A série *A arte da felicidade* continua sendo uma obra em construção, com mais três volumes a serem publicados. Um deles abordará a questão da violência, incluindo as suas causas, as soluções e a visão do Dalai-Lama de que o século XXI será o "século do diálogo". Outro volume tratará de assuntos como os estilos de vida, a riqueza, a pobreza, o consumismo, as questões econômicas, a educação e o chamado do Dalai-Lama para que desenvolvamos um sentimento de "responsabilidade universal". E, por fim, teremos um manual prático, que oferecerá um programa de treinamento para a felicidade com base na ciência, mesclando princípios budistas e práticas da ciência e da psicologia ocidental.

UMA REVOLUÇÃO DA FELICIDADE

Essa visão do Dalai-Lama de que a felicidade é um objeto tangível, algo que podemos cultivar deliberadamente por meio da prática e da persistência, assim como qualquer outra habilidade, está no cerne do conceito budista de felicidade. Com efeito, a ideia de treinar a mente tem sido o substrato do budismo há milênios. Coincidentemente, pouco depois da publicação de *A arte da felicidade*, essa mesma ideia começou a enraizar na sociedade, vinda de outra direção – como uma "nova" descoberta científica –, que levou a uma mudança fundamental na maneira como enxergamos a felicidade. Cada vez mais pessoas pareciam rejeitar a ideia de que ela era um simples produto de circunstâncias externas, e passaram a vê-la como algo que podia ser desenvolvido de modo sistemático. Essa mudança provocou uma Revolução da Felicidade que ocorreu em todo o mundo, caracterizada por um súbito interesse por parte da comunidade científica e do público geral pela questão.

Embora haja sempre múltiplos fatores que estimulam a rápida expansão de um movimento como a Revolução da Felicidade, nesse caso o divisor de águas parece ter sido o estabelecimento formal de um novo campo da psicologia, voltado para as emoções positivas e para as virtudes humanas. O doutor Martin Seligman, influente psicólogo, considerado por muitos o fundador desse novo campo, dedicou seu mandato como presidente da Associação Norte-Americana de Psicologia à promoção dessa nova área de saber, que ele chamou de "psicologia positiva". Seligman uniu-se a outro pesquisador brilhante, o doutor Mihaly Csikszentmihalyi, para desenvolver os rudimentos dessa nova disciplina, e os dois logo foram acompanhados por um grupo de importantes pesquisadores de universidades norte-americanas e europeias que se interessava tanto pelas qualidades e virtudes humanas quanto por suas fraquezas e patologias.

Quando comecei a escrever *A arte da felicidade: um manual para a vida*, havia poucos estudos sobre a felici-

◆

XVI

INTRODUÇÃO

dade e as emoções positivas. Com exceção de algumas vozes dissidentes, poucos pesquisadores dispunham-se a investigar essas questões imensamente impopulares. Com o encetamento da psicologia positiva, no entanto, o cenário mudou drasticamente: *pela primeira vez na história da humanidade, a felicidade recebeu um espaço legítimo na investigação científica.* Como resultado, vimos o crescimento exponencial de novos estudos no campo da felicidade na última década. E, para a minha imensa alegria, o crescente corpo de dados científicos tem ratificado e validado com bastante consistência as opiniões do Dalai-Lama. Assim, com o surgimento de novas provas, os princípios budistas e a ciência vão se fundindo de muitas maneiras diferentes.

OS BENEFÍCIOS DA FELICIDADE

Um dos principais fatores responsáveis por estimular a Revolução da Felicidade tem sido o estarrecedor corpo de pesquisas que comprovam os muitos benefícios da felicidade – benefícios que vão muito além de "sentir-se bem". Com efeito, o cultivo da felicidade pode ser visto como um "bem vitalício" para aqueles que buscam o sucesso em todos os campos da vida. A felicidade proporciona conquistas amorosas, casamentos melhores, relacionamentos mais fortes, saúde física e mental e uma vida mais longa (até dez anos mais longa!). Ela aumenta a criatividade, as habilidades cognitivas e a resiliência. Pessoas felizes alcançam mais sucesso no trabalho e recebem salários melhores. Além disso, empresas com funcionários felizes são mais bem-sucedidas e têm lucros maiores.

Apesar dos muitos benefícios que resultam do cultivo da felicidade, é importante salientar que *ele não é benéfico apenas para o indivíduo, mas também para a família, a comunidade e a sociedade em geral.* De fato, esse é um dos princípios fundamentais que permeiam a série *A arte da felicidade.* Embora esse princípio tenha sido introduzido no primeiro volume da série, ele assume um novo sentido à luz deste livro e das recentes pesquisas científicas voltadas para as emoções positivas.

Já mencionei o debate sobre qual abordagem seria "melhor": a que conduz à felicidade pessoal ou a que conduz à mudança social? Isto é, devemos trabalhar no sentido de buscar a felicidade pessoal ou a felicidade social? Na Austrália, ninguém se deu ao trabalho de perguntar a opinião do Dalai-Lama, mas ele já havia respondido a essa questão ao longo das nossas conversas, e a sua resposta era diferente de tudo o que fora dito até então pelos envolvidos no debate. Qual era a sua resposta para o debate? *Não havia debate!* Qual era a melhor abordagem? *As duas!* Não era preciso excluir uma das alternativas. *Ele acreditava que podíamos e devíamos trabalhar no sentido de buscar a felicidade pessoal e a felicidade social ao mesmo tempo.*

O Dalai-Lama oferece muitos métodos para o cultivo da felicidade. Na terceira parte deste livro, por exemplo, ele começa a esboçar uma abordagem prática que nos permitiria lidar com os problemas do mundo moderno e cultivar, ao mesmo tempo, a esperança, o otimismo, a confiança e outros estados mentais positivos. Uma vez que as emoções e os estados mentais positivos influenciam diretamente os nossos níveis gerais de felicidade, em última análise, sua abordagem nos ensina a encontrar a felicidade em um mundo conturbado.

No que diz respeito ao cultivo da "felicidade social", é claro, há muitas coisas que podemos fazer para ajudar a construir um mundo melhor – o que escolhemos fazer é determinado pelos nossos interesses pessoais, pelos nossos recursos, pelas nossas habilidades, pelas circunstâncias etc. As medidas específicas que podemos tomar para reduzir problemas sociais como a pobreza e a destruição do meio ambiente serão discutidas no próximo volume da série *A arte da felicidade*. Nele também serão discutidos assuntos como o altruísmo e a conduta pró-social ou filantrópica.

A INTERSEÇÃO ENTRE A FELICIDADE PESSOAL E A FELICIDADE COLETIVA

Neste volume, oferecemos uma abordagem diferente, uma abordagem poderosa e um tanto radical que visa buscar, ao mesmo tempo, a felicidade interior e a solução dos problemas sociais. Nos capítulos finais deste livro, apresentamos *nosso argumento-chefe, segundo o qual as emoções positivas em geral – e as "emoções supremas" da compaixão e da empatia, em especial – residem no ponto de interseção entre a felicidade interna e a felicidade externa e podem gerar, ao mesmo tempo, a felicidade pessoal e uma solução para muitos dos problemas que atingem a sociedade de hoje (constituem, na pior das hipóteses, um passo inicial para a resolução desses problemas).*

Por exemplo, apresentamos dados científicos que mostram que o cultivo da compaixão pode ser visto como uma técnica efetiva para aumentar a felicidade pessoal. Além disso, mostramos que *a empatia e a compaixão provocam mudanças específicas no funcionamento cerebral, alteram a maneira como enxergamos os outros e como interagimos uns com os outros* – por exemplo, dando-nos a impressão de que somos mais parecidos com eles. O resultado dessas mudanças é que passamos a nos relacionar com os outros em função de nossas semelhanças, e não de nossas diferenças, e assim derrubamos barreiras entre "nós" e "eles". Isso também produz modos de pensar característicos que funcionam como antídotos específicos para alguns dos problemas sociais que serão explorados nos próximos capítulos – até mesmo para o preconceito instintivo, "automático e inconsciente", que sentimos contra aqueles que nos parecem diferentes e que, até pouco tempo, era considerado insuperável. Por fim, explicaremos como essa abordagem pode ser vantajosa para outras abordagens mais convencionais, em razão de fatores como a natureza contagiante das emoções positivas e da felicidade.

No último capítulo, mostraremos que existem métodos e exercícios específicos que podem ser praticados por qualquer um e que visam aumentar nossa capacidade para a empatia e a compaixão – não precisamos ser naturalmente empáticos ou "bonzinhos" para exibir níveis altos de empatia e de compaixão. Qualquer um pode fazer uso dessas técnicas para aumentar seus níveis gerais de felici-

INTRODUÇÃO

dade cotidiana. Mas, para resolver os problemas sociais, seria necessário que uma parcela significativa da população praticasse essas técnicas. Poderíamos ensiná-las às nossas crianças, por exemplo, como uma das disciplinas do ensino, e também promover os benefícios dessas técnicas nas diferentes mídias.

Antes que isso aconteça, no entanto, será necessário que mais pessoas aceitem a noção de compaixão proposta pelo Dalai-Lama, que enxerguem a compaixão como uma fonte de felicidade pessoal, algo que seja benéfico para o indivíduo, e não apenas para "o outro". Será necessário que essas pessoas enxerguem a compaixão como um valor prático, com benefícios reais, e não apenas como um conceito abstrato "legalzinho" da filosofia ou uma questão "vaga" de cunho religioso, espiritual e moral. Ela deve ser vista como uma necessidade, como algo imprescindível à nossa sobrevivência, e não como um luxo ou algo que praticamos apenas na igreja, aos domingos, ou depois de termos nos aposentado na Flórida, já milionários.

É claro que alterar o currículo escolar e ensinar essas técnicas às nossas crianças seria um processo vagaroso. Além do mais, os problemas do mundo contemporâneo são variados e complexos e não há fórmulas secretas ou palavras mágicas que possam erradicar da noite para o dia todos os problemas da humanidade, tanto os pessoais quanto os globais. Mas pelo menos temos um ponto de partida. Como diz o Dalai-Lama, há medidas práticas que nos permitem lidar com um mundo conturbado, estratégias que nos permitem manter a felicidade cotidiana enquanto procuramos soluções para problemas mais amplos. Essencialmente descobriremos que a mensagem do Dalai-Lama é uma mensagem de esperança, baseada na convicção de que a natureza humana é fundamentalmente bondosa e na sensação de paz que resulta da conscientização de que há um caminho específico que leva à felicidade – de fato, muitos caminhos.

A ARTE DA FELICIDADE EM UM MUNDO CONTURBADO

Primeira parte

EU, NÓS E ELES

Capítulo 1

EU *VERSUS* NÓS

Creio ser esta a primeira vez que vejo a maioria de vocês. Mas, para mim, não faz muita diferença se estou falando com um velho ou com um novo amigo, porque acredito que somos iguais: somos todos seres humanos.

— SUA SANTIDADE, O DALAI-LAMA, FALANDO
A UMA PLATEIA DE MILHARES DE PESSOAS

O tempo passa. As coisas mudam. Mas há uma constante com a qual me acostumei ao longo dos anos, nas viagens que fiz com o Dalai-Lama em suas turnês de palestras: ao se dirigir ao público em geral, ele sempre inicia os seus discursos da mesma maneira: "Somos todos iguais…"

◆

A ARTE DA FELICIDADE EM UM MUNDO CONTURBADO

Depois de ter estabelecido uma ligação com cada um dos seus ouvintes, ele começa a discorrer sobre o assunto em pauta. Mas, ao longo dos anos, testemunhei um fenômeno incrível: esteja ele falando a um grupo de líderes no capitólio norte-americano, esteja ele falando a uma multidão de 100 mil pessoas no Central Park, ou a uma assembleia ecumênica na Austrália, ou a uma comunidade científica na Suíça, ou ensinando 20 mil monges na Índia, é possível sentir um efeito quase palpável. Ele parece criar um sentimento de comunhão entre seus ouvintes, não apenas entre ele e a plateia, mas também entre os membros da plateia, uma ligação fundamentalmente humana.

Era manhã de segunda-feira, e eu estava de volta a Dharamsala para falar com o Dalai-Lama e iniciar uma nova série de discussões. Sede de uma próspera comunidade tibetana, Dharamsala é um vilarejo tranquilo, localizado na cordilheira de Dauladar, uma das ramificações do Himalaia no norte da Índia. Eu tinha chegado dias antes, praticamente junto com o Dalai-Lama, que acabara de voltar para casa após uma turnê de palestras pelos Estados Unidos que se estendera por três semanas.

Tomei meu café da manhã bem cedo e, como a residência do Dalai-Lama ficava a cinco minutos de caminhada de onde eu estava hospedado, retornei ao salão social para tomar um café e reler as anotações que tinha preparado para o nosso encontro. Embora não houvesse ninguém no salão quando cheguei, alguém tinha deixado a tevê ligada no noticiário. Concentrado no que eu estava fazendo, não prestei atenção a ele e, por algum tempo, o sofrimento mundial não passou de um ruído de fundo para mim.

◆

6

Não demorou muito, ergui os olhos, olhei para a tevê e uma história chamou minha atenção. Um terrorista suicida palestino havia detonado uma bomba em uma discoteca em Tel Aviv, com a intenção de atingir meninos e meninas israelenses. Vinte e poucos adolescentes tinham morrido. Mas matá-los parecia não ser suficiente para o terrorista: ele enchera a bomba com pregos tortos e enferrujados para desfigurar e mutilar aqueles que não conseguisse matar.

Antes que eu pudesse assimilar completamente a imensa crueldade desse ato, outras notícias passaram rapidamente pela tela da tevê – uma triste mescla de desastres naturais com atos intencionais de violência... O príncipe herdeiro do Nepal mata toda a sua família... Sobreviventes do terremoto de Gujarat tentam se recuperar dos estragos.

Tendo acompanhado o Dalai-Lama em sua mais recente turnê, notei que a frase "somos todos iguais" ecoava em meus ouvidos enquanto eu assistia àquelas terríveis histórias de desgraça e sofrimento. Foi quando percebi que eu estivera assistindo ao noticiário como se as vítimas fossem entidades vagas, abstratas e sem rosto, em vez de pessoas "iguais a mim". Parecia que, quanto mais eu me distanciava das vítimas, menos elas se me afiguravam reais e vivas, como seres humanos de carne e osso. Então, por um breve momento, tentei imaginar como seria estar entre as vítimas do terremoto, fazendo minhas tarefas diárias em um momento e, 75 segundos depois, vendo-me sem família, sem casa e tudo o mais, tornando-me um indigente solitário num piscar de olhos.

"*Somos todos iguais.*" Era um princípio poderoso, um princípio que poderia mudar o mundo, eu tinha certeza.

◆

— Vossa Santidade – comecei –, gostaria de lhe falar esta manhã sobre a ideia de que somos todos iguais. No mundo de hoje prevalece um sentimento de isolamento e de alienação entre as pessoas, um sentimento de separação e, ouso dizer, de desconfiança. Tenho para mim que, se pudéssemos cultivar um sentimento de comunhão com os outros, uma ligação verdadeiramente profunda, um laço comum, acho que isso transformaria a sociedade e resolveria muitos dos problemas do mundo moderno. Por esse motivo eu gostaria de conversar com o senhor sobre esse princípio que diz que somos todos iguais, e...

– Somos todos iguais? – perguntou o Dalai-Lama.

– Somos, e...

– De onde você tirou essa ideia?

– Como?

– Quem lhe disse isso? – perguntou.

– Bem... O *senhor* – gaguejei, um pouco confuso.

– Howard! – disse bruscamente. – *Não somos todos iguais*. Somos diferentes! Todo o mundo é diferente.

– Sim, é claro – corrigi-me depressa –, temos diferenças superficiais, mas o que quis dizer é que...

– Nossas diferenças não são necessariamente superficiais – insistiu ele. – Por exemplo, conheço um Lama importante que vive em Ladakh. Somos muito próximos, mas, ao mesmo tempo, tenho consciência de que ele é indiano. Por mais que sejamos próximos, ele jamais será um tibetano, será sempre um indiano.

Eu tinha ouvido o Dalai-Lama iniciar suas palestras com a frase "somos todos iguais" tantas vezes ao longo dos anos que essa mudança de rumo na conversa estava começando a me deixar desorientado.

– Nas suas turnês e nas suas palestras, o senhor sempre diz que "somos todos iguais". Este parece ser um tema recorrente em seus discursos. Por exemplo, o senhor diz que focamos em nossas diferenças, quando, na verdade, somos todos iguais em nosso desejo de sermos felizes e de evitarmos o sofrimento, e...

– Ah, sim – reconheceu. – E também temos o mesmo potencial humano. É verdade, costumo iniciar minhas palestras com esse tipo de coisa. Mas isso é porque muitas pessoas diferentes vêm me ver. Agora, sou um monge budista. Sou tibetano. Outras pessoas podem ter histórias diferentes da minha. Se não tivéssemos nada em comum, nada que compartilhássemos, então de nada adiantaria eu expor minhas ideias. Mas o fato é que somos todos seres humanos. Este é o ponto em comum que me permite compartilhar minhas experiências pessoais com os outros.

– Era aonde eu queria chegar: essa ideia de que somos todos seres humanos – expliquei, aliviado por estarmos falando a mesma língua. – Creio que, se as pessoas fossem capazes de pensar que todos os seres humanos são iguais e que elas são iguais às outras pessoas, essa atitude transformaria a sociedade... de maneira efetiva. Gostaria que o senhor falasse um pouco mais sobre isso.

O Dalai-Lama respondeu:

– Se quisermos entender essa questão, teremos de investigar o que nos faz pensar que somos independentes, isolados, separados, e o que nos faz enxergar o outro como alguém diferente, separado. Só então chegaremos ao fundo da questão. Mas não podemos simplesmente partir da premissa de que somos todos iguais, negando todas as nossas diferenças.

– Certo, foi isso o que eu quis dizer. Acho que podemos concordar que, se as pessoas se relacionassem umas com as outras como seres humanos iguais, se todos se relacionassem como o senhor faz, em um nível humano básico, como irmãos e irmãs, como já ouvi o senhor dizer, o mundo seria um lugar bem melhor. Não teríamos todos esses problemas sobre os quais eu gostaria de lhe falar, e nós dois poderíamos conversar sobre outras coisas, sobre partidas de futebol e filmes, quem sabe?

– Não sei – continuei. – Acho que essa sua abordagem que visa construir um sentimento de comunhão entre as pessoas serve para lembrá-las das características que elas compartilham como seres humanos. É isso o que o senhor faz sempre que tem a oportunidade de falar a um grande público.

– É verdade – ele meneou a cabeça.

– Não sei – repeti. – Esse é um assunto tão importante, tão simples em tese, mas tão difícil na prática, que fico me perguntando se não existem outros métodos que facilitem o processo, que o acelerem, ou que motivem as pessoas a verem as coisas de um ponto de vista diferente, devido à quantidade de problemas que enfrentamos no mundo de hoje.

– Outros métodos... – ele disse lentamente, refletindo sobre a questão, enquanto eu, ansioso, tentava adivinhar os seus *insights* e a sua sabedoria. Então, de repente, ele começou a rir. E, como se tivesse tido uma súbita epifania, exclamou: – Mas é claro! Se conseguíssemos fazer os seres de Marte vir ao nosso planeta para nos ameaçar de alguma maneira, creio que os povos da Terra se uniriam em um piscar de olhos! Formariam alianças e diriam: "*Nós*, o povo do planeta Terra!" – ele continuou rindo.

Incapaz de resistir à sua deliciosa gargalhada, também comecei a rir.

– É, acho que seria uma boa ideia – concordei. – Verei o que posso fazer para agendar uma reunião com o Conselho Interplanetário. Enquanto isso, enquanto esperamos pela nave-mãe, o que podemos fazer?

E foi assim que iniciamos uma série de diálogos que se estenderia por muitos anos. A discussão começou naquela manhã, quando mencionei displicentemente a frase "somos todos iguais", como se estivesse criando um *slogan* para um anúncio de refrigerante que iria salvar o mundo. O Dalai-Lama respondeu com sua característica relutância em reduzir questões importantes a fórmulas simplistas. Estávamos falando sobre questões fundamentais: Como podemos estabelecer um profundo sentimento de comunhão com os outros, um laço humano comum, a fim de incluir pessoas diferentes? Será possível considerar um inimigo como um semelhante? Será possível enxergar todos os seres humanos como irmãos e irmãs, ou isso é apenas uma utopia?

A discussão logo se tornou mais abrangente e se estendeu a questões importantes, como a relação entre o indivíduo e a sociedade. Estávamos falando de coisas muito sérias: Como podemos ser felizes se os problemas sociais invariavelmente afetam a nossa felicidade pessoal? Devemos buscar o caminho do desenvolvimento interior ou da mudança social para alcançar a felicidade?

Durante as nossas discussões, o Dalai-Lama abordou essas questões não como se elas fossem conceitos abstratos ou especulações filosóficas, mas como se fossem realidades dentro do contexto da nossa vida cotidiana, revelando como estavam diretamente ligadas a problemas e medos reais.

Em nossas primeiras conversas em Dharamsala, discutimos o desafio que é mudar a nossa orientação do eu para o nós. Menos de um ano mais tarde, retornei para Dharamsala para uma segunda série de diálogos – o ataque de 11 de setembro havia acontecido nesse ínterim e iniciou uma guerra ao terror de proporções globais. Estava claro que cultivar uma orientação voltada para o "nós" não seria suficiente. Sabendo que a existência de um "nós" implicava a presença de um "eles", restava-nos agora enfrentar os problemas associados à mentalidade do "nós contra eles": o preconceito, a desconfiança, a indiferença, o racismo, o conflito, a violência, a crueldade e uma vasta gama de sentimentos terríveis que os seres humanos são capazes de nutrir uns pelos outros.

Quando nos encontramos em Tucson, no Arizona, anos mais tarde, o Dalai-Lama começou a entrelaçar as muitas ideias que tivéramos ao longo de nossas conversas. Ele apresentou uma abordagem coerente que nos permitiria lidar com um mundo conturbado e manter a esperança e a felicidade diante dos muitos problemas do mundo moderno.

◆

Naquela manhã de segunda-feira, entretanto, iniciamos por um nível bastante fundamental: exploramos as noções corriqueiras que dizem respeito à nossa identidade e ao modo como nos relacionamos com o mundo ao nosso redor, a começar pela maneira como nos relacionamos com os membros da nossa comunidade e o papel que isso desempenha na nossa felicidade pessoal e social.

"A COMUNIDADE É UMA ÂNCORA"

Recentemente, em uma tarde de sexta-feira, um rapaz desempregado de 22 anos postou uma mensagem no Youtube oferecendo "um ombro amigo" para qualquer um que precisasse conversar. "Não o conheço, mas me importo com você", ele disse.

No final da semana, tinha recebido mais de 5 mil ligações e mensagens de texto de desconhecidos que haviam aceitado a sua oferta.

Continuando nossa conversa, relembrei ao Dalai-Lama:

– Vossa Santidade, em nossas conversas ao longo dos anos sempre discutimos a questão da felicidade humana. No passado, abordamos a felicidade do ponto de vista do indivíduo, do desenvolvimento interior. Mas agora estamos falando da felicidade no nível social, explorando alguns dos fatores sociais que podem afetar a felicidade pessoal. Sei que o senhor viajou pelo mundo diversas vezes, visitou muitos países e conheceu muitas culturas diferentes, encontrou diferentes tipos de pessoas e especialistas de diferentes áreas.

◆

– *É verdade.*

– Em suas viagens, o senhor notou alguma característica particular da sociedade moderna que lhe parecesse constituir um grande impedimento para a manifestação total da felicidade humana? É claro que há muitos problemas no mundo de hoje, como a violência, o racismo, o terrorismo, a desigualdade social, a destruição do meio ambiente etc. Mas quero saber se existe alguma característica geral da sociedade que lhe pareça particularmente relevante nesse sentido.

Sentado em uma cadeira larga e acolchoada, o Dalai-Lama se curvou para descalçar os sapatos marrons simples, enquanto refletia em silêncio sobre a questão. Então, sentou-se sobre os pés, com as pernas cruzadas, preparando-se para uma discussão mais profunda, e respondeu:

– Sim. Notei algo muito importante. Acho que poderia caracterizá-lo como uma *ausência de espírito comunitário.* Nós, tibetanos, sempre ficamos chocados quando ouvimos falar de pessoas que vivem próximas umas das outras, como vizinhos, por meses a fio, ou mesmo anos, e quase nunca se falam. Elas podem até se cumprimentar ocasionalmente, mas não se conhecem de verdade. Não existe uma ligação, não existe um espírito comunitário. Sempre ficamos intrigados com relatos desse tipo, pois, na sociedade tibetana, o nosso espírito comunitário é muito forte.

O comentário do Dalai-Lama fez-me vestir a carapuça. Pensei, um tanto constrangido, que eu mesmo não sabia o nome dos meus vizinhos, e isso vinha de longa data. Mas achei melhor não admitir isso *naquele momento.*

– É verdade – falei –, há muitos casos assim.

EU, NÓS E ELES

O Dalai-Lama prosseguiu:

– No mundo moderno, é possível encontrar comunidades ou sociedades que não possuem nenhum espírito de cooperação, nenhum tipo de ligação. É por isso que a solidão se alastra pelo mundo como uma epidemia. Acho que o espírito comunitário é importante. Mesmo que você seja muito rico, se não tiver companheiros ou amigos com quem partilhar seu amor, acabará se afeiçoando a um bicho de estimação, o que já é melhor do que nada. No entanto, mesmo que você viva em uma comunidade carente, os pobres sempre terão uns aos outros. Eles se sentem ancorados emocionalmente. Por outro lado, em comunidades que não possuem esse espírito comunitário, as pessoas se sentem sozinhas e, quando têm um dor, não podem compartilhá-la com ninguém. Creio que esse tipo de solidão é um dos problemas mais graves do mundo e, certamente, pode prejudicar a felicidade cotidiana das pessoas.

– Mas quando falamos de solidão – acrescentou –, acho que devemos ser precisos quanto ao que queremos dizer. Não me refiro necessariamente à solidão que representa a falta de alguém, o desejo de conversar com um amigo ou algo parecido. Você pode fazer parte de uma família unida, cujos membros não apresentam altos níveis de solidão individual, mas sentir-se alienado do resto da sociedade. Assim, quando digo solidão, refiro-me a um tipo de isolamento ou separação entre pessoas ou grupos.

O declínio do nosso espírito comunitário tem sido debatido em círculos populares graças a livros como *Bowling Alone* [Sozinho no boliche], do cientista político da Universidade de Harvard Robert D. Putnam. Nesse livro, o autor

◆

15

argumenta que o nosso espírito comunitário e o nosso engajamento civil sofreram grande desgaste nos últimos trinta anos. Ele ressalta, com tristeza, o fim da amizade entre vizinhos, dos saraus, dos grupos de discussão, dos clubes, dos eventos paroquiais e, basicamente, de todas as instituições necessárias para fazer a democracia funcionar.

Segundo sociólogos como Miller McPherson e Matthew E. Brashears, da Universidade do Arizona, e Lynn Smith-Lovin, da Universidade de Duke, nas últimas duas décadas, o número de pessoas que dizem não ter *ninguém* com quem conversar sobre assuntos importantes quase triplicou. De acordo com as informações coletadas no Censo Social Geral, realizado pela Universidade de Chicago, o percentual de pessoas que não possuem amigos próximos ou confidentes chega a impressionantes 25 por cento da população norte-americana. Esse número é tão surpreendente que os próprios pesquisadores duvidaram dos resultados. Essa mesma organização realizou um senso de proporções nacionais em 1985 e deixou os norte-americanos perplexos com a constatação de que, em média, cada um deles tinha apenas três amigos próximos. Em 2005, esse número diminuiu em um terço: a maioria das pessoas possuía apenas dois amigos próximos ou confidentes.

Os pesquisadores descobriram que as pessoas possuíam menos ligações sociais do que nas últimas duas décadas e que os padrões de integração social estavam mudando. Mais e mais pessoas contavam com membros da própria família como principal meio de integração social. Ao perceberem que as pessoas estavam confiando cada vez menos em amizades de um círculo mais amplo, como a comunidade, os pesquisadores concluíram: "Os laços que nos unem à comunidade e aos vizinhos estão se desfazendo."

Embora o estudo não apresentasse os motivos desse declínio nos laços de amizade e de comunhão, outros pesquisadores identificaram certos fatores associados a essa tendência alarmante. Historicamente, os avanços nos meios de transporte criaram uma sociedade mais móvel, na qual cada vez mais famílias abandonam suas raízes para se mudar para cidades modernas, à procura de empregos mais vantajosos e de condições de vida melhores. A prosperidade econômica fez que grande parte da população adquirisse o hábito de mandar os adolescentes a outras cidades ou estados para cursar uma universidade. A disponibilidade dos meios de transporte permitiu que os jovens mudassem para lugares cada vez mais distantes, à procura de melhores oportunidades de emprego.

Estudos mais recentes mostram que ocorreu aumento tanto na jornada de trabalho quanto no tempo de translado, o que, por sua vez, resulta em menos tempo para as pessoas interagirem com a comunidade. Essa mudança na jornada de trabalho e a dispersão geográfica das famílias podem formar uma rede social mais ampla e superficial, em um momento em que precisamos de relacionamentos mais íntimos para suprir as nossas necessidades afetivas.

O hábito de assistir à tevê e usar o computador solitariamente, que está se tornando cada vez mais comum, contribui para agravar o isolamento social. O crescimento da Internet como ferramenta de comunicação também desempenha importante papel nesse caso. A Internet nos mantém conectados a nossos amigos, nossa família e nossos vizinhos, mas ela também faz diminuir nossa necessidade de vê-los pessoalmente. Pesquisadores ressaltam que os laços afetivos criados por ferramentas como a Internet e as mensagens de texto são mais frágeis do que os laços criados por meio da interação pessoal. As palavras muitas vezes não são bons veículos para expressar ou comunicar emoções. Grande parte da comunicação humana acontece por meio de gestos do corpo, que podem ser percebidos mais facilmente em encontros pessoais.

Seja qual for a causa, está claro que o declínio do espírito comunitário e o crescimento do isolamento social têm graves consequências em todos os níveis – no pessoal, no coletivo, no social e no global. Com sua costumeira genialidade e sabedoria, o Dalai-Lama logo ressalta a relevância dessa questão para a felicidade individual e social. Nesse aspecto, ele e a ciência ocidental apresentam ideias semelhantes. De fato, ecoando a visão do Dalai-Lama e resumindo recentes achados científicos multidisciplinares, Robin Dunbar, professor de psicologia da Universidade de Liverpool, no Reino Unido, afirma que *"a falta de contato social e a falta de espírito comunitário podem ser os problemas sociais mais graves do novo milênio"*.

CONSTRUINDO UM ESPÍRITO COMUNITÁRIO: OS PRIMEIROS PASSOS

– Finalmente os remédios estão fazendo efeito! – disse David, um rapaz alinhado e bem-vestido, no meu consultório, em Phoenix. – Minha depressão finalmente foi superada, e estou de volta ao meu estado natural de infelicidade. – Ele estava brincando, mas havia algo de verdadeiro em suas palavras. Um engenheiro inteligente e bem-sucedido, David, de 32 anos e solteiro, procurara tratamento cerca de um mês antes com um espectro de sintomas bastante familiar: súbita perda de interesse em suas atividades cotidianas, fadiga, insônia, perda de peso, dificuldade em se concentrar, ou seja, sinais de uma depressão comum. Não demorei muito para descobrir que ele tinha mudado recentemente para Phoenix por causa de um novo emprego e que o estresse da mudança desencadeara a depressão.

Isso aconteceu anos atrás, quando eu ainda exercia a psiquiatria. Eu lhe receitei antidepressivos comuns, e os sintomas agudos de depressão regrediram em poucas semanas. Logo que retornou para a sua vida normal, no entanto, ele se queixou de um problema mais antigo, de uma longa história de "infelicidade crônica", um sentimento profundo e inexplicável de "insatisfação" e uma falta de entusiasmo ou "gosto" pela vida. Na esperança de descobrir as causas desse estado contínuo e de se livrar dele, ele me pediu para continuar com as sessões de psicoterapia. Fiquei feliz em concordar. Depois de ter diagnosticado nele um distúrbio de humor chamado distimia, começamos a terapia propriamente dita, explorando a tradicional "origem familiar" dos problemas – a infância, a mãe controladora, o pai emocionalmente distante –, bem como o seu padrão de relacionamentos e a sua dinâmica interpessoal habitual. Coisas básicas.

Semana após semana, David compareceu regularmente ao meu consultório, até encerrar a terapia meses depois, em razão de outra mudança relacionada ao trabalho. Sua depressão aguda não havia retornado durante o tratamento, mas pouco ou nenhum progresso tinha sido obtido com relação ao seu estado crônico de insatisfação.

Ao me lembrar desse paciente, cujos problemas eram bastante comuns, vem-me à cabeça um aspecto da sua história de vida que, na época, pareceu-me pouco relevante. Sua rotina diária consistia em trabalhar cinco ou seis dias por semana, por pelo menos oito horas, e ficar em casa. Sua vida praticamente se resumia a isso. Em casa, à noite e nos finais de semana, ele assistia à tevê, jogava *videogame* e lia um pouco. Às vezes, ia a um bar ou ao cinema com um amigo, geralmente um colega de trabalho. Vez ou outra ele saía com alguma mulher, mas, fora isso, ele ficava em casa. Essa rotina diária era seguida sem alterações por muitos anos.

Agora, quando me lembro de como lidei com o problema de David, não consigo deixar de pensar: *Que diabos eu estava fazendo?!* Por meses, tratei-o em função de sua queixa de insatisfação com a vida ("Sei lá, *falta* alguma coisa..."), explorando a sua infância, procurando padrões em seus relacionamentos passados; no entanto, bem à nossa frente, a sua vida exibia um vazio que não fomos capazes de identificar. E não era um vazio pequeno, obscuro e sutil, mas um enorme vazio – ele era um homem desconectado das outras pessoas.

Durante os anos em que pratiquei a psiquiatria, raramente fui além do nível individual para tratar meus pacientes. *Nunca me ocorreu* ultrapassar o círculo da família e dos amigos para investigar o relacionamento deles com a comunidade. Isso me faz lembrar a ex-primeira-ministra do Reino Unido, Margaret Thatcher, que, no ápice do poder e da influência, bradou: "O que é a 'sociedade'? Isto não existe! O que existe são homens e mulheres individuais e as suas famílias." Olhando para trás, parece-me que eu era um discípulo da Escola Margaret Thatcher de Psicoterapia.

Agora, em função desse meu novo ponto de vista, acredito que eu teria ajudado muito o meu paciente se lhe tivesse receitado o seguinte tratamento: *"Engajar-se na comunidade uma vez por semana. Aumentar a dosagem sempre que possível. Descansar bastante, consumir muito líquido e retornar em um mês."*

Na busca de um tratamento efetivo contra as mazelas do mundo moderno, como o Dalai-Lama mostrará a seguir, criar um profundo sentimento de comunhão com os outros membros da comunidade pode ser um bom ponto de partida.

Depois de identificar o desgaste dos laços comunitários como um problema grave, voltamo-nos para a questão do que poderia ser feito com relação a isso.

– Vossa Santidade, o senhor disse que a ausência de espírito comunitário é um dos grandes problemas da sociedade moderna. Que medida o senhor propõe que tomemos para fazer ressurgir o espírito comunitário e fortalecer os laços humanos?

– Bem – respondeu o Dalai-Lama –, acho que devemos começar pela conscientização...

– Conscientização do que, especificamente? – perguntei.

– Ora, é evidente que, em primeiro lugar, temos de nos conscientizar da gravidade do problema, do seu potencial destrutivo. Depois, temos de nos conscientizar dos laços

A ARTE DA FELICIDADE EM UM MUNDO CONTURBADO

que nos unem uns aos outros, refletindo sobre as características compartilhadas. E, por fim, resta-nos traduzir essa conscientização em atitudes. Creio que isto é o mais importante. Temos de fazer um esforço consciente no sentido de ter maior contato pessoal com os vários membros da comunidade. É *assim* que devemos expandir o nosso sentimento de comunhão: dilatando os laços internos da comunidade!

– Então, se não for incômodo, eu gostaria que o senhor falasse um pouco mais detalhadamente sobre cada um desses passos ou estratégias, para delineá-los de modo mais claro.

– Tudo bem – disse, amavelmente, enquanto refletia sobre a melhor maneira de abordar o assunto. – Agora, quanto a uma conscientização maior... Seja qual for o problema a enfrentar, teremos de nos esforçar para mudar as coisas, pois ele não se resolverá sozinho. É preciso que estejamos fortemente determinados a solucioná-lo. Essa determinação provém da certeza de que o problema é grave e tem consequências sérias. Uma maneira de ter essa certeza é estudar o problema, investigá-lo, usando o bom-senso e a razão. É isso o que quero dizer com "conscientização". Creio que já discutimos esta abordagem antes. Mas, neste caso, não basta termos consciência dos efeitos destrutivos dessa ausência de espírito comunitário e desse crescente sentimento de solidão. Precisamos discutir os efeitos benéficos do espírito comunitário.

– Efeitos benéficos?

– Como eu disse: o fato de termos uma âncora emocional, companheiros com quem compartilhar os problemas, esse tipo de coisa.

◆

– Ah, sim! Eu estava pensando em algo como a redução da criminalidade ou, talvez, alguns benefícios para a saúde que estivessem associados a uma ligação maior com a comunidade...

– Howard, nada sei sobre essas coisas. Creio que você terá de consultar um especialista no assunto para descobrir o que as pesquisas científicas revelam. Não sou um especialista. No entanto, mesmo sem consultar as pesquisas, acho que qualquer um pode conduzir a sua própria investigação, se mantiver os olhos abertos e refletir sobre isso.

– Por exemplo, em uma mesma cidade ou comunidade, podemos encontrar bairros de dois tipos. Digamos que, em um deles, as pessoas não se entendem muito bem, não falam umas com as outras e não se importam com a comunidade em geral. Compare esse bairro com um cujos moradores conversam uns com os outros e manifestam um sentimento de amizade e de comunhão, de modo que, em bons ou ruins momentos, eles se unem para compartilhar suas experiências. Comparando os dois bairros, chegaremos à conclusão de que as pessoas do bairro com maior senso de comunidade são mais felizes e se sentem mais seguras do que as do outro bairro. Isso é óbvio.

Depois de uma pausa, o Dalai-Lama continuou:

– Sabe, Howard, acho que é nos momentos de crise, quando sofremos uma perda, sobretudo a morte de um ente querido, por exemplo, que a comunidade se torna importante. É nessa hora de sofrimento que enxergamos o verdadeiro valor dela. Isto me faz lembrar... Ouvi dizer que, em alguns assentamentos tibetanos no sul da Índia, quando uma família sofre uma perda, todos os parentes do acampamento se unem para oferecer ajuda e consolo, chegando a levar a lenha ao cemitério para cremar o corpo.

– O que quer dizer com "acampamento"? – perguntei.

– Ah, muitos desses assentamentos começaram como acampamentos de cerca de cento e sessenta pessoas – respondeu.

– Nesses acampamentos – continuou o Dalai-Lama –, os vizinhos também cuidam uns dos outros, sobretudo dos mais velhos cujos filhos e netos moram longe. Se adoecem ou ficam incapacitados e não têm quem os ampare, a comunidade mobiliza-se para assegurar que eles estejam sendo bem cuidados. Isso é maravilhoso, não é?

– Vossa Santidade já reconheceu os benefícios evidentes que resultam da ligação com a comunidade. Explique-me agora a sua estratégia para nos conscientizar dos laços que nos unem uns aos outros.

O Dalai-Lama refletiu sobre a pergunta por um momento.

– Sim. Mas veja bem: quando falo de espírito comunitário, refiro-me a um sentimento de ligação com os outros, um sentimento de afinidade com um grupo maior, uma sensação de pertencimento. Portanto, Howard, se quisermos construir um espírito comunitário e fortalecer os laços da comunidade, teremos de encontrar uma maneira de nos ligar uns aos outros e de estabelecer um sentimento de ligação. A questão é que precisamos perceber a maneira como nos relacionamos uns com os outros e investigar as muitas outras maneiras de relacionamento. Devemos observar atentamente e analisar, devemos nos perguntar quais são as características que compartilhamos com eles, quais são os laços que temos em comum.

◆

– Com isso – procurei entender –, o senhor está dizendo que, por exemplo, os membros da comunidade tibetana se relacionam com base em semelhanças culturais e espirituais e que esse tipo de atitude gera fortes laços comunitários, certo?

– Certo. Mas lembre: as semelhanças culturais e espirituais não são o único sustentáculo desses fortes laços comunitários. Este é apenas um nível. Podemos nos relacionar com os outros em muitos níveis: podemos fazer parte de uma mesma família, viver em um mesmo bairro ou região ou apresentar interesses ou *hobbies* em comum. Podemos dizer que, em cada um desses níveis, há um tipo diferente de "comunidade". O importante é que façamos parte de um grupo maior.

– E isso nos leva ao último passo – eu disse –, ou talvez seja o primeiro: agir, estabelecer contato com outros membros da comunidade, não importa o que entendamos por "comunidade".

– É isso mesmo.

– Vossa Santidade, eu estava pensando que há muitas coisas que levam à perda do espírito comunitário, e tenho certeza de que muitas delas estão relacionadas às características fundamentais da sociedade moderna. Por exemplo, um dos fatores que podem resultar nesse tipo de coisa é a mobilidade. Muitas pessoas mudam de um lugar para outro à procura de melhores empregos, melhor remuneração ou melhores condições de vida. Essa ideia de que devemos abandonar nossas raízes para buscar melhores oportunidades é exaltada em nossa sociedade.

– É verdade – concordou o Dalai-Lama –, a mobilidade pode ser um fator importante. Por exemplo, se todos morassem perto dos seus amigos de infância, dos seus colegas de escola etc., creio que haveria maior afinidade entre as pessoas e um verdadeiro sentimento comunitário. Mas isso não acontece, porque elas estão sempre mudando de um lugar para outro.

– Essa me parece ser uma das causas do problema – concluí. – Mas como poderemos construir um espírito comunitário se as pessoas são incentivadas a arrumar suas coisas e levantar acampamento, por razões como: "Oh, aquele emprego é melhor do que o outro"?

– Howard, não acho que esse tipo de mudança implique necessariamente a perda do espírito comunitário – respondeu ele, confiante. – *Mesmo que passemos a fazer parte de uma nova comunidade, podemos nos esforçar para conhecer melhor os nossos vizinhos.* Mesmo que tenhamos de mudar para outra região, podemos criar novos laços comunitários. O espírito comunitário requer apenas que os indivíduos e as famílias se esforcem para se conhecerem melhor. Podemos tentar conhecer as pessoas que moram na vizinhança, *nos associar a organizações, participar de atividades comunitárias* etc.

– Muitas vezes, isso é uma questão de *vontade*. E como fazemos para despertar essa vontade? Novamente, a palavra-chave é conscientização. Precisamos reconhecer o real valor do espírito comunitário e até que ponto isso afeta a nossa felicidade pessoal e a felicidade da nossa família.

– O fato é que não podemos fugir da comunidade, não é verdade?* A menos que busquemos o isolamento, a indi-

---

* O Dalai-Lama costuma usar a expressão "não é verdade?" como quem diz "concorda comigo?".

ferença, o desprendimento. Essa é uma escolha que temos de fazer.

Àquela altura, os assistentes do Dalai-Lama já estavam rondando a varanda, do outro lado dos painéis corrediços, fazendo sinais para indicar que o nosso tempo tinha se esgotado.

– Creio que teremos de encerrar por hoje – disse ele, alegre. – Amanhã nos encontraremos de novo. – E, então, ele calçou os sapatos e deixou o cômodo rapidamente.

Desse modo, iniciamos a nossa investigação sobre a sociedade e a felicidade humana a partir de muitas premissas. A primeira é que os fatores sociais podem influenciar a felicidade do indivíduo. A segunda é que o sentimento de ligação com os outros e o espírito comunitário desempenham importante papel na felicidade humana. A terceira é que, quando investigamos as tendências da sociedade moderna, como ressalta o Dalai-Lama, notamos um desgaste do espírito comunitário, maior isolamento social e a ausência de uma ligação mais profunda entre as pessoas.

Embora eu nunca tivesse parado para pensar nisso, quando o Dalai-Lama falou sobre a crescente ausência de espírito comunitário na sociedade moderna, logo percebi a gravidade e a profundidade do problema. Quanto mais eu refletia, mais eu tinha a impressão de que o novo rumo tomado pela sociedade moderna estava por trás do problema, gerando-o, alimentando-o, impulsionando-o – e colocando-nos em um caminho que levava a mais e mais problemas e, talvez, à destruição. Por trás do desgaste dos laços comunitários havia forças complexas, poderosas e abrangentes, como a tecnologia moderna e os valores fundamentais da sociedade. E, em uma sociedade que se move cada vez mais depressa, essas forças parecem criar uma correnteza que nos arrasta involuntariamente. Como fazer para retardar o curso desse terrível rio que parece nos empurrar na direção do infortúnio e da destruição?

Felizmente, o Dalai-Lama nos oferece uma abordagem simples que nos permite restabelecer os laços da comunidade, de maneira bastante prática, é claro. Com a sua natural e espontânea sabedoria, ele explicou como podemos criar um espírito comunitário em três passos básicos...

O primeiro passo: a conscientização dos efeitos benéficos

Se um desconhecido misterioso se aproximasse sorrateiramente de você e sussurrasse: "Posso lhe ensinar um método secreto que reduzirá pela metade as chances de você morrer no ano que vem – sem abandonar os cigarros, os Big Macs ou a cerveja, e sem fazer uma única flexão, um único minuto de exercício!", quanto valeria essa informação? Bem, para aqueles que sofrem de um profundo isolamento social e de uma alienação da sociedade moderna, esse método existe. "As ligações sociais são realmente importantes", explicou Robert Putnam numa conferência na Casa Branca. "Estudos maravilhosos, que medem a química do seu sangue, a sua idade, o seu sexo, o seu preparo físico, os seus vícios etc., mostram que as chances de você morrer no ano que vem são reduzidas pela metade se você se junta a um grupo qualquer – e reduzidas em um quarto se você se junta a dois grupos", relatou Putnam.

Ao esboçar a sua estratégia para fortalecer o espírito comunitário, o Dalai-Lama diz que devemos começar investigando os efeitos benéficos da ligação com grupos maiores. Muitos estudos mostram que a nossa saúde física, mental e emocional se beneficia de ligações íntimas e de laços sociais: a taxa de mortalidade é menor, a regeneração do corpo é mais rápida, a saúde mental é mais equilibrada e o sistema imunológico é mais eficiente, entre outras coisas. A comprovação científica vem de muitas fontes, desde pesquisas amplas até experimentos menores, em laboratório – como o perturbador estudo que foi conduzido na Universidade de Carnegie Melon, no qual amostras do vírus da gripe foram introduzidas diretamente nas narinas de alguns voluntários, mostrando que aqueles que possuíam redes sociais mais ricas tinham quatro vezes menos chances de contrair o vírus!

Além dos efeitos benéficos associados aos laços próximos de amizade, há muitas provas indicativas de que o sentimento de pertença a uma comunidade maior, que extrapola o círculo das amizades e da família, acarreta benefícios vantajosos que se manifestam de muitas maneiras. Como diz Robert Putnam: "As comunidades que possuem redes sociais mais fortes apresentam taxas de criminalidade e de mortalidade menores, bem como índices menores de corrupção, de ineficiência governamental e de sonegação fiscal."

O objetivo principal da minha conversa com o Dalai--Lama era descobrir uma abordagem que nos permitisse

A ARTE DA FELICIDADE EM UM MUNDO CONTURBADO

buscar a felicidade no contexto mais amplo da vida moderna. Por esse motivo, quando investigamos os efeitos benéficos associados ao espírito comunitário, é importante atentarmos para o papel que esse fator desempenha na felicidade humana. Em seu excelente livro, *Happines: Lessons from a New Science* [*Felicidade: lições de uma nova ciência*], o renomado economista Lorde Richard Layard esboça seis fatores cruciais que ajudam a explicar a variação nos níveis médios de felicidade de país para país, e um deles é a parcela da população que pertence a grupamentos sociais.

O segundo passo: a conscientização dos nossos laços sociais

O Dalai-Lama diz que o fortalecimento do nosso espírito comunitário depende do desenvolvimento de uma conscientização profunda dos laços sociais que nos prendem aos outros membros da comunidade. E, para que possamos desenvolver esse tipo de conscientização, é necessário que reflitamos sobre as características que compartilhamos com as outras pessoas, nossos interesses em comum, nosso passado e nossa experiência. Os tibetanos, por exemplo, sentem que estão ligados uns aos outros por sua herança cultural e espiritual, quer estejam exilados na Índia ou em outros países mundo afora. Esses laços comuns têm raízes profundas: sua herança espiritual, por exemplo, remonta ao século VII, quando o budismo se espalhou pelo Tibete, e a sua herança cultural originou-se em épocas

◆

30

EU, NÓS E ELES

ainda mais remotas. Podemos dizer que, quanto mais profundas são as raízes da herança compartilhada, mais forte é o sentimento de identidade ou espírito comunitário. Mas o Dalai-Lama também lembra que há outras qualidades que nos permitem forjar um sentimento de ligação. Se investigarmos com cautela, sempre encontraremos características ou experiências que compartilhamos com outras pessoas, ou seja, um laço comum.

Pensando nessa abordagem que visa ao cultivo de um espírito comunitário mais profundo, perguntei-me quais seriam as características que as pessoas que moram na minha cidade, Phoenix, teriam em comum – além de viverem na mesma cidade, o que de modo algum seria suficiente para criar uma ligação profunda. Qual seria a herança compartilhada ou laço comum que uniria os muitos moradores da cidade?

Assim como o pássaro mitológico que renascia das próprias cinzas e que deu nome à cidade, Phoenix fora construída no meio do deserto de Sonoran, sobre as ruínas de uma antiga comunidade desconhecida. A cidade, que atualmente possui mais de 2 milhões de habitantes, nem sequer existia há 150 anos. Ela surgiu praticamente da noite para o dia, e a maioria dos seus habitantes era composta por pessoas de outros estados. Em contraste com os fortes laços comunitários baseados nas raízes profundas da rica herança tibetana, parecia que os laços históricos superficiais da cidade só poderiam formar laços sociais fracos. O que mais daria aos habitantes de Phoenix uma base comum que não seria desfeita diante do primeiro sinal de inquietação comunitária?

◆

31

A ARTE DA FELICIDADE EM UM MUNDO CONTURBADO

Com o intuito de responder à pergunta, conduzi uma pequena pesquisa entre os antigos moradores da região. Qual foi a herança cultural que encontrei? Por 35 anos, praticamente todas as crianças em idade escolar de Phoenix tinham compartilhado a mesma experiência, cinco dias por semana: haviam assistido ao desenho local chamado *Wallace e Ladmo*, protagonizado por um homem gordo com camisa de bolinhas e chapéu de palha (mais tarde trocado por um chapéu-coco e uma gravata-borboleta) e por um homem magro com uma cartola e uma gravata enorme. Como explica Steven Spielberg, que foi criado em Phoenix: "Quando minha mãe via que eu e minhas irmãs estávamos parados na frente da tevê assistindo ao *Wallace e Ladmo*, ela sabia que só sairíamos de lá para ir ao banheiro." Depoimentos parecidos com esse poderiam ser proferidos por toda uma geração de moradores de Phoenix, não importa a etnia, a raça, o sexo, a religião e as diferenças socioeconômicas – uma geração que compartilhou as mesmas palavras e as mesmas imagens visuais, que foram impressas e estavam armazenadas em seus cérebros havia muitos e muitos anos.

Bem, talvez isso não seja suficiente para formar uma base comum, mas, pelo menos, nos mostra que, se cavarmos fundo, encontraremos algum tipo de experiência compartilhada, uma base para o companheirismo. Em nossas conversas, o Dalai-Lama ainda revelaria uma maneira de formar laços comuns em um nível mais fundamental, para englobar uma parcela muito maior da população, e não se limitar às crianças, que, ao mesmo tempo, também eram bombardeadas com a sabedoria do Popeye: "Sou o que sou, e isso é o que sou!"

Terceiro passo: *agir, aumentar o contato pessoal*

O último passo: agir. É claro que os dois primeiros passos do método do Dalai-Lama, que visam construir um espírito comunitário através da conscientização, nada significam se não são traduzidos em ação. Anos mais tarde, enquanto eu revia a transcrição dessa conversa, atentei ao seu comentário de que devíamos conhecer os nossos vizinhos. Embora eu soubesse que as suas palavras tinham sido dirigidas a mim, havia me esquecido desse fato. No entanto, elas continuavam ali, após tantos anos, e eu *ainda* não tinha me dado ao trabalho de descobrir o nome dos meus vizinhos. Não que eu os ignorasse, mas sempre que eu encontrava algum deles, a nossa interação limitava-se a um aceno, talvez um sorriso, às vezes um amigável "Como vai?", e muito raramente uma breve conversa sobre o tempo. Mas eu jamais tentara me relacionar com eles de maneira significativa.

Quando reli as palavras do Dalai-Lama na transcrição, *"esta é uma questão de vontade"*, e me lembrei da conversa, levantei-me bruscamente da cadeira e abandonei o computador. "Antes tarde do que nunca", pensei, e saí de casa decidido a conhecer pelo menos um dos meus vizinhos. Por sorte, vi que um deles estava tendo problemas com o carro. Caminhei até ele para oferecer ajuda. Nós nos apresentamos e, para minha surpresa, tivemos uma conversa bastante agradável. Voltei para casa e retomei meu trabalho.

Meus colegas de profissão podem desdenhar e dizer que esse é apenas um "relato anedótico"; podem descartar

◆

33

as minhas observações, com o argumento de que elas são tendenciosas e inconclusivas. Que seja, mas juro que só de dar o pequeno passo, só de realizar um simples gesto que criou uma ligação com o meu vizinho, senti-me tomado por uma súbita explosão de bom humor, de empolgação e de clareza mental, de modo que retornei ao trabalho revigorado, como quem volta de um feriado prolongado.

Quando me dei conta pela primeira vez da perda do nosso espírito comunitário, da crescente alienação da sociedade e das forças sociais destrutivas que criavam essa situação, esses problemas me pareceram insolúveis. Mas agora parecia haver uma solução para eles. Quando apresentei esses problemas sociais aparentemente complexos ao Dalai-Lama, ele os destrinchou como se fosse Alexandre, o Grande, cortando o nó górdio. Suas respostas foram tão simples que me desarmaram. E se você se mudar para outro lugar? *Junte-se a um grupo.* E se estiver desmotivado? *Procure entender os benefícios.* E se estiver se sentindo isolado, alienado, desconectado da comunidade? *Faça uma lista dos seus interesses e junte-se a outras pessoas que tenham interesses parecidos com os seus.*

O Dalai-Lama mostra o caminho que devemos seguir para restaurar o nosso espírito comunitário, o nosso sentimento de pertença, e profere a verdade com extrema clareza: tudo depende de nós. Ele coloca toda a responsabilidade nas nossas mãos, em vez de colocá-la nas mãos controladoras das forças sociais. Não precisamos voltar ao passado nem voltar a ser uma sociedade agrária, tampouco alterar o rumo da sociedade moderna para criar um espírito comunitário. Só precisamos agir, um de cada vez, estabelecendo ligações com outras pessoas que possuam interesses parecidos com os nossos.

Os ensinamentos do Dalai-Lama podem parecer simples, mas não são simplistas, e nem sempre é fácil colocá-los em prática. Como eu estava prestes a descobrir, suas ideias eram muito mais profundas e sutis, e sua abordagem era muito mais complexa do que parecia à primeira vista. Esse era apenas o primeiro passo rumo à investigação dos laços que unem o indivíduo, a sociedade e a busca da felicidade.

Capítulo 2

EU *E* NÓS

O RELACIONAMENTO EM UM NÍVEL HUMANO BÁSICO

Na manhã seguinte, retomamos a nossa discussão sobre a comunidade.

– Vossa Santidade – comecei –, ontem discutimos o problema do isolamento social e os efeitos benéficos que estão associados ao espírito comunitário. Parece que a questão é que precisamos nos identificar com um grupo maior, a fim de mudar a nossa orientação do "eu" para o "nós".

– É verdade.

◆

EU, NÓS E ELES

– Os benefícios que decorrem dessa mudança de orientação são muito claros, tanto para a saúde como para a comunidade. Além disso, parece que os nossos relacionamentos interpessoais, as nossas redes sociais etc. são a nossa maior fonte de felicidade humana em potencial. Durante as conversas que tivemos ao longo dos anos, antes mesmo de termos nos dado conta da importância do espírito comunitário, o senhor mencionou repetidas vezes que achava que a ligação com o próximo, feita com carinho, cuidado, compaixão etc., era parte importante da felicidade pessoal...

– Sem dúvida – confirmou.

– Bem – continuou –, acho que isso cria um problema. É natural que as pessoas queiram se identificar fortemente com um grupo ou comunidade em particular. Mas isso pode reforçar as diferenças entre elas e outros grupos, o que, por sua vez, pode resultar em um sentimento de superioridade. A forte identificação com o grupo produz um sentimento de orgulho, é verdade, mas também abre as portas para o preconceito contra outros grupos. Então, pergunto-lhe: como podemos promover a mudança do "eu" para o "nós", do isolamento para a identificação com um grupo, sem que isso acarrete um sentimento de "nós" contra "eles"? A história mostra que os seres humanos gostam de agir dessa maneira, e esse tipo de atitude pode levar ao conflito e à violência.

– É verdade – concordou o Dalai-Lama. – É por isso que precisamos reconhecer a existência de diferentes níveis de "comunidade", como eu disse antes. *E creio que a nossa identificação cultural ou nacional não deve se sobre-*

por à nossa identificação básica como seres humanos, como membros da comunidade humana. Isto é primordial.

– Aqui estamos, conversando sobre uma ligação profunda, baseada em um nível humano fundamental. Mas acho que o problema é que muitas pessoas ainda carecem desse sentimento profundo de ligação com os outros. A ausência desse laço humano fundamental pode gerar indiferença, falta de preocupação com o bem-estar dos outros, e isto pode causar problemas como a pobreza e a destruição do meio ambiente. Além disso, a falta dessa ligação profunda gera um sentimento de separação, a sensação de que os outros são diferentes, o que pode abrir as portas para o preconceito e outros tipos de desumanização que podem resultar em atrocidades inimagináveis. A história está repleta de atrocidades desse tipo. Uma vez que isso parece estar no cerne de tantos dos nossos problemas, como sugere que cultivemos um maior sentimento de ligação com os outros, e até mesmo com todos os seres humanos?

– Evidentemente, pode haver muitas causas para os problemas que você mencionou – lembrou-me ele. – Mas, para responder à sua pergunta sobre o cultivo de uma ligação mais profunda, creio que a solução é investigar a maneira como nos relacionamos uns com os outros. *E isto se resume à nossa visão de mundo básica, aos parâmetros que adotamos quando nos relacionamos uns com os outros.*

– O que quer dizer com "parâmetro"?

– Quero dizer o seguinte: podemos nos relacionar com os outros em função de nossas diferenças ou em função de nossas semelhanças. Isto é que vai determinar se nos sentimos isolados ou ligados aos outros e à comunidade.

– Faz sentido – concordei –, mas acho que tendemos a enxergar os outros em função de nossas diferenças. Com efeito, acho que gostamos de pensar que somos únicos, diferentes de todo o mundo. Não é fácil mudar isto.

– É verdade – disse ele. – Não é fácil desenvolver um sentimento de fraternidade baseado na identificação do indivíduo como ser humano. Isto não acontece em um piscar de olhos. O problema é que, no dia a dia, a maioria das pessoas não pensa seriamente na sua ligação comum com todos os seres humanos. Elas não refletem sobre isso. Além do mais, creio que a sociedade dá maior ênfase às nossas diferenças individuais. Assim, para muitas pessoas, a sua ligação com os outros não é muito evidente. Mas ela existe.

O Dalai-Lama pegou a caneca de cerâmica simples que ficava em uma mesa ao seu lado e retirou a tampa. Bebericou um pouco de água quente, sua bebida predileta, e continuou:

– Eu estava pensando... Imaginemos que um náufrago tenha vivido por muitos anos em uma ilha deserta e despovoada e que, agora, ele esteja vendo outra pessoa. Mesmo que essa pessoa seja muito diferente dele, o náufrago sentirá uma ligação imediata com ela. Creio que, nesse caso, o laço que nos une como seres humanos é bastante evidente.

– Acho que o senhor tocou em um dos pontos principais: não temos o hábito de refletir sobre essas coisas. Afinal de contas, não é sempre que naufragamos e vivemos em uma ilha deserta! Os nossos problemas individuais nos consomem de tal maneira que nos esquecemos dos nossos laços básicos como seres humanos. Mas, se quisermos realmente mudar o nosso ponto de vista e desenvolver um sentimento de ligação com os outros, com *todos* os seres humanos, por onde começamos?

– Novamente, creio que devemos nos conscientizar dos laços que nos unem uns aos outros, das características que compartilhamos como seres humanos e, em seguida, devemos propagar essas ideias no seio da sociedade.

– Não sei não, Vossa Santidade. Acho que uma simples "conscientização" não seria suficiente para superar o nosso sentimento de separação. Já temos muitas provas que sustentam essa ideia de que somos iguais como seres humanos. É o caso do Projeto Genoma Humano. Quando ele foi completado, surgiram histórias na mídia que diziam que 99,9 por cento do código genético humano era o mesmo para todas as pessoas.

– Sim, mas acho que aprender sobre determinado assunto é apenas o primeiro passo – lembrou-me ele. – É preciso estudá-lo, analisá-lo, remoê-lo até que ele se torne uma convicção profunda, até que se torne parte da nossa visão de mundo básica, da nossa maneira instintiva de responder aos estímulos externos. E, quando tivermos essa convicção profunda, será preciso mudar o nosso comportamento... E isto requer esforço.

– Mas tudo começa com o simples aprendizado, com a simples conscientização de determinados fatos, o que se dá através da leitura e da troca de informação... Depois, podemos pensar em dar o próximo passo, procurando aprofundar o nosso entendimento e reforçar o que já aprendemos.

É verdade que tendemos a focar mais em nossas diferenças do que em nossas semelhanças. No entanto, para o Dalai-Lama, "conscientizar-nos" das nossas semelhanças, das características, das qualidades, dos traços que compartilhamos é o primeiro passo para o cultivo de um profundo sentimento de "afinidade e de ligação" com os outros – não apenas com as pessoas da nossa etnia, da nossa cultura, da nossa religião, do nosso grupo político, mas com todos os seres humanos. Não é de surpreender que ele também diga que esse processo é complexo e demorado, uma vez que envolve uma mudança fundamental na maneira como enxergamos os outros e reagimos às suas atitudes. É improvável que, pensando no assunto apenas uma ou duas vezes, sejamos capazes de sentir por todos os seres humanos o mesmo carinho que sentimos pelos nossos colegas de *softball*, que encontramos todas as tardes de domingo.

O Dalai-Lama diz que precisamos pensar nas nossas características comuns como seres humanos, repetidas vezes, até que estejamos condicionados a pensar nos outros de maneira diferente – afinal de contas, não recebemos uma camisa idêntica ao nascer, com os dizeres "Time da Humanidade". Mas, como essa atitude pode ajudar a reduzir o preconceito, o ódio, a violência, creio que vale a pena fazer uma tentativa – ou, pelo menos, considerar a hipótese de que podemos aprender a nos relacionar com os outros de forma diferente.

Inevitavelmente, encontraremos alguma resistência interna em nossa luta para adotar essa nova atitude. Estudos mostram que as pessoas tendem a exagerar as diferenças

A ARTE DA FELICIDADE EM UM MUNDO CONTURBADO

entre elas e os outros, bem como a minimizar as semelhanças entre os seres humanos em geral. Superestimamos a singularidade de todas as pessoas, e não apenas a nossa. No livro *Stumbling on Happiness* [*Tropeçar na felicidade*], o psicólogo Daniel Gilbert, da Universidade de Harvard, conclui: "Se você for como a maioria das pessoas, então, como a maioria das pessoas, você não saberá que é parecido com a maioria das pessoas."

Procurando motivos para essa característica humana, ele ressalta que a nossa vida social exige que façamos muitas escolhas – selecionar pessoas em particular para "serem nossos parceiros sexuais, nossos colegas de trabalho, nossos parceiros de boliche etc.". Isso requer "que nos centremos nas características que nos diferenciam, e não nas que compartilhamos". A conclusão é óbvia: passamos a vida procurando diferenças entre os seres humanos, o que resulta no surgimento de uma distorção fundamental, que tem o efeito de exagerar a singularidade das pessoas e as suas diferenças. Afinal de contas, no dia a dia não precisamos pensar ou meditar sobre as características que compartilhamos – não precisamos refletir sobre o fato de que todos nós respiramos oxigênio, todos nós apresentamos as mesmas respostas emocionais e os mesmos padrões de comportamento, todos nós queremos ser felizes e evitar o sofrimento – a menos, é claro, que você seja um biólogo, um psicólogo ou um monge budista. O fato é que, em geral, as pessoas gostam de pensar que são únicas, que são diferentes de todas as outras. Como relata Gilbert: "Estudos mostram que, quando as pessoas são forçadas a pensar que são parecidas umas com as outras, isso azeda seu humor, e elas tentam se distanciar e se diferenciar de várias maneiras."

Temos grande apreço pelas nossas diferenças, pela nossa singularidade. Esta é a característica psíquica humana que Gilbert critica nas últimas páginas do seu livro, pois ela inviabiliza a nossa melhor estratégia para alcançar a felicidade. Ao longo da vida, fazemos escolhas em função daquele que julgamos ser o caminho para a felicidade. O problema é que, por vários motivos, muitas vezes nutrimos expectativas equivocadas. Mas como os seres humanos são parecidos em muitos aspectos, temos ao nosso dispor um método eficiente, que nos ajuda a perceber que tipo de conduta leva à felicidade: podemos observar aqueles que fizeram o que pretendemos fazer, aqueles que trilharam o caminho que pretendemos trilhar, e avaliar quanto essas pessoas foram felizes em suas escolhas. Infelizmente, porém, devido à crença de que somos todos singulares, diferentes psiquicamente uns dos outros, muitas vezes rejeitamos as lições que poderiam ser aprendidas com os outros a respeito da busca pela felicidade.

Se desenvolvêssemos uma conscientização profunda das nossas semelhanças como seres humanos, sem dúvida poderíamos estabelecer uma rota direta para a felicidade por meio da análise da relação entre o comportamento das outras pessoas e a sua felicidade ou infelicidade. Esse sentimento de que somos todos iguais também serviria de base para o cultivo de uma profunda empatia com todos os seres humanos, a qual poderia servir de antídoto para o preconceito, o ódio, a violência e o conflito.

◆

Se, porém, acatássemos a sugestão do Dalai-Lama e enxergássemos os outros em função das nossas características humanas mais fundamentais, como diferenciaríamos um ser humano do outro? Como escolheríamos os nossos parceiros ou os nossos funcionários?

O que aconteceria se nos relacionássemos com os outros *apenas* em função dos traços que compartilhamos, enxergando-os unicamente como "seres humanos"? É verdade que, se fizéssemos isso, não haveria motivo para a discriminação, o preconceito, o ódio. Mas não seria o mesmo que tratar uma variedade de pratos deliciosos como "comida"? Digamos que uma pessoa vá a um restaurante e lhe ofereçam um cardápio repleto de iguarias deliciosas, cada qual apresentando a mesma porcentagem de proteínas, gorduras e carboidratos. Se ela olhar para os pratos apenas em função dos traços básicos que compartilham – como o fato de serem compostos por átomos de carbono, de hidrogênio e de oxigênio –, como poderá escolher a sua refeição? Para ela, todos os pratos serão iguais.

Felizmente, não temos de escolher entre enxergar os seres humanos apenas em função das suas diferenças, a fim de diferenciá-los, e enxergá-los apenas em função das suas características humanas comuns. Mais tarde, em nossas conversas, o Dalai-Lama explicou que podemos fazer as duas coisas, adotando uma perspectiva radicalmente nova, pela qual mantemos as duas visões e transformamos o nosso ponto de vista e as nossas atitudes com relação aos outros – mas isto não é simples, pois temos de conciliar duas perspectivas contrárias.

EU, NÓS E ELES

O INDIVIDUALISMO EXACERBADO

Todas as noites, milhões de cidadãos norte-americanos passam o seu tempo livre assistindo à tevê, em vez de se engajarem em algum tipo de atividade social. O que eles assistem? Nos últimos anos, os *reality shows* se tornaram os programas mais vistos da televisão. Podemos entender a natureza da nossa própria "realidade" em função de programas como *Survivor* [Sobrevivente], a série que ajudou a criar a revolução dos *reality shows*. Todas as semanas, dezenas de milhares de espectadores assistiam a um grupo de pessoas comuns, isoladas em um lugar remoto, enfrentando desafios e privações. Ah, pensaria um desavisado, então eram pessoas atuando em equipe, como os nossos antigos antepassados, trabalhando juntas para "vencer"! Mas a "realidade" não era bem essa. O jogo foi projetado de modo que as pessoas tivessem de trabalhar em equipe, sim, mas a natureza das suas alianças era efêmera e condicionada, uma vez que os participantes sabotavam uns aos outros para ganhar o jogo e faturar sozinho o grande prêmio: 1 milhão de dólares! O objetivo era banir os concorrentes da ilha deserta por meio de uma votação, um por um, até que só restasse uma única pessoa – um único "sobrevivente". O objetivo do jogo traduzia o maior sonho do cidadão norte-americano nesta Era do Individualismo: ficar completamente sozinho sentado sobre uma montanha de dinheiro!

Embora *Survivor* seja um exemplo claro da nossa orientação individualista, o programa certamente não foi o único a exaltar o individualismo na televisão norte-ameri-

A ARTE DA FELICIDADE EM UM MUNDO CONTURBADO

cana. Até mesmo os intervalos comerciais oferecem exemplos claros desse tipo de atitude, em anúncios como o da cadeia de restaurantes Burger King: *"FAÇA COMO QUISER!"* A mensagem subliminar? Nos Estados Unidos, *todo homem e toda mulher* são indivíduos, *e todo hambúrguer é um indivíduo!*

Nós, seres humanos, não vivemos isolados; vivemos em uma sociedade. É por isso que precisamos olhar para os valores que estão sendo promovidos e exaltados na sociedade e avaliar o efeito que esse condicionamento tem no nosso sentimento de independência ou de interdependência.

Não é nenhum segredo que as sociedades ocidentais promovem o individualismo. Mas há muitas sociedades, sobretudo na Ásia, que promovem uma orientação diferente, que muitos estudiosos chamam de coletivismo e que é basicamente o oposto do individualismo. O coletivismo, nesse sentido, não é uma filosofia política, como o comunismo, mas sim um tipo de orientação básica que foca na interdependência e na interligação entre as pessoas.

Muitas vezes, podemos identificar os valores que estão sendo disseminados em determinada cultura ao examinar os seus provérbios mais conhecidos. Neste caso, poderíamos pensar em provérbios como: "Quem não chora, não mama", que se enraizaram no Ocidente e que exaltam a ideia de que a pessoa deve se destacar da multidão e falar o que pensa. Já nas culturas asiáticas, como o Japão, são comuns provérbios como: "O prego que se destaca é o primeiro a ser martelado", em alusão ao tipo de castigo previsto para aqueles que, com arrogância, destacam-se do grupo.

◆

A questão fundamental é: Que valores culturais – o individualismo ou o coletivismo – têm mais chances de promover a felicidade social? E eu esperava que o Dalai-Lama pudesse responder a ela em nossas conversas.

Ainda debruçados sobre a questão do eu *versus* nós, tendo, porém, transferido o foco da discussão do ponto de vista e das atitudes individuais para o nível das atitudes e dos valores coletivos, demos prosseguimento à conversa.

– Vossa Santidade, discutimos a capacidade do indivíduo de formar laços e de se conectar aos outros. Para isso, o senhor disse que precisamos nos conscientizar dos diferentes tipos de laços que nos unem uns aos outros, bem como da importância de promovermos essas ideias na sociedade. Disse também que as pessoas são afetadas pelos valores promovidos em sua sociedade ou cultura.

– Eu me pergunto até que ponto o espírito comunitário do indivíduo pode ser afetado pelos valores da sociedade em que ele vive. Mais especificamente, eu me pergunto quais são os efeitos do individualismo. As pessoas que vivem em sociedades individualistas tendem a se sentir mais independentes, se comparadas com as pessoas de certos países asiáticos, que tendem a venerar a ideia do coletivismo, que está associada a valores mais tradicionais e a uma maior conscientização da nossa interdependência ou interligação com os outros.

– De certa forma, poderíamos dizer que as culturas individualistas, em geral, possuem uma orientação voltada para o eu, ao passo que as culturas coletivistas possuem uma orientação voltada para o nós. Mas a pergunta que fica é: Qual sociedade é mais feliz? Por exemplo, parece que a promoção do individualismo, com o foco no "eu", contribui para o isolamento e para a falta de espírito comunitário sobre os quais falamos. Por outro lado, parece que há alguns benefícios associados ao individualismo: um sentimento de independência, de autoconfiança etc. Na verdade, creio que a promoção da liberdade de expressão, da autossuficiência e da autonomia pode ser benéfica para a criatividade, para a iniciativa pessoal, para a conquista pessoal, para os avanços tecnológicos, e...

— Só uma coisa — interrompeu-me o Dalai-Lama. — Creio que é importante ressaltar que há diferentes níveis de "individualismo". Em um desses níveis, ele é benéfico e pode trazer criatividade, autoconfiança e outras coisas positivas. Mas, em excesso, gera sentimentos de independência e de autoconfiança tão grandes que começamos a pensar: "Ora, não preciso de mais ninguém!" Ele também pode criar um ensimesmamento, ou egoísmo, e certo desprezo pelo bem-estar dos outros. Portanto, são as formas mais extremas do individualismo que nos causam problemas.

Como cresci nos Estados Unidos, a terra do individualismo, nunca me ocorreu investigar se havia formas saudáveis ou extremas desse tipo de doutrina, nem procurar exemplos das consequências destrutivas desses valores no nível pessoal. Mas, depois que o Dalai-Lama fez essa distinção, percebi que era fácil evocar exemplos dos grandes perigos do individualismo. Pensei em Ted Kaczynski, o infame Unabomber, que por muitos anos foi o terrorista mais perigoso dos Estados Unidos – o garoto-propaganda do individualismo exacerbado. Embora fosse um matemático brilhante, Kaczynski teve uma vida triste. De uma cabana isolada, em Montana, ele conduzia uma guerra solitária contra a tecnologia, a indústria, a sociedade e todas as formas de coletivismo. Passou os seus dias sozinho, construindo cartas-bomba para matar e mutilar as pessoas de quem não gostava.

É claro, além dos perigos do individualismo exacerbado, havia a questão dos efeitos negativos das modalidades menos extremas do individualismo, o que me levou a fazer a seguinte pergunta:

– Vossa Santidade, o senhor diz que o individualismo exacerbado pode causar problemas como o egoísmo. Mas e quanto às formas menos extremas de individualismo? Acha que elas podem contribuir para o avanço da solidão e da alienação?

Ele parou para refletir antes de responder.

– Acho que a promoção do individualismo não é o principal fator que gera alienação entre as pessoas. O problema é a ausência do ponto de vista contrário. Isso é o que está faltando.

– Além do mais, Howard, creio que é importante ressaltar que há diferenças entre os graus de individualismo de cada nação. Até mesmo no Ocidente há comunidades que têm maior apreço pela nossa interligação e pelo nosso espírito cooperativo. Não é o caso dos Estados Unidos, mas, em países escandinavos, como a Suécia, e também nos kibutzim de Israel, há um forte espírito coletivo. Na Suíça, por exemplo, é grande a autonomia em nível distrital, e, quando as pessoas têm maior representatividade na criação das leis que afetam as suas vidas, acho que elas se sentem mais envolvidas com a comunidade. E acho que os indivíduos que fazem parte de sociedades desse tipo são muito mais felizes.

Ele estava certo. Segundo o "Mapa-múndi da Felicidade", criado muitos anos depois dessa nossa conversa, a Dinamarca lidera o *ranking* da felicidade; a Suíça vem em segundo lugar, e a Suécia, em terceiro.

O Dalai-Lama continuou:

– Creio que tudo se resume ao seguinte: *se a sociedade promove um individualismo intransigente ou um socialismo intransigente, em ambos os casos ela será perversa e não promoverá a felicidade do indivíduo.* Por exemplo, se a sociedade for radicalmente socialista e decidir sacrificar o indivíduo em nome do bem comum, então ela será como uma enorme árvore que só tem tronco, mas não possui galhos. Não há nada além do Estado. Não existe liberdade individual nem criatividade. Não há nada. Por outro lado, se a sociedade enfatizar apenas o indivíduo a ponto de ele se sentir independente dos outros e autossuficiente, então ela será como uma pessoa que se senta sob uma árvore que está sendo derrubada. Será tola!

Assim como acontece com o individualismo exacerbado, é fácil enxergar os malefícios do coletivismo exacerbado. O mundo já presenciou muitas vezes as consequências destrutivas da anulação dos direitos individuais em nome do bem comum: os *gulags*, os regimes opressivos, a tragédia que acontece quando os seres humanos são destituídos dos seus direitos individuais. Até as formas mais benignas do coletivismo exacerbado parecem reprimir a criatividade, a iniciativa pessoal e o crescimento. Lembrei--me da minha primeira visita à China, em 1981, em uma época em que a glorificação do coletivismo pela sociedade podia ser vista nas ruas. Era perturbador caminhar pelas ruas apinhadas de gente e ver que quase todos vestiam ternos idênticos: azuis-escuros ao estilo Mao, exceto os raros renegados que ousavam demonstrar a sua não conformidade vestindo ternos cinza-escuros em vez do tradicional azul-escuro.

Ao me lembrar da viagem, veio-me à mente o nosso guia turístico chinês, um rapaz recém-saído da faculdade. Não era um guia profissional, mas foi escolhido para guiar o nosso grupo por ser fluente tanto no inglês quanto no francês, já que havia muitos franco-canadenses entre nós. Imaginando que iríamos aceitar a programação do governo, ele não tinha se preparado para enfrentar um grupo de pessoas que possuíam as suas próprias preferências em relação ao que ver ou fazer. Logo que chegamos, fomos avisados de que iríamos passar algumas horas em um jardim local. Depois de termos combinado a hora em que iríamos nos reencontrar no ônibus, o nosso grupo se subdividiu em pequenos grupos, e vários casais e pessoas sozinhas começaram a explorar, por conta própria, o jardim. O nosso guia logo gritou: "Por favor, permaneçam juntos! Permaneçam JUNTOS!" Correndo para cima e para baixo, tentou nos arrebanhar como gado, porém os membros do grupo continuaram se espalhando em direções contrárias, e ele ficou visivelmente mais agitado. Quando percebeu que não conseguiria nos reagrupar e nos conduzir através do jardim de maneira organizada, ele surtou. Gaguejando,

◆

com muita raiva, gritou: *"VOCÊS NÃO TÊM ESPÍRITO COLE-TIVO!"*, como se esse fosse o pior insulto capaz de proferir.

Resumindo a sua posição, o Dalai-Lama concluiu:

– Creio que uma sociedade pode incentivar o individualismo e reconhecer os direitos do indivíduo sem que isso implique negar o bem-estar coletivo. Afinal de contas, precisamos trabalhar nesses dois níveis, o individual e o coletivo, para alcançar a felicidade. No âmbito individual, uma vez que a felicidade é sempre um estado mental subjetivo, se quisermos ser felizes, teremos de começar pelo nível psíquico do indivíduo. Afinal de contas, uma sociedade feliz é composta por pessoas felizes. Portanto, creio que tudo isso nos leva a crer que devemos focar no bem-estar do indivíduo.

– Mas também devemos olhar para a sociedade como um todo e cuidar dos interesses coletivos, a fim de criar condições que permitam tanto ao indivíduo quanto ao grupo vicejar, ter uma sensação de segurança, de bem-estar coletivo etc. Precisamos de um enfoque mais holístico, que inclua ambas as abordagens. Só então haverá equilíbrio.

Muitos fatores podem afetar os níveis médios de felicidade de uma nação, mas que tipo de sociedade é mais feliz? *A resposta para essa pergunta alinha-se com a visão do Dalai-Lama!* Quando analisamos as características marcantes dos países mais *felizes* do mundo, percebemos que eles parecem seguir o princípio básico do Dalai-Lama: o equilíbrio. Neles, predomina uma atitude equilibrada que evita os extremos da independência e da interdependência, do

EU, NÓS E ELES

individualismo e do coletivismo, de modo que incorpore *as duas perspectivas*. Nos países escandinavos, por exemplo, temos uma cultura industrial que tende a ser mais individualista e que segue a tradição ocidental do respeito aos direitos individuais e à liberdade de pensamento. Ao mesmo tempo, encontramos valores coletivos, como o princípio de que não devemos nos destacar dos outros: a ética do "prego que se destaca". Esse tipo de padrão também se repete em outros países que possuem os níveis mais altos de felicidade, como a Suíça, onde existe maior equilíbrio entre a dependência e a interdependência, entre o respeito pelas liberdades individuais e pela livre iniciativa e a preocupação com o bem-estar coletivo, que resulta em um engajamento comunitário maior.

Quando se trata de identificar o modelo de sociedade mais adequado para ter um mundo mais feliz, todos os fatos parecem sustentar a visão do Dalai-Lama: devemos trabalhar no sentido de construir uma sociedade que defenda os direitos e a dignidade individuais, que incentive o cultivo das características pessoais, a integridade e a autoconfiança e, ao mesmo tempo, promova um profundo sentimento de ligação com as pessoas e uma profunda preocupação com o seu bem-estar social. O segredo é o equilíbrio.

"NÃO SE TRATA DE EU *OU* NÓS, MAS DE EU *E* NÓS"

O assistente do Dalai-Lama, um monge alto, trajando as tradicionais vestes marrons e cor de açafrão, entrou no cômodo com um sorriso estampado no rosto, flutuando silen-

♦

53

ciosamente para colocar uma bandeja com o chá sobre a mesinha de centro vermelha que ficava entre mim e o Dalai-Lama. Após me servir e de encher a caneca do Dalai-Lama com água quente, ele desapareceu. Durante a pausa para o chá, o secretário particular do Dalai-Lama entrou no cômodo e lhe falou brevemente, depois retomamos a conversa.

– Vossa Santidade, estávamos discutindo a ideia de que a sociedade mais feliz é aquela que possui equilíbrio, que respeita e promove o bem-estar tanto do indivíduo quanto da comunidade, e que isto reflete nas suas políticas sociais e nos seus valores. Mas agora quero voltar para o nível do indivíduo. Discutimos anteriormente a importância de um sentimento de ligação profunda com os outros, que propiciaria maior felicidade pessoal e ajudaria a superar problemas sociais como o preconceito, os conflitos etc. Ou seja, estávamos falando sobre os efeitos benéficos que resultam de uma mudança de orientação do eu para o nós. Creio que isso exige que foquemos menos as nossas diferenças e mais as nossas semelhanças, as nossas características compartilhadas.

– Sim.

– Mas também identificamos efeitos positivos que resultam de um individualismo saudável. Então eu lhe pergunto: como podemos superar esse conflito entre o cultivo de uma independência saudável, o eu, e o cultivo de uma ligação com o grupo, o nós?

– Não vejo conflito – afirmou o Dalai-Lama, categoricamente.

– Mas temos de encontrar um equilíbrio entre essas duas posições opostas. De um lado, temos a nossa singu-

◆

54

laridade, a nossa identidade. Do outro, temos o sentimento de pertença a um grupo, a identidade do grupo. Logo, tudo se resume a uma questão do eu *versus* o nós, e...

– Howard – interrompeu-me o Dalai-Lama –, creio que devemos esclarecer uma questão. Tenho observado que, às vezes, vocês, ocidentais, tendem a enxergar as coisas em termos de preto e branco, de tudo ou nada. Você fala do conflito entre o eu e o nós como se precisássemos escolher entre uma coisa e outra, como se devêssemos ignorar as diferenças e prestar atenção apenas nas semelhanças para atingir um sentimento de unidade.

– Mas não é este o nosso objetivo – ele disse, firmemente. – A nossa abordagem, que visa à criação de mudanças positivas, consiste no desenvolvimento de uma visão mais realista, que seja condizente com a realidade. Não estamos dizendo que a pessoa deve abrir mão da sua identidade e dos seus interesses. Isso não seria realista. Estamos dizendo que ele pode pensar no bem-estar individual e no bem-estar coletivo, ao mesmo tempo.

Mesmo assim, insisti na minha ideia original.

– Continuo com a impressão de que, se quisermos desenvolver uma forte ligação com os outros e uma espécie de identificação com o grupo, seja um grupo pequeno, seja a comunidade local ou a sociedade, teremos de conciliar, de alguma maneira, a nossa identidade individual, a nossa individualidade, a nossa independência e o nosso isolamento com o sentimento de comunhão com os outros.

Insisti por algum tempo na ideia de que precisávamos encontrar uma forma de lidar com as razões "opostas" do eu e do nós. O Dalai-Lama passou a mão pela cabeça raspada, como se experimentasse certa frustração, que também se traduzia em sua expressão facial. Quando o seu semblante assumiu uma expressão que parecia misturar três partes de espanto e uma de diversão, com uma pitada de desagrado, ele balançou a cabeça e riu.

– Só não entendo onde está a controvérsia! *Não vejo conflito algum.*

Sem dúvida, havia uma diferença básica de pontos de vista que parecia erguer uma barreira entre nós. Isto não era exatamente uma novidade, é claro. Tínhamos iniciado a nossa série de conversas com uma pequena controvérsia, quando eu disse ao Dalai-Lama a frase "Somos todos iguais", e ele brincou com a ideia de que uma invasão marciana seria capaz de resolver todos os problemas do mundo.

Nossa dificuldade em conciliar nossos pontos de vista divergentes – o dele de monge budista, o meu de psiquiatra ocidental – tivera início anos antes, durante a nossa primeira série de conversas, que foi relatada em *A arte da felicidade: um manual para a vida.* Ela persistira ao longo dos anos, mas tornara-se menos frequente com a convivência.

Vez ou outra, essa diferença entre os nossos pontos de vista aflorava, quando, em minha busca incansável por respostas objetivas para os problemas da humanidade, eu lhe fazia perguntas que lhe pareciam tão amplas que não possuíam resposta. Na maioria das vezes, ele atribuía essas minhas perguntas ao pensamento "absolutista" do Ocidente, que traduzia uma tendência ao pensamento em termos de preto e branco – e que contrastava com a sua visão de que os problemas humanos eram complexos, sutis e multifacetados. (Mas, às vezes, os papéis se invertiam, e eu lhe explicava um comportamento de uma pessoa em função de uma dinâmica psicológica complexa, enquanto ele o atribuía a uma simples questão de condicionamento: "Ah, eles simplesmente têm o hábito de agir dessa forma", ou à influência de uma vida passada.)

Embora as minhas perguntas simplistas ou generalizantes frustrassem o Dalai-Lama, encontramos uma maneira de lidar com elas: ele as repudiava comicamente. Tínhamos até uma piada interna. Separávamos as perguntas em duas categorias: as impossíveis e as tolas. Quando eu queria fazer uma pergunta consciente de que ela seria considerada de uma ou outra categoria, eu a introduzia com o seguinte preâmbulo: "Vossa Santidade, esta pergunta pertence à categoria das impossíveis..." E, assim, aprendemos a lidar com as nossas divergências, com a ajuda do bom humor e da docilidade inerentes a Sua Santidade.

Naquela manhã, quando o Dalai-Lama se espantou com a minha dificuldade em entender uma ideia tão simples – a de que podíamos nos ligar aos outros sem perder a nossa individualidade –, ele simplesmente atribuiu a culpa ao velho pensamento absolutista ocidental e começou a rir. Ainda assim, confesso que não abri mão da ideia de que devíamos desistir de parte da nossa individualidade para "nos fundir" ao grupo. Só fui aceitar a sua visão anos mais tarde, quando encontrei estudos científicos que mostravam que ele estava certo.

Coçando a cabeça e rindo, o Dalai-Lama continuou:

– Eu estava pensando... pensando que a diferença entre o idioma tibetano e o inglês pode traduzir uma divergência básica de pontos de vista. Em tibetano, a palavra que usamos para dizer "eu" é *"nga"* e a palavra que usamos para dizer "nós" é *"ngatso"*. Veja que, no nível básico das palavras, o idioma tibetano exibe uma ligação íntima entre o "eu" individual e o "nós" coletivo. *"Ngatso"*, a palavra que usamos para dizer "nós", significa literalmente "um conjunto de 'eus'". É como se houvesse muitos "eus". Assim, quando nos identificamos com um grupo, quando passamos a fazer parte de um grupo, *ampliamos* a nossa noção de individualidade, em vez de perdê-la. Por outro lado, em inglês, os termos "nós" e "eu" parecem não ter relação alguma. A raiz das palavras é diferente, não há semelhanças... Como se diz?

– Etimologia? Etimológicas!

– Isso, etimológicas. Então, voltando à questão do eu *versus* nós, talvez isso indique que, no Ocidente, existe uma espécie de oposição entre o eu e o nós. Quando vocês, ocidentais, se identificam com um grupo e se tornam parte de uma comunidade maior, sentem que estão abandonando ou perdendo a sua identidade individual – disse o Dalai-Lama.

– Bem – falei –, é claro que sou capaz de enxergar os efeitos benéficos que resultam do cultivo da identidade coletiva e do sentimento de pertença a um grupo maior. Mas continuo achando que, quanto mais seguimos nessa direção, mais corremos o risco de enfraquecer a nossa própria identidade, que está relacionada com a ideia de que somos únicos, de que somos diferentes dos outros.

– Isso não é verdade – respondeu. – O processo de expansão de identidade que ocorre quando nos juntamos a um grupo pode ser um processo bastante natural, que não acarreta a perda da própria identidade. Por exemplo, em uma família, há vários indivíduos, e todos eles são diferentes. Mas, quando pensamos em "família", sentimos uma espécie de inclusão, pois nos relacionamos com nossos familiares com base no nosso parentesco. Nesse caso, expandimos a nossa identidade a fim de incluir a família e obtemos uma espécie de identidade familiar coletiva. Creio que tudo depende da expansão do nosso horizonte e do nosso foco, pois, se não estivermos dispostos a expandi-los, poderemos criar cisões no seio familiar. Algumas famílias fazem distinções entre os seus membros em função de vários critérios: visões políticas diferentes, situação financeira etc.

– Outras possuem uma forte identidade coletiva, mas o seu espírito comunitário restringe-se quase exclusivamente ao núcleo familiar. O indivíduo pode ter uma esposa e filhos, mas, se não conseguir ultrapassar esse limite e ampliar o seu perímetro, o seu círculo de relacionamentos será bastante estreito. Uma família desse tipo buscaria se isolar dos vizinhos, a fim de viver de maneira independente. Mas há famílias que, além de se identificarem como família, também se identificam como parte da vizinhança. Nesse caso, quando conseguem expandir o seu círculo de relacionamentos para além da vizinhança, elas se sentem ligadas às outras pessoas, como se todos fizessem parte de uma "comunidade global". E isso faz toda a diferença.

– Se as famílias conseguissem se relacionar umas com as outras dentro da comunidade, como membros da comunidade, é claro que, vez ou outra, ocorreriam discussões e conflitos, mas, pelo menos, haveria um sentimento de per-

A ARTE DA FELICIDADE EM UM MUNDO CONTURBADO

tença. E, se a pessoa tivesse necessidade de falar com alguém, poderia bater à porta de um vizinho ou de outra pessoa qualquer para compartilhar os seus problemas ou as suas alegrias ou para receber outras pessoas em sua casa.

Após uma pausa, continuou:

– Da mesma forma, podemos expandir nossa identidade a fim de incluir um "nós, a região", ou um "nós, o país", entre outras coisas. E, em última análise, podemos expandir os limites da comunidade humana a fim de incluir todas as pessoas, de modo que possamos dizer: "Nós, o povo do planeta Terra." Assim, em relação à humanidade, cada indivíduo é diferente, mas, ao mesmo tempo, existe uma "unidade", que serve de base para que possamos nos relacionar uns com os outros em função de algo mais profundo e fundamental... E sabe de uma coisa – acrescentou, preparando-se para encerrar a conversa –, tenho visto muitas pessoas usarem a palavra "humanidade". Acho que isso é uma coisa maravilhosa, pois "humanidade" é uma palavra bastante inclusiva.

Colocando a caneca de água quente sobre a mesinha e esticando-se para pegar os sapatos, o Dalai-Lama concluiu:

– A pessoa deve se preocupar com o seu bem-estar, com o seu eu, mas nada a impede de expandir os limites da sua identidade e da sua preocupação, a fim de incluir outras pessoas. Não precisamos nos esquecer das nossas diferenças, mas devemos nos lembrar das nossas semelhanças, dedicando-lhes igual atenção e respeito. Em suma, não se trata de eu *ou* nós, mas de eu *e* nós.

◆

Começamos a nossa discussão sobre a felicidade, em um contexto social, pela investigação da questão do eu *versus* nós – o isolamento *versus* a comunhão. O Dalai-Lama diz que os seres humanos foram feitos para a vida em comunidade e que a nossa capacidade para o afeto, a brandura, a amizade e o amor é uma fonte rica e inesgotável de felicidade. Assim como um processo alquímico que transforma os metais em ouro, a transformação do eu em nós e o cultivo de um sentimento de pertencimento a um grupo maior trazem inúmeros benefícios ao ser humano, como saúde mental, física e emocional. Ao mesmo tempo, a ligação com outras pessoas nos ajuda a fortalecer a comunidade e a construir um mundo melhor. Seja olhando pelo viés do ideal budista da compaixão, seja segundo as últimas descobertas científicas, podemos dizer que a ligação humana e os laços comunitários, que se baseiam no afeto, são a nossa maior fonte de felicidade e de satisfação pessoal.

Mas a história nos ensina que, às vezes, as coisas dão errado, muito errado! Embora o sentimento de pertencimento a um grupo, o nós, traga muitas recompensas, o que acontece quando "nós *e* eles" transforma-se em "nós *contra* eles"? Por que será que a simples conscientização do nós e do eles acarreta o preconceito, o ódio, o conflito e a violência? Essas eram perguntas fundamentais que ainda teriam de ser respondidas.

◆

Capítulo 3

O PRECONCEITO
(NÓS *VERSUS* ELES)

Em 1992, um fazendeiro croata chamado Adem contou uma história terrível. Em uma entrevista ao jornalista e autor norte-americano Peter Maas, Adem sentou-se com os ombros curvados e em voz baixa relatou uma sequência de acontecimentos tão devastadora que parecia ter lhe sugado toda força e vitalidade. Até mesmo sua voz parecia incapaz de se erguer além de um suspiro. No ano anterior, ele disse, o relacionamento entre os sérvios e os croatas havia se deteriorado. No curto espaço de um ano, ambas as partes viram as suas identidades individuais sumirem, serem absorvidas por uma mentalidade maior e indiferenciada: a do nós contra eles. Então, certa noite, a hostilidade transformou-se em um pesadelo do qual Adem jamais conseguiria acordar: sérvios de uma aldeia vizinha prenderam 35 homens da aldeia de Adem e cortaram as suas gargantas...

No ano anterior, os assassinos tinham ajudado as vítimas a colher os frutos do plantio. Os sérvios tinham sido seus amigos, tinham feito parte das suas vidas – e, agora, faziam parte da sua morte.

Dois anos mais tarde, em outro continente, em uma agradável tarde de primavera, a vida sorria para muitos africanos da aldeia de Nyarubuye. Amigos e vizinhos trabalhavam juntos nos campos, cultivando sorgo, e, nos dias de folga, reuniam-se sob o teto da igreja. Embora as pessoas estivessem divididas em tribos, entre os tutsis e os hutus, Gitera, um fazendeiro da região, disse: "A vida era normal. Contanto que a colheita fosse boa e não precisássemos recorrer ao mercado, eu diria que éramos felizes."

A aldeia ficava em Ruanda, um país com uma longa história de tensão e conflito entre os seus dois principais "grupos étnicos", os hutus e os tutsis. No dia 6 de abril de 1994, o presidente hutu Juvénal Habyarimana foi morto, tendo fim o frágil cessar-fogo assinado entre as duas partes no outono anterior. O assassinato reacendeu o ressentimento e o ódio das duas tribos, resultando no genocídio da minoria tutsi pelos hutus, que estavam no poder.

Apenas nove dias depois, Gitera viu-se empunhando um facão ensanguentado, desferindo golpes contra os seus vizinhos até matá-los, inclusive mulheres e crianças; e todos dentro da igreja da aldeia. Os tutsis haviam se refugiado ali dentro, certos de que estariam a salvo no lugar onde tinham aprendido, junto com os seus vizinhos hutus, que o assassinato era um pecado capital. Em vez disso, 7 mil homens hutus cercaram a igreja e massacraram praticamente todos os que estavam ali dentro, retalhando e machucando os seus vizinhos com paus e facões. Gitera descreveu uma cena de inimaginável terror: viu "pessoas com as mãos amputadas... pessoas debatendo-se no chão, gritando, agoniadas, com os membros decepados..." E acrescentou: "Aqueles eram os meus vizinhos."

Acontecimentos dessa natureza estavam ocorrendo em todo o país – um garoto de 10 anos fora enterrado vivo, uma dona de casa hutu matara duas crianças vizinhas que tinham sido amigas de seus filhos, além de inúmeras histórias de tortura –, e as milícias enviadas pelo governo para matar os aldeãos tutsis promoviam verdadeiros banhos de sangue. Conterrâneos matavam conterrâneos, incitados pela rádio estatal, que cuspia um arsenal contínuo de propaganda desumanizadora, referindo-se aos tutsis não como pessoas, mas como "baratas" que precisavam ser exterminadas. Muitos civis participaram do extermínio da minoria étnica.

Os números do genocídio são impressionantes. Estima-se que de 800 mil a 1 milhão de compatrícios tutsis (e hutus moderados) tenham sido massacrados em apenas cem dias! Não com bombas, metralhadoras ou câmaras de gás, mas principalmente em enfrentamentos pessoais, corpo a corpo. Uma testemunha afirma ter visto "maridos matando esposas, esposas matando maridos, vizinhos matando vizinhos, irmãos matando irmãs, irmãs matando irmãos, filhos matando pais". Por cem dias, foi como se todas as catego-

◆

rias ou designações sociais, como marido, esposa, irmã, vizinho, amigo, velho, jovem, fazendeiro, doutor, padre etc., tivessem desaparecido, ficando apenas o "nós" e o "eles".

— Vossa Santidade – comecei –, na última conversa, discutimos a importância das ligações com outras pessoas, do sentimento de pertença a um grupo maior, dos laços humanos básicos. O senhor disse que a nossa identificação com um grupo não implica necessariamente a perda da nossa identidade individual e que há muitos grupos com os quais podemos nos identificar, como a família, a comunidade, a nação etc. De fato, muitos estudos mostram que as ligações sociais não geram apenas felicidade, mas também saúde física e mental, além de outros benefícios, como a longevidade.

– Além disso, também identificamos o problema do "nós e eles", que carrega em si um potencial para o preconceito, o ódio e, em casos mais extremos, o tipo de desumanização que pode gerar atrocidades e até mesmo o genocídio.

– Enxergar o outro grupo como "subumano" é um exemplo de atitude que, de outra maneira, poderia ser considerada uma tendência natural à divisão em termos de nós e eles – disse o Dalai-Lama. – Se quisermos chegar à raiz dos problemas que você mencionou, acho que devemos investigar essa tendência.

– Então, este será o primeiro assunto que discutiremos hoje: a nossa tendência a nos dividir em grupos, o "grupo interno" e o "grupo externo".

◆

O Dalai-Lama parecia revigorado, pronto para investigar.

– Ótimo! Ótimo! – Conversar com ele de manhã era sempre muito agradável.

– Certo, para começar – falei –, acho que existe uma razão biológica, de um ponto de vista evolutivo, para as pessoas se dividirem dessa maneira. Mas, é claro, como o senhor gosta de dizer, essas coisas podem ser complexas. Pode haver muitas causas para essa divisão entre o "eu" e o "nós", como causas psicológicas. Por exemplo, agora, estamos em época de Copa do Mundo. Se você gosta de um time e ele ganha uma partida, você não diz: "Ah, eles ganharam", mas sim: "Ganhamos!" Costumamos nos identificar com grupos bem-sucedidos. É claro, as pessoas gostam de sentir orgulho de si mesmas. E, quando nos identificamos com um grupo bem-sucedido, sentimos orgulho de nós mesmos.

– Mas isso pode ser perigoso – prossegui. – No ano passado, por exemplo, ocorreu um incidente no qual mais de cem pessoas foram mortas durante uma partida de futebol na África. Isso me lembra uma coisa. Outro dia eu estava conversando com um amigo sobre o crescimento do *hooliganismo* no futebol, com os seus ataques violentos, as suas facadas, os tiroteios, os fãs sendo pisoteados por multidões de pessoas. Ele disse que essa era uma doença inglesa. Mas se esse tipo de coisa pode acontecer numa simples partida de futebol, que esperança podemos ter? – suspirei.

Por um momento, permanecemos calados. Instantes depois continuei:

– Acho que a minha primeira pergunta é a seguinte: por que a mentalidade do nós *versus* eles é uma característica tão marcante da humanidade?

EU, NÓS E ELES

O Dalai-Lama ficou em silêncio por um momento, refletindo sobre o assunto, então começou:

– O apego à identidade individual e à sobrevivência é um traço humano bastante comum. E creio que o nós é apenas uma extensão do eu, como se ampliássemos a nossa identidade para que nela coubessem outras pessoas, em especial os nossos familiares. Expandimos o nosso horizonte de identificação pessoal para incluir as pessoas que nos apoiam nas horas difíceis. Assim, quando ocorre essa expansão, primeiro se estende à família, depois ao grupo cultural, à nação, e assim por diante.

– Antigamente, os seres humanos tinham de se juntar em bandos para garantir a sobrevivência. Quando ocorria uma disputa por recursos escassos, aqueles que se identificavam com um grupo tinham mais chances de ser bem-sucedidos: para sobreviver, o indivíduo necessitava de companheiros que o ajudassem. E, é claro, naquele tempo, a configuração do mundo permitia que os grupos e as comunidades se desenvolvessem de maneira relativamente isolada.

O Dalai-Lama continuou:

– Ainda que a mentalidade do nós contra eles tenha sido algo positivo no passado, útil para a sobrevivência da espécie, o fato é que o mundo mudou. A realidade é outra. O mundo está mais interdependente, e o espírito de cooperação tornou-se fundamental para a nossa sobrevivência. O que antes era produtivo agora é contraprodutivo e potencialmente destrutivo.

– O fato de essa mentalidade ser natural não significa que devamos aceitá-la. Mesmo que o apego à individualidade e ao grupo interno, que está associado a essa mentalidade, seja natural, se levar a consequências negativas, será preciso agir contra essa tendência.

OS AMIGOS E OS INIMIGOS

A ideia do Dalai-Lama de investigar as origens biológicas dessas divisões grupais não era apenas uma questão de curiosidade intelectual. Se entendêssemos os aspectos básicos desse processo, poderíamos compreender melhor o nosso comportamento e também modificá-lo, a fim de criar um mundo melhor, um futuro melhor para os nossos filhos.

Com relação ao processo que leva os seres humanos a se dividirem em grupos, muitas vezes com o intuito de prejudicar ou matar os outros, nota-se uma tendência inicial à separação em dois grupos: o grupo interno e o grupo externo (os quais chamei anteriormente de nós e eles) – ou seja, os grupos com que nos identificamos e os grupos que parecem diferentes, aos quais não pertencemos. Esse processo é um bom exemplo de *categorização*. O cérebro adora categorizar as coisas – os objetos, os conceitos, as pessoas. Por quê? Vivemos em um mundo muito complexo, e a capacidade do cérebro de processar informações é limitada. A categorização é uma das estratégias que o ajudam a simplificar a torrente de informações sensoriais que nos atinge a todo instante.

Quando sabemos a que categoria determinada coisa pertence, conhecemos as suas propriedades gerais e podemos responder a ela sem precisar analisar todas as suas propriedades específicas, como se estivéssemos vendo o objeto pela primeira vez. Isso nos auxilia a responder aos estímulos externos de maneira rápida e eficiente, aumentando as nossas chances de sobrevivência. A criação de categorias em função de características gerais requer uma análise menos complexa do objeto, o que nos ajuda a economizar os recursos e a energia do cérebro.

Na nossa vida cotidiana, o tipo de categorização mais importante é a que fazemos das pessoas: a *categorização social*. Isso requer que coloquemos uma pessoa em um grupo específico, de acordo com sua raça, sua etnia, seu sexo etc., e, em seguida, que a classifiquemos em termos de nós ou eles.

Os ambientes sociais do mundo moderno podem ser bastante complexos, e o cérebro, com o intuito de economizar recursos psíquicos, procura maneiras de simplificar a realidade e as nossas interações sociais. Os *estereótipos* ajudam nesse sentido. Eles são os nossos pré-julgamentos sobre determinados grupos. Quando o cérebro coloca alguém em uma categoria social qualquer, os *estereótipos* dessa categoria são ativados. Assim, em vez de tentarmos avaliar as características e os atributos singulares de cada pessoa que conhecemos, determinamos rapidamente a que categoria ela pertence e nos baseamos em estereótipos para obter informações a seu respeito. Os estereótipos são construtos *heurísticos*, atalhos mentais que podem nos dizer o que fazer.

O Dalai-Lama ressaltou que a divisão entre nós e eles e a nossa resposta natural a esse tipo de categorização têm uma justificativa. Essas coisas já foram úteis para a nossa evolução, para a sobrevivência de nossos antepassados remotos. Se quisermos entender por que agimos dessa maneira, teremos de investigar a evolução do cérebro humano.

A anatomia básica e a estrutura do cérebro humano evoluíram gradualmente ao longo de milhões de anos. À medida que o cérebro evoluía, as respostas instintivas dos seres humanos, que eram moldadas pelas forças evolutivas, iam sendo fixadas permanentemente no cérebro, em circuitos neurais. Durante grande parte da evolução humana, os nossos antepassados hominídeos, que surgiram há cerca de 5 milhões de anos, viveram como caçadores e coletores ou se alimentavam de carniça. Viajavam por vastos territórios em grupos pequenos, comiam o que encontrassem pelo caminho ou os animais que conseguissem matar com as suas armas rudimentares. Tudo o que precisavam fazer era sobreviver e passar os seus genes adiante. Ao longo da evolução do cérebro humano, que começou com o surgimento do gênero *Homo* há cerca de 2 milhões de anos, os seres humanos enfrentaram os perigos da época pleistocena, que se estendeu até o final da Era do Gelo (cerca de 10 mil anos atrás). Foi nessa época que o cérebro humano evoluiu rapidamente, mais do que triplicando em tamanho.

Nossos antepassados não tiveram uma vida fácil. Conviveram com mudanças climáticas radicais, estiagens, fome, predadores humanos e não humanos e sua vida era precária e cheia de incertezas. Sua única certeza era que teriam de enfrentar muitas catástrofes e adversidades. E, assim, o nosso cérebro adaptou-se de modo que permitisse aos

◆

nossos antepassados sobreviver e responder com eficiência aos problemas diários que as pessoas que viviam na época pleistocena estavam fadadas a enfrentar repetidamente, geração após geração. Isso nos deixou o legado de um cérebro que é ótimo para superar perigos e situações potencialmente mortíferas, o que alguns pesquisadores chamam de cérebro catastrófico – um cérebro que está sempre à procura de coisas que podem dar errado, que podem ameaçar a nossa sobrevivência, um cérebro que tende a ignorar as coisas boas da vida em nome das coisas ruins, capaz de detectar uma pedrinha no nosso sapato, mas incapaz de apreciar um belo pôr do sol ou uma paisagem enquanto caminhamos.

Assim, do ponto de vista evolutivo, é fácil entender por que o nosso cérebro está condicionado a ter predileção pelos grupos internos. Os recursos disponíveis nem sempre foram abundantes, e era vantajoso para o indivíduo juntar-se a um grupo no qual todos trabalhassem cooperativamente para aumentar as chances de sobrevivência, no qual juntos caçassem grandes animais, coletassem os recursos então escassos para se defender de ataques e de predadores. Além disso, uma predileção instintiva pelo "grupo interno" nos aproximaria de um grupo mais parecido conosco, cujas regras e normas nos fossem familiares, assegurando-nos, portanto, uma vida social mais tranquila e eficiente e aumentando as nossas chances de encontrar um bom parceiro, ter filhos e passar os nossos genes para a geração seguinte.

Os benefícios do sentimento de afinidade com o grupo não se restringem à vantagem evolutiva de ter um time para trazer uma grande coxa de bisão para o almoço ou para abater um feroz tigre-dentes-de-sabre, ou seja, não se trata apenas de uma questão de sobrevivência. Até mesmo nos dias de hoje, é mais fácil trabalhar com um grupo com que estejamos familiarizados, um grupo cujas normas sociais, cujos códigos de comportamento etc. sejam conhecidos. Sentimo-nos mais confortáveis e seguros com aqueles que são parecidos conosco, e, como mencionamos, os seres humanos vicejam apenas quando estão ligados a um grupo.

Agora, na maioria das vezes, não há nada de errado em reconhecer as diferenças entre os grupos e identificar um nós e eles. Da mesma forma, não há nada de errado em ter predileção pelo grupo interno. O problema é que as forças e as pressões evolutivas que moldaram a estrutura do cérebro humano não pararam por aí – não apenas geramos automaticamente uma predisposição positiva com relação ao nosso grupo, como também geramos uma *predisposição negativa* com relação aos outros grupos. Logo que categorizamos um indivíduo em função de nós ou eles, o cérebro processa a informação e o classifica como amigo ou um inimigo, imprimindo nessa distinção um tom emotivo e incutindo em tais categorias sentimentos positivos com relação ao "amigo" e negativos com relação ao "inimigo". E, como veremos, é aí que as coisas começam a dar errado... muito errado.

◆

O PRECONCEITO

– Vossa Santidade, o senhor disse que a mentalidade do nós contra eles pode ter consequências negativas. Eu estava pensando: o nosso objetivo é a felicidade, que é o tema principal das nossas discussões. Quando se trata de felicidade, os estudos mostram que as pessoas, de fato, são mais felizes em comunidades ou sociedades homogêneas, onde não há muitos deles por perto. Creio que isso não chega a ser uma surpresa, mas é bastante desanimador para nós que vivemos em sociedades multiculturais, como nos Estados Unidos.

– Gostaria de ouvir a sua experiência pessoal com relação a este assunto. É claro, tradicionalmente, o Tibete é uma cultura muito homogênea. Não é como os Estados Unidos, onde temos toda a espécie de cultura e de raça convivendo lado a lado. O Tibete sempre foi um país muito isolado, um dos países mais isolados do mundo, composto quase exclusivamente por pessoas de etnia tibetana. Quando visitei o Tibete pela primeira vez, creio que seria possível contar às centenas o número de ocidentais que já haviam visitado o país...

Assim que eu disse isso, lembrei-me da trágica situação do Tibete. A China estava se encarregando de destruir a tradição local por meio da política de transferência de chineses para o país. Senti-me um tanto envergonhado, imaginando que as minhas palavras teriam deixado o Dalai-Lama triste por lembrar-lhe a crise atual. Mas ele não pareceu aborrecido e manteve a mesma postura: alerta, atenta, interessada.

◆

A ARTE DA FELICIDADE EM UM MUNDO CONTURBADO

Tentando disfarçar o meu embaraço, continuei:

– Dizíamos que os seres humanos subdividem-se naturalmente em dois grupos, nós e eles. Mas, além dessa divisão, parece que há uma predisposição natural para o preconceito e para as respostas negativas com relação a eles, um medo ou uma desconfiança instintiva por parte daqueles que são diferentes. E, é claro, isso pode se transformar em discriminação, em preconceito etc. Então, por curiosidade, uma vez que o senhor foi criado em uma cultura bastante homogênea, lembra-se da primeira vez em que viu ou encontrou uma pessoa de origem ocidental, caucasiana ou de uma raça diferente? Lembra-se de como reagiu ao encontrar raças diferentes? Lembra-se de ter sentido algum tipo de preconceito contra elas?

O Dalai-Lama refletiu por um momento.

– Não, não me lembro da primeira vez. Mas é claro... – o Dalai-Lama parou de repente e começou a gargalhar.

– Acabei de me lembrar – disse, ainda rindo – da primeira vez em que o meu irmãozinho viu um estrangeiro. Havia um muçulmano de aparência notável, ostentando uma enorme barba ruiva. Era um uigur da raça turcomana do leste. Não testemunhei o ocorrido, mas descobri mais tarde que o meu irmão, que ainda era uma criança, ficou completamente aterrorizado quando viu o homem! Teve tanto medo que desmaiou! – o Dalai-Lama quase perdeu o fôlego de tanto rir. – Ele ficou sem falar por três ou quatro dias, e parece que tiveram de realizar uma cerimônia curativa para que ele voltasse ao normal!

Parou de rir aos poucos e continuou:

EU, NÓS E ELES

– Mas no meu caso não me lembro se ocorreu algum incidente em particular, alguma reação de espanto. É claro que, durante a minha infância, vi alguns homens brancos que viviam na Missão Britânica de Lassa. E, antigamente, tínhamos muçulmanos uigures no Tibete e, é claro, alguns chineses. Quando vi essas pessoas pela primeira vez, notei que eram diferentes, essa constatação sem dúvida ocorreu. Mas da minha parte não me lembro de ter sentido nenhum tipo de distanciamento ou preconceito com relação a elas.

O passado primitivo da nossa espécie deixou-nos como legado uma predisposição natural positiva com relação àqueles que consideramos fazer parte do grupo interno, e negativa com relação àqueles que consideramos fazer parte do grupo externo. Essa reação imediata, instintiva e emocional aos grupos externos, uma reação de medo e até mesmo de hostilidade, pode variar em termos de grau – da sutileza ao exagero, de uma reação automática subjacente à consciência do indivíduo a um terrível sentimento de medo e de hostilidade. A reação instintiva do irmãozinho do Dalai-Lama ilustra bem quanto essas reações fundamentais podem ser poderosas.

Assim como a nossa predisposição positiva, ou predileção, com relação ao grupo interno, essa predisposição negativa com relação aos grupos externos pode ser explicada de um ponto de vista evolutivo – pois, durante a evolução do nosso cérebro, a disputa com outros grupos pelos recursos escassos era bastante acirrada. A ordem do dia era a *sobrevivência*, e, na época pleistocena, era mais fácil ver os líderes rivais derrotando os seus adversários com machados de pedra do que com discursos políticos, era mais fácil vê-los fora do governo devido a um corte na garganta do que a um *impeachment*.

Então, se pararmos para pensar que os nossos cérebros evoluíram com o intuito específico de lidar rápida e eficientemente com os perigos e os problemas da época pleistocena – quando o homicídio era a técnica de resolução de conflitos mais comum e ninguém sabia ao certo a quantidade de povos estrangeiros que viviam em um lugar –, veremos que programar o cérebro para reagir aos membros de outro grupo com um bom e velho alerta de perigo, a fim de nos manter vigilantes, era a coisa mais sensata a fazer.

Essa predisposição negativa com relação aos grupos externos tornou-se a base para o surgimento do preconceito, que pode ser entendido como uma reação geral aos grupos externos, composta por dois componentes: uma discriminação instintiva, que toma a forma de uma reação emocional negativa, como o medo ou a hostilidade, e um conjunto de convicções estereotipadas a respeito do outro grupo. Esses estereótipos muitas vezes baseiam-se em convicções falsas, como acreditar numa superioridade essencial do grupo interno e numa inferioridade essencial do grupo externo.

A origem neurológica do preconceito

Como o cérebro produz as distorções de pensamento e as emoções negativas que são associadas ao preconceito?

Se quisermos traçar o caminho percorrido pelas informações no nosso cérebro, deveremos começar pela informação sensorial pura que recebemos do ambiente, as imagens visuais, os sons, os odores, as impressões táteis. A informação visual pertinente a *todos os objetos* que observamos é registrada pela retina, um grupo de células dentro do olho. Depois é transmitida ao cérebro através do nervo óptico e carregada por fibras nervosas até o lobo occipital, uma área localizada no fundo do cérebro, responsável pelo processamento da visão. O olho em si não entende o que está vendo, simplesmente registra as imagens em termos de forma, cor, sombreamento, claridade e escuridão. É o cérebro que atribuiu significado aos objetos, identificando-os, rotulando-os. Ele também simplifica o que é visto, pois filtra muitas das informações percebidas pelo olho, formando impressões iniciais a respeito dos objetos observados, separa-os em categorias gerais e escolhe o que é ou não relevante.

Para entender como o cérebro edita o nosso mundo, como filtra grande parte das informações a fim de criar uma representação simplificada da realidade, você pode realizar um experimento simples, porém eficiente: Primeiro, feche os olhos, vire-se na direção oposta, abra-os por cerca de dez segundos e memorize o que está à sua frente. Vire-se novamente e escreva em um pedaço de papel tudo o que você viu. Agora, vire-se outra vez e compare o que escreveu com a disposição real dos objetos, examinando cada um em detalhes. Você vai se surpreender com a quantidade de objetos que não foram "vistos". Mesmo que você olhe diretamente para eles, com os dois olhos arregalados, o cérebro não permitirá que você os enxergue.

◆

A ARTE DA FELICIDADE EM UM MUNDO CONTURBADO

Quando associamos um objeto à categoria dos "seres humanos", ele é imediatamente classificado em termos de nós ou eles. Parte dessa informação é enviada ao sistema límbico, um aglomerado de estruturas cerebrais que desempenham importante papel na regulação das emoções, da motivação e da memória. Do ponto de vista evolutivo, o sistema límbico é muito antigo e compõe a porção mais primitiva do cérebro, a qual também é encontrada em animais inferiores. As estruturas do sistema límbico são responsáveis pelas reações imediatas e instintivas aos objetos e às pessoas que encontramos pela frente, como uma espécie de "pressentimento" – temos uma sensação boa ou ruim diante de determinado objeto, experimentamos atração ou repulsa?

Agora, no sistema límbico, em cada um dos hemisférios cerebrais, há uma estrutura pequena, em forma de amêndoa, que se chama amígdala cerebelosa. *As amígdalas compõem o nosso sistema de alerta contra o perigo. São responsáveis por evocar emoções como o medo e a raiva, reações emocionais fortes que são úteis em situações perigosas e potencialmente mortíferas.* As emoções produzidas nas amígdalas nos preparam para reagir ao perigo, seja enfrentando uma situação perigosa, um predador, um inimigo, seja fugindo deles. Elas são de fundamental importância para as nossas interações sociais.

Muitos estudos científicos identificam as amígdalas como as principais responsáveis biológicas pelo preconceito e pelo ódio – sentimentos que, em última análise, provocam muitos dos conflitos que ocorrem no mundo de hoje. A atividade das amígdalas representa a percepção de um perigo

◆

78

em potencial e está associada a reações preconceituosas no contexto da avaliação social, gerando medo e hostilidade contra aqueles que parecem ser de outro grupo. Isso pode ter sido útil para os nossos antepassados, mas é difícil de desaprender, e, nos dias de hoje, as amígdalas muitas vezes produzem alertas falsos.

A informação que diz respeito ao mundo sensível é enviada para muitas partes do cérebro. Ao mesmo tempo que ela é transmitida ao sistema límbico, outros caminhos neurais levam-na para o córtex cerebral, o ponto máximo da evolução humana, a estrutura que nos eleva acima das outras espécies. Localizado na camada mais externa do cérebro, na parte frontal, o córtex representa o desenvolvimento máximo do cérebro humano e está associado a funções cerebrais mais desenvolvidas, como o raciocínio, a análise e a lógica, constituindo a base do pensamento racional. É nele que ocorre uma análise mais profunda do objeto ou da pessoa, uma compreensão mais sutil e mais acertada. Ele é a parte "pensadora" do cérebro, que gera pensamentos conscientes e opiniões a respeito dos outros. É aqui que nascem os estereótipos. E, quando os estereótipos negativos e as convicções falsas sobre determinado grupo externo se juntam às reações emocionais negativas produzidas pela amígdala, o preconceito triunfa. A seguir, veremos como essas falsas convicções são criadas e como podemos superá-las.

Cabe ressaltar um último ponto: as áreas responsáveis pelo pensamento racional no neocórtex e as áreas responsáveis pelas reações emocionais no sistema límbico se comunicam umas com as outras por meio de caminhos neurais, o que nos dá a capacidade de modificar conscientemente as nossas reações por meio do aprendizado, das novas experiências e do condicionamento. Como veremos a seguir, o neocórtex pode ser a nossa salvação, a parte do cérebro que possui a capacidade de nos libertar de reações instintivas primitivas, como o medo, a hostilidade, o ódio e o preconceito, que herdamos dos nossos antepassados remotos.

Os estereótipos e as convicções falsas

Após a destruição de Nova Orleans pelo furacão Katrina, os noticiários foram inundados por histórias e imagens visuais das ruínas da cidade, muitas vezes focando a luta dos sobreviventes. Em muitas dessas histórias, os sobreviventes brancos que tinham sido obrigados a fugir de suas casas devido aos fortes ventos eram chamados de "refugiados", ao passo que os sobreviventes negros eram chamados equivocadamente de "retirantes", uma palavra que carrega a conotação de alguém que foi obrigado a buscar abrigo em uma terra estrangeira – ou seja, um estrangeiro, um "deles". Em uma fotografia bastante conhecida, um homem negro que carrega uma enorme sacola, imerso na água até a cintura, é descrito como um "saqueador", palavra que evoca imagens de roubo, violência e perigo. Em outra fotografia, duas pessoas brancas que fazem exatamente a mesma coisa são descritas como "gatunos", palavra que evoca imagens muito diferentes – talvez a de um gatinho inocente brincando com um novelo de lã ou bebendo leite em uma tigela.

EU, NÓS E ELES

– Vossa Santidade – continuei –, quando penso nas muitas consequências negativas que podem resultar dessa mentalidade de nós contra eles, como um cidadão norte--americano que vive numa sociedade multicultural, o racismo logo me vem à cabeça. Há muito tempo ele é um grave problema para a sociedade norte-americana, fonte de muito sofrimento ao longo dos séculos... Se bem que, agora, as coisas estão melhores do que antes... Mas como estamos tentando identificar as causas para essa mentalidade do nós contra eles, o senhor teria algo a acrescentar sobre as causas específicas do preconceito e do racismo?

– Bem, Howard, você que saber sobre o racismo. Mas acho que o preconceito não é apenas uma questão de raça, de cor de pele. Ele tem que ver com a nossa projeção mental, com a premissa falsa de que um grupo é essencialmente inferior a outro.

– Se olharmos para uma sociedade racialmente uniforme, encontraremos preconceitos baseados numa variedade de premissas falsas. Por exemplo, a primeira vez que fui à África visitei o Gabão, onde participei de um evento no Centro Albert Schweitzer. A caminho do centro, vi alguns vilarejos. Eram muito pobres, subdesenvolvidos. Vi crianças completamente nuas correndo para lá e para cá, cobertas com o sangue de um pássaro que elas tinham matado, possivelmente um grou ou um flamingo. O sangue pingava sem parar. Fiquei muito triste. Mas perto desses vilarejos ficava o centro para o qual eu me dirigia, onde a elite dominante do país, incluindo o presidente, levava uma vida ostensivamente luxuosa. Eu podia sentir no corpo a enorme distância entre a elite dominante e o povo em geral, as massas. Era desalentador. Então, nesse caso, num mesmo grupo de pessoas, encontrei um tipo de preconceito que se fundamentava na falsa crença de que a superioridade e a inferioridade eram inatas.

– É claro que, quando se trata de assuntos como o preconceito e o racismo, sempre há muitos fatores em jogo, muitos fatores determinantes. Às vezes, somos condicionados a ter convicções erradas, e esse condicionamento possui origem em níveis diferentes: na família, em um grupo em particular, na sociedade. Os fatores históricos também podem desempenhar importante papel nesse sentido. Por exemplo, uma história de colonialismo pode dar ensejo a alguns desses preconceitos.

– Então pode haver muitas causas... E, é claro, as pessoas podem basear os seus preconceitos em muitos fatores...

– Que "fatores"?

– Fatores como o dinheiro, o poder, a educação e o *status* social costumam ser usados para justificar um sentimento de superioridade sobre os outros. Por exemplo, os britânicos costuma usar títulos como "Sir" e "Lord", o que promove distinções de classe que sugerem certas diferenças, algo como uma superioridade inata. É claro que existem outros critérios, como a ideia de que a religião de uma pessoa é superior à de outra, ou mais verdadeira.

– Então pode haver muitas formas de discriminação e de preconceito, mas os princípios são os mesmos. Seja qual for o critério utilizado para sustentar o sentimento de superioridade, esse sentimento trará efeitos nocivos e problemas para ambas as partes.

Ainda falando sobre esse assunto, o Dalai-Lama continuou:

– *Na raiz de todo preconceito sempre há uma distorção da realidade, opiniões ou convicções falsas a respeito da superioridade de um grupo sobre o outro.*

O Dalai-Lama olhou para o relógio, e percebi que o nosso tempo estava acabando. Então, para sintetizar, falei:

– Para resumir...

E ele respondeu:

– Seja qual for a base para o preconceito, seja qual for a característica que justifica o sentimento de superioridade, esse tipo de atitude poderá trazer problemas a longo prazo. Então cabe a nós encontrar maneiras de reprimi-la.

Pouco antes do fim da nossa sessão, ocorreu-me fazer uma última pergunta:

– Vossa Santidade, discutimos sobre o preconceito e chegamos à conclusão de que os fundamentos que sustentam o sentimento de superioridade são simples projeções mentais, falsas convicções. Mas algumas pessoas são verdadeiramente superiores às outras; por exemplo, algumas são mais cultas, outras, menos cultas. Nesse caso, o sentimento de superioridade não se baseia numa convicção falsa, pois ele tem fundamento na realidade.

O Dalai-Lama respondeu:

– Howard, como eu disse antes, quando se trata do comportamento e das atitudes humanas, há muitos fatores em jogo. Essa questão é bastante complicada. – E acrescentou com um leve tom de irritação. – Além do mais, as nossas conversas e o livro que você está escrevendo não serão julgados pelas Nações Unidas: não precisamos encontrar

A ARTE DA FELICIDADE EM UM MUNDO CONTURBADO

uma solução para todos os problemas do mundo. Então, nesse caso, creio que o sentimento de superioridade tem fundamento em crenças falsas, e, do ponto de vista do budismo, a raiz do problema são os estados mentais aflitivos, a arrogância e o desprezo, que resultam da ignorância.

– Sim, é verdade: algumas pessoas são mais cultas, outras, menos cultas; algumas são mais ricas, outras, menos ricas; algumas são mais bonitas, outras, menos bonitas. Mas isso não muda o fato de que devemos respeitar todas elas, apesar das nossas diferenças. Somos todos seres humanos, merecedores de dignidade e de respeito num nível básico. Esta é uma verdade imutável.

O Dalai-Lama calçou os sapatos e encerrou a sessão. A busca de uma estratégia para combater o preconceito teria de esperar pela reunião seguinte.

A guerra em Ruanda entre os tutsis e os hutus, mencionada anteriormente, talvez seja o exemplo mais radical de preconceito da última metade do século passado. Depois do massacre em Ruanda, um Tribunal Internacional foi estabelecido pela ONU para julgar os responsáveis pelo crime de genocídio – a tentativa dos líderes hutus de exterminar o grupamento étnico dos tutsis. Quando o primeiro caso foi levado à corte, o termo "grupamento étnico" tornou-se alvo de escrutínio. O termo aplicava-se a grupos que possuíam o mesmo idioma e a mesma cultura. Como os tutsis e os hutus compartilhavam o mesmo idioma, a mesma religião e a mesma cultura, os juízes logo perceberam que os tutsis não podiam ser considerados um grupamento étnico distinto. O conceito de genocídio também se aplicava a questões raciais, é claro, mas os tutsis não eram uma raça à parte. Então, os juízes concluíram que não teriam como julgá-los pelo crime de "genocídio", uma vez que não constituíam um grupamento étnico e racial distinto.

Por mais de um ano, os juízes à frente do Tribunal de Ruanda emitiram pareceres confusos, modificando suas decisões repetidas vezes, numa tentativa de caracterizar os hutus e os tutsis como grupamentos étnicos e raciais distintos, mas não obtiveram sucesso. Por fim, decidiram que a qualificação do crime teria de ser feita caso a caso – e, com isso, ficou estabelecido que todo julgamento de genocídio deveria começar pela revisão da confusa e inconclusiva questão da identidade dos hutus e dos tutsis. Sem dúvida, o ódio que motivara a guerra e o genocídio baseava-se na convicção de ambas as partes de que havia diferenças étnicas e raciais entre as duas tribos. No entanto, estava claro que essas "diferenças" étnicas e raciais, que tinham servido de justificativa para matanças e outros atos terríveis, eram puramente fictícias, não possuíam fundamentação na realidade.

Como foi que tais convicções falsas surgiram? Nesse caso, a longa e complicada história de Ruanda – com sua alternância de partidos no poder, seus programas políticos, sua estrutura de poder – gerou a crença de que os hutus e os tutsis eram raças etnicamente distintas, quando, na verdade, *os termos "tutsi" e "hutu" tinham se originado em questões sociais e políticas, e não em questões étnicas e raciais. Eram até bastante flexíveis e versáteis e apresentavam significados diferentes em épocas distintas.* De modo geral, o termo "tutsi" referia-se àqueles que possuíam *status* nobiliárquico, que detinham certo nível de poder e de riqueza, enquanto "hutu" remetia aos "plebeus". Os termos eram tão versáteis, no entanto, que hutus que haviam adquirido riqueza, poder e influência podiam se tornar tutsis e apagar gradualmente suas raízes.

A "etnização" dos termos "hutu" e "tutsi" é um construto político mais recente. Segundo alguns cientistas, ele teve início nos séculos XVIII e XIX, quando o governo tutsi procurou estabelecer a ideia de que uma tribo era superior à outra. Mais tarde, os colonizadores alemães e belgas *solidificaram a versatilidade dos termos*, instituindo um sistema de classificação que ratificava a visão local de superioridade racial e étnica dos tutsis. Era um expediente político para fazer que os tutsis os ajudassem a governar e, ao mesmo tempo, assegurava a divisão e a polarização do povo de Ruanda. Mas as definições formais das diferenças entre as duas "raças" eram tão arbitrárias que, em 1933, *os belgas passaram a classificar os indivíduos com menos de dez vacas como hutus e os indivíduos com mais de dez vacas como tutsis!*

O dilema enfrentado pelo Tribunal de Ruanda ressalta o aspecto trágico do ódio e do preconceito racial em todas as suas manifestações. Como disse o Dalai-Lama, o preconceito baseia-se em convicções falsas e distorcidas, seja a crença em diferenças raciais básicas entre dois grupos, seja a crença na superioridade de determinado grupo sobre outro.

O Dalai-Lama diz que o preconceito é gerado por convicções falsas e pelas distorções da realidade. Se examinarmos os mecanismos cerebrais responsáveis pela criação do preconceito, entenderemos como ocorrem essas distorções da realidade. Vimos que o cérebro, que é bombardeado por enorme quantidade de informações, tende a separar as pessoas e os objetos em categorias gerais. Depois que a pessoa é colocada numa categoria ou grupo, os estereótipos desse grupo são ativados. Os estereótipos são construtos heurísticos, atalhos mentais que nos ajudam a lidar com a complexidade do mundo sensível. Embora nos sejam úteis, nos ajudem a reagir rapidamente aos estímulos externos e a poupar recursos cerebrais, também podem nos custar bastante, criando convicções e estereótipos falsos a respeito dos outros grupos e gerando preconceitos, ódio e até mesmo violência.

Como isso acontece? As categorias sociais baseiam-se em dados simplificados, em generalizações e julgamentos precipitados. E é justamente em função disso que ocorre a distorção da realidade. É praticamente impossível delinear o perfil completo de outro ser humano, com o seu caráter, os seus atributos, os seus talentos, as suas habilidades, os seus valores etc., com base apenas em generalizações a respeito do grupo em que ele está inserido. Além disso, é mais fácil generalizar. Há muitos estudos que mostram que os seres humanos tendem a exagerar de modo significativo as *diferenças entre os grupos* e a subestimar as *semelhanças no interior dos grupos*, ignorando os traços distintivos individuais de cada um – uma mentalidade do tipo "são todos iguais".

Os nossos estereótipos a respeito de determinada categoria ou grupo social podem ser tanto positivos quanto negativos e podem variar com relação ao grau de acerto. No entanto, até mesmo os estereótipos "corretos", que traduzem uma diferença real entre os grupos, são baseados em distorções – e, quanto mais reduzimos o ser humano às suas características fundamentais, enxergando-o apenas como membro de determinado grupo, mais incorreto é o julgamento que fazemos a respeito dele. Afinal de contas, quando utilizamos os estereótipos, julgamos as pessoas antes mesmo de conhecê-las. Além disso, quando as julgamos com base na sua inserção em determinado grupo social, esquecemos que elas também estão inseridas numa série de outros grupos sociais.

O problema é que, além de o preconceito gerar convicções falsas e distorcidas a respeito dos outros grupos, essas convicções e o preconceito tendem a se reforçar mutuamente. O preconceito começa com uma reação emocional negativa a outro grupo, e temos uma tendência natural a formar convicções que sejam condizentes com a nossa predisposição emocional, o nosso "pressentimento". Da mesma forma, tendemos a atribuir características positivas ao nosso grupo, o que nos faz crer que ele é superior aos outros. Numa pesquisa feita com trinta tribos africanas, constatou-se que todas elas se achavam superiores às outras.

Essas crenças se manifestam de qualquer maneira, sejam ou não verdadeiras. Infelizmente, depois que alimentarmos crenças falsas e estereótipos, eles se fixam e formam raízes nas nossas mentes. Estudos mostram que o cérebro tende a priorizar as informações que ratificam as nossas convicções, como a ideia de que os outros grupos são inferiores ao nosso, filtrando informações contrárias. Quando o comportamento ou traço observado é ambíguo,

♦

88

EU, NÓS E ELES

tendemos a distorcê-lo para que ele se assemelhe às nossas convicções.

Para o Dalai-Lama, embora as nossas crenças falsas sejam diretamente responsáveis pela crueldade do mundo, muitas vezes nem mesmo temos consciência de que o nosso cérebro filtra, minimiza ou exagera as informações sensoriais que nos chegam, com o intuito de adaptá-las às nossas convicções.

Antes e agora

Alguns anos atrás, um grupo de pesquisadores realizou um experimento para avaliar a nossa predileção pelo grupo interno. No experimento, os sujeitos do estudo filiaram-se a um dos dois times que participavam de um jogo *on-line*, no qual podiam dar dinheiro de verdade a qualquer jogador. No entanto, foram avisados de que não receberiam dinheiro de nenhum deles. A predileção pelo grupo interno foi medida pela quantidade de dinheiro que os sujeitos do estudo deram para o seu time. Como era de esperar, eles favoreceram e premiaram os membros do seu próprio grupo. Mas eis o que é interessante: primeiro, não havia nenhum incentivo material para que eles agissem dessa maneira; segundo, eles não conheciam os outros jogadores – o jogo era realizado anonimamente, pelo computador. Os sujeitos do estudo tinham sido selecionados para cada time de maneira aleatória, jogando-se uma moeda. Logo, a predileção pelo grupo interno e a ilusão de superioridade eram sentimentos completamente *arbitrários*,

◆

89

baseados no fato de os sujeitos do estudo estarem em determinado grupo, e não no outro.

O experimento evidencia uma questão importante, que foi levantada pelo Dalai-Lama anteriormente. No nosso passado distante como espécie, era útil ter uma predisposição positiva com relação ao grupo interno e uma predisposição negativa com relação ao grupo externo. Numa época em que os grupos externos muitas vezes ameaçavam nossa própria existência, reagir a eles com um sinal de alerta instintivo poderia salvar nossa vida. Favorecer o grupo interno também era vantajoso porque nos ajudava a sobreviver e a nos reproduzir. É claro que até mesmo nos dias de hoje reações desse tipo podem ser úteis. Por exemplo, a predileção pelo grupo interno pode contribuir para um sentimento de afinidade e de ligação, um sentimento de pertença ao grupo. Até mesmo as reações emocionais negativas que compõem o sistema de alerta do cérebro podem ser úteis e salvar a nossa vida, em situações de perigo ou de conflito com grupos externos.

O problema é que, agora, andamos por aí com um cérebro que evoluiu para lidar com os problemas que nossos antepassados tiveram de enfrentar na época pleistocena, 1 milhão de anos atrás, um cérebro que não sofreu grandes mudanças anatômicas nos últimos 100 mil anos. O mundo está muito diferente; no entanto, nosso cérebro continua reagindo de maneira automática, instintiva e cega, como fazia centenas de milhares de anos atrás, mesmo que hoje não haja vantagens para esse tipo de comportamento, como pudemos verificar no experimento dos jogos de computador.

◆

EU, NÓS E ELES

É claro, como disse o Dalai-Lama, que o problema não é só o fato de estarmos agindo de maneira pouco vantajosa, mas também o fato de essas reações primitivas serem potencialmente desastrosas para todos nós. As estratégias desenvolvidas pelo cérebro para lidar com os problemas do mundo pleistoceno e para promover o bem-estar social e a sobrevivência dos nossos antepassados são as mesmas que podem causar a nossa destruição.

O nosso cérebro é ótimo para detectar perigos, ameaças, e para responder com rapidez aos estímulos externos, mas, quando criamos estereótipos em função de diferenças imaginárias, quando criamos preconceitos em função desses estereótipos e agimos cegamente de acordo com estratégias que foram desenvolvidas para ajudar os nossos antepassados, que foram impressas nos nossos circuitos cerebrais, os resultados podem ser desastrosos. No mundo interdependente de hoje, por exemplo, no qual a *sobrevivência está associada à cooperação com os outros grupos*, responder a esses grupos como se eles fossem nossos inimigos pode ser extremamente prejudicial para nós. Grande parte das atrocidades e dos casos de violência que permeiam a história da humanidade deve-se ao fato de basearmos o nosso comportamento em mecanismos cerebrais primitivos.

Capítulo 4

SUPERANDO O PRECONCEITO

Em novembro de 2008, o eleitorado norte-americano elegeu o primeiro presidente negro dos Estados Unidos, um acontecimento histórico que teria sido considerado impossível uma geração antes. Apenas duas gerações atrás, a segregação racial era uma prática comum no sul do país, e pessoas dos mais variados segmentos da sociedade expressavam abertamente as suas opiniões racistas e preconceituosas. E, de um ponto de vista mundial, não se passaram nem sequer três gerações desde que o mundo presenciou os horrores do holocausto, a pior manifestação de preconceito e de ódio da história da humanidade. Quando pensamos no preconceito e no racismo do tempo dos nossos avós, parece que demos grandes passos no sentido de reduzir a discriminação, o preconceito e o racismo.

Mas, para não sermos demasiado complacentes, estudos sugerem que o problema do preconceito está longe de acabar. Ele é muito mais comum do que se pensa. Em vez de desaparecer, simplesmente se tornou mais sutil. Segundo estimativas, 80 por cento dos povos democráticos ocidentais alegam não ter opiniões preconceituosas ou atitudes discriminatórias, enquanto uma pequena minoria, talvez 10 por cento da população, assume abertamente ser racista e preconceituosa. No entanto, mesmo aqueles que se julgam isentos de preconceito tendem a se comportar de maneira ligeiramente preconceituosa quando são submetidos a testes psicológicos. Os efeitos desse tipo de preconceito, embora sejam menos visíveis, também podem ser destrutivos, afetando o nosso julgamento e o nosso comportamento de maneira sutil, porém concreta.

Depois que investigamos a origem do preconceito e reconhecemos as suas consequências nocivas, passamos a explorar outras maneiras de vencer esse sentimento, buscando um método que nos permitisse derrubar as barreiras entre os indivíduos e os grupos, a fim de formar um laço humano básico capaz de unir até mesmo aqueles que parecem diferentes.

Comecei dizendo:

– Vossa Santidade, este é o nosso último encontro, por enquanto. Nesta semana, discutimos os efeitos positivos que resultam da mudança de orientação do eu para o nós

A ARTE DA FELICIDADE EM UM MUNDO CONTURBADO

e do sentimento de pertença a uma comunidade maior. Também discutimos os perigos que resultam de uma mentalidade do nós contra eles, que pode levar ao preconceito, à discriminação e ao racismo.

– É verdade.

– Ontem, o senhor disse que precisamos vencer o preconceito, o racismo e as convicções falsas a respeito dos outros grupos. Então, isso nos traz ao último assunto da semana: como superar o preconceito.

– Ótimo.

– Então, o que o senhor sugere? – perguntei.

– Creio que *uma abordagem apenas não é suficiente* – respondeu ele. – Precisamos de muitas abordagens.

– Digamos que uma sociedade em particular possua um elevado grau de racismo e de preconceito. Há nela muitas pessoas que se julgam superiores e têm atitudes preconceituosas e hostis com relação aos outros grupos. O que o senhor sugere que façamos? Como podemos derrotar esses preconceitos e essas opiniões racistas?

– Sempre teremos alguma predileção pelos membros do nosso grupo. Isso é óbvio. Mas, nesse caso, queremos reduzir o preconceito contra os outros grupos. E, como eu disse, existem muitos métodos.

– Mas o primeiro passo é *motivar as pessoas*. Evidentemente, é preciso que elas queiram identificar as suas próprias atitudes preconceituosas e reavaliar o seu ponto de vista.

– Como fazemos isso? – perguntei.

– Precisamos conscientizá-las dos efeitos nocivos das suas atitudes, para que elas vejam que depreciar outros seres humanos pode ser algo prejudicial a longo prazo.

◆

– E depois, qual é o próximo passo?

– O próximo passo é contestar as crenças que dão ensejo ao preconceito, as crenças falsas que se referem aos outros grupos, como a de que somos superiores etc. Em geral, esses preconceitos são resultado do condicionamento... que é reforçado pela própria cultura, pela família etc. Então, precisamos superar esse condicionamento. Para isso, temos de contestar ativamente as ideias distorcidas e as crenças falsas, reavaliá-las, chamar a atenção para as premissas falsas que dão origem ao preconceito, para as projeções falsas, e assim por diante. Devemos procurar a verdade.

Paradoxalmente, a mentalidade do "politicamente correto" pode ser responsável pela manutenção do preconceito velado de mais de 80 por cento dos ocidentais. O desejo de sermos aceitos socialmente e o constrangimento decorrente da exposição das nossas crenças têm levado muitos de nós a reprimir ou negar os nossos pensamentos e os nossos sentimentos preconceituosos. Pesquisas revelam que a escamoteação desse tipo de pensamento, *além de não remover o preconceito, pode agravá-lo.*

De acordo com alguns pesquisadores, isso acontece devido ao fenômeno do "não pense num elefante". Quanto mais tentamos não pensar num elefante, mais somos levados a pensar nele. Isso explica por que poucas pessoas defendem visões racistas na sociedade de hoje – bem menos do que no tempo dos nossos avós –, embora na sociedade haja grande tensão racial devido ao nosso preconceito

◆

velado. Pesquisas revelam que, em sociedades aparentemente pacíficas e tolerantes, nas quais há um preconceito velado, períodos de agitação social, de declínio econômico ou de estresse podem desencadear uma explosão de racismo e até mesmo de violência, uma vez que as pessoas regridem aos seus estados primitivos.

O Dalai-Lama nos oferece uma abordagem sensata para nos livrar tanto do preconceito velado quanto do explícito. Primeiro, ele ressalta a importância de reconhecermos e assumirmos abertamente nossos preconceitos e nossas crenças estereotipadas. Depois, convida-nos a questionar nossas convicções que não condizem com a verdade. Pesquisas revelam que, se a pessoa assumir seu preconceito, em vez de tentar reprimi-lo, poderá superá-lo. E, sem dúvida, alguns dos nossos preconceitos têm raízes tão profundas que necessitamos de grande motivação para superá-los – motivação que resulta de uma conscientização profunda dos efeitos nocivos que estão associados ao preconceito.

Essa abordagem já se mostrou capaz de reduzir o preconceito. Mas no decorrer da conversa, o Dalai-Lama apontou outras estratégias que nos permitiriam superar esse problema...

Voltando para a conversa, a ideia do Dalai-Lama de que seríamos capazes de superar o condicionamento por meio da refutação ativa das convicções falsas parecia bastante sensata. Mas isso poderia não ser simples para uma pessoa comum. Afinal de contas, nem todos são versados em lógica

◆

e em retórica como ele, nem todos foram treinados mentalmente como ele. Então eu disse:

– Às vezes, tenho a impressão de que esse tipo de condicionamento é tão forte que é difícil fazer as pessoas modificarem as suas convicções profundas... Por curiosidade, o senhor já viu alguém mudar de opinião quanto às suas crenças falsas?

– Ah, sim – disse ele, com entusiasmo. – Lembro-me de uma ocasião, na África. Foi uma experiência muito forte e comovente.

– Pode contar?

– Posso. Foi no distrito de Soweto, numa favela de Johanesburgo, na África do Sul. Eu quis conhecer a casa de uma família comum. Passei cerca de duas horas com eles. Tomamos chá e conversamos um pouco. Então, um amigo da família, que me foi apresentado como professor, juntou-se a nós. Isso foi logo depois do fim do *apartheid*. Eu lhe disse: "Esse país alcançou a democracia, a isonomia política. Imagino que todas as portas estejam abertas para vocês. Mas leva tempo para mudar o pensamento e a atitude das pessoas. Pode ser que demore um pouco até que todos abracem essa igualdade num nível psicológico." O professor virou-se para mim e disse: "Mesmo que tenhamos oportunidades iguais, não podemos competir com os brancos, porque eles são mais inteligentes por natureza." Ele realmente acreditava que os negros que viviam lá eram geneticamente inferiores, que o seu cérebro era menos desenvolvido do que o dos brancos. Fiquei muito triste por ele pensar assim. Então argumentei contra as suas ideias. Disse-lhe que aquilo não era verdade, que era falso, mas

A ARTE DA FELICIDADE EM UM MUNDO CONTURBADO

não obtive sucesso. Ele estava convencido da sua inferioridade racial.

– Então passei longo tempo conversando com ele, evocando vários argumentos, tentando convencê-lo de que ele não era inferior. Por fim, pouco antes de nos despedirmos, finalmente o convenci. Ele exalou um suspiro e disse: "É, acho que o senhor tem razão. Agora, estou convencido de que somos iguais." Ainda me lembro desse dia como se fosse hoje. Fiquei muito feliz e aliviado. Consegui mudar a visão dele. Pensei: "Eis alguém que eu realmente ajudei."

Enquanto o Dalai-Lama contava essa história, havia intensidade e empolgação na sua voz, um brilho nos seus olhos que traduzia um sentimento inconfundível de realização e de prazer, como se ele estivesse descrevendo uma das maiores conquistas da sua vida. A sua vida estava cheia de conquistas – inúmeras premiações e honrarias, até mesmo um Prêmio Nobel –, no entanto, desde que nos conhecemos, raras vezes eu o vi falar sobre alguma coisa com tamanho entusiasmo, tamanho sentimento de orgulho e de satisfação. Perguntei-lhe:

– Que argumentos o senhor usou para convencê-lo?

– Usei vários argumentos. Primeiro, tentei compartilhar a minha experiência com ele, a minha experiência com os chineses. Disse-lhe que os chineses consideravam os tibetanos atrasados, inferiores, que existia uma percepção de que os tibetanos não eram iguais. Então lhe expliquei que as coisas não eram bem assim, que essa era uma crença errada, e contei-lhe a nossa experiência como refugiados. Falei-lhe que, por meio da persistência e do trabalho duro, podíamos ser iguais e que, depois que as portas da educa-

◆

98

ção se abriram para nós, tornamo-nos tão bons quanto os chineses. Mostrei-lhe que tudo se resumia à oportunidade, ao acesso e à autoconfiança para aproveitar essas coisas. Então passei algum tempo tentando convencê-lo de que, do ponto de vista científico e biológico, no nível cerebral, não havia diferenças entre nós. *Todos tínhamos o mesmo potencial.* Foram esses os argumentos que usei.

– Vossa Santidade, o caso do professor africano é um pouco diferente do que estávamos discutindo. Dizíamos que as pessoas favorecem os grupos internos e discriminam os grupos externos, como as minorias raciais. Como resultado, a humanidade possui uma história terrível de opressão às minorias e aos grupos estigmatizados.

– Mas, no caso do professor, vemos que um membro do grupo oprimido sustenta falsas noções de inferioridade. Como discutimos anteriormente, quando todos são iguais, as pessoas tendem a acreditar na superioridade do grupo interno. Mas a dinâmica desse caso é diferente. E a sua história me fez lembrar algumas teorias que dizem respeito aos mecanismos subjacentes a esse tipo de comportamento...

– Que teorias? – perguntou.

– Uma delas diz que o grupo pode precisar racionalizar a iniquidade social, pois, de certa forma, é mais fácil acreditar que os seus membros fizeram algo errado ou possuem uma fraqueza inerente do que acreditar que são vítimas indefesas de uma sociedade discriminatória. Creio que, no nível psicológico, crer na inferioridade imanente do grupo interno causa menos ansiedade do que acreditar num universo injusto, arbitrário e discriminatório, no qual coisas ruins acontecem sem motivo aparente. Além disso, tenho a impressão de que os nossos estereótipos muitas vezes atuam no sentido de nos ajudar a racionalizar um mundo caótico. Assim, parece que isso funciona das duas maneiras: os estereótipos negativos que estão associados a determinados grupos geram iniquidades, e estas perpetuam os estereótipos.

– É claro – acrescentei –, esse tipo de racionalização pode perpetuar o preconceito tanto entre os opressores quanto entre os oprimidos. Pesquisas mostram que não gostamos de acreditar num mundo injusto. A ideia de um mundo onde coisas ruins acontecem aleatoriamente é angustiante para a maioria de nós, num nível profundo. "Se outra pessoa está sendo maltratada sem motivo, sem merecer, a mesma coisa pode acontecer comigo!" Em decorrência disso, quando algo de ruim acontece com outra pessoa, gostamos de acreditar que ela mereceu. Da mesma forma, quando vemos que outros grupos estão sendo discriminados, por serem "inferiores", imaginamos que devam possuir algum traço que justifique essa caracterização.

O Dalai-Lama meneou a cabeça pensativamente, e eu prossegui:

– O caso que o senhor mencionou me fez lembrar um dos efeitos mais danosos e trágicos do preconceito, a ideia de *influência estereotípica*.

– O que é isso? – perguntou.

– É uma situação na qual membros de um grupo social realizam uma atividade de maneira que seja consistente com os estereótipos negativos. O mecanismo subjacente a esse tipo de comportamento é o receio inconsciente da pessoa de que a sua atitude ou desempenho confirmem os estereótipos. Isso gera uma espécie de ansiedade que afeta diversas funções mentais, como a memória e o pensamento analítico, prejudicando o desempenho da pessoa e acabando por confirmar os estereótipos negativos que recaem sobre ela.

– Há muitos estudos sobre esse fenômeno, que mostram que ele pode ser desencadeado pela simples lembrança de que a pessoa faz parte de um grupo estereotipado. Por exemplo, um grupo de estudantes negros foi instruído a preencher um formulário sobre identidade racial antes de fazer um teste padrão, e isso afetou o seu desempenho negativamente, ativando no seu subconsciente o estereótipo de que os negros são menos capazes. Em outro experimento, um grupo de estudantes asiáticas foi lembrado indiretamente da sua origem étnica, o que contribuiu para um melhor desempenho nos testes de matemática. Num teste posterior, a lembrança de que as estudantes asiáticas pertenciam ao sexo feminino afetou negativamente o seu desempenho, ativando o estereótipo de que as mulheres são piores em matemática. Estudos como esse levaram alguns estudiosos a concluir que a influência estereotípica pode ser responsável pela diferença de desempenho escolar entre estudantes brancos e estudantes de minorias étnicas, como os negros e os latinos, nos Estados Unidos.

Percebi que o Dalai-Lama estava entediado com o meu monólogo. Querendo ouvir a sua opinião, eu disse:

– De todo modo, Vossa Santidade, eu gostaria que voltássemos à questão de diminuir o preconceito. O senhor mencionou alguns argumentos que o ajudaram a convencer o professor africano de que ele não era inferior. Mas me pergunto: Que argumentos o senhor usaria para tentar convencer uma pessoa do outro lado, alguém que se considerasse superior, como um racista ou um extremista religioso, por exemplo? O senhor usaria os mesmos argumentos antirracistas? O que diria para ajudá-la a superar o seu preconceito?

O Dalai-Lama fez uma pequena pausa.

– Os argumentos são válidos para qualquer um. Teríamos de questionar as crenças falsas e o condicionamento cultural do indivíduo. Precisaríamos lhe explicar que a ideia da superioridade racial é uma tolice – respondeu convicto. – Na verdade, não há embasamento científico, moral ou ético para esse tipo de discriminação. O sentimento de superioridade racial é uma ilusão. Alguns podem citar as diferenças econômicas como prova da sua superioridade, mas o fato é que, dadas as devidas oportunidades, com o tempo essas diferenças desapareceriam. Podemos argumentar de maneira lógica que, se a raça oposta tivesse as mesmas oportunidades e as mesmas chances de melhorar de vida, ela também exibiria o mesmo potencial para o sucesso.

Insisti:

– Continuo achando que isso não seria suficiente. Que outros argumentos o senhor usaria?

O Dalai-Lama refletiu sobre a pergunta.

– Nesse caso, como mencionei, eu apelaria para o interesse pessoal, ressaltando os efeitos negativos e as desvantagens das crenças racistas da pessoa. Por exemplo, digamos que se trate de um homem de negócios. O sucesso do negócio muitas vezes depende da sua reputação, e a reputação de uma pessoa preconceituosa seria prejudicial para o seu sucesso financeiro. Ela também perderia o respeito dos seus funcionários e dos seus colegas de trabalho e haveria menos cooperação. Dessa forma, ele perceberia os efeitos nocivos do racismo.

– Além disso, eu pediria a essa pessoa que refletisse sobre a insegurança e a tensão social que existem em uma sociedade racista. Do ponto de vista psicológico, pagamos um preço alto por viver numa sociedade com tamanha tensão racial. E do ponto de vista físico também, pois, em tais comunidades ou sociedades, é mais comum que aconteçam explosões de violência.

O Dalai-Lama bebeu um pouco de água quente e continuou:

– Isso me lembra uma coisa. Você queria saber como a mentalidade do eu e do nós se transformava em algo destrutivo, em violência. Creio que um fator importante é a falta de contato com os outros, com as pessoas que estão do lado oposto. Se analisarmos e investigarmos essa questão, seremos capazes de chegar às origens da violência: a falta de contato com os outros e o isolamento são fatores importantes, pois resultam numa espécie de ignorância a respeito dos outros grupos, a qual pode gerar uma "estereotipação", como você disse. Isso pode levar a uma desconfiança, que pode se transformar em medo. Sob a influência do medo, é bastante comum reagirmos de maneira violenta. Devido ao medo e à desconfiança, nosso comportamento torna-se mais agressivo, mais violento.

Quando as pessoas se sentem divididas, isso gera um potencial para a violência. Lembro que, há muitos anos,

A ARTE DA FELICIDADE EM UM MUNDO CONTURBADO

ocorreu uma espécie de conflito racial numa comunidade de Los Angeles que era composta predominantemente por coreanos. Todos queremos viver numa sociedade mais estável, não há como negar. Eu pediria a essa pessoa que refletisse sobre a desconfiança, o medo e a ansiedade que sentiria se caminhasse em um bairro composto predominantemente por membros de um grupo minoritário, depois lhe perguntaria se ela não gostaria de viver num mundo no qual pudesse caminhar onde bem quisesse, com segurança.

– Creio que esse argumento não seria satisfatório para alguns racistas. Eles diriam: "Eu simplesmente evitaria esse bairro."

O Dalai-Lama riu.

– Ora, então mandaremos membros da outra raça à casa deles, para apresentar os seus argumentos com porretes e pedaços de pau! – Riu novamente e continuou. – Mas, falando sério, sempre haverá pessoas que não se deixam dissuadir. Somos diferentes uns dos outros. Mas isso não nos impede de agir, de pedir que elas imaginem como é viver numa sociedade com menos tensão, menos medo, menos hostilidade, de perguntar a elas se querem que os seus filhos vivam numa sociedade cheia de ódio e de medo. Afinal de contas, todos queremos construir um mundo mais seguro para a nossa família.

– Vossa Santidade, lembro que, numa das nossas conversas, eu perguntei ao senhor sobre seu primeiro encontro com pessoas de uma raça diferente. O senhor disse que não se lembrava de ter sentido preconceito contra elas. Mas pode haver muitas diferenças entre os grupos, além de diferenças raciais. Isso me faz pensar: mesmo que o senhor não tenha testemunhado manifestações de racismo durante a sua infância no Tibete, creio que existiam outras formas de discriminação naquela sociedade. O senhor nunca sentiu *nenhum* preconceito com relação a outros grupos?

O Dalai-Lama refletiu sobre a pergunta.

– Acho que posso ter sentido algum preconceito, por motivos religiosos.

– Como assim?

– Antigamente, eu sentia certo distanciamento, até discriminação, pelas outras tradições, e creio que também devo ter nutrido algum tipo de preconceito contra elas. No Tibete, havia praticantes do islamismo e pessoas que seguiam o Bon pré-budista, uma espécie de religião animista tibetana. Lembro que eu as discriminava, mas com o tempo superei meus preconceitos.

– E como fez isso?

– Procurei saber seus pontos de vista, o que me ajudou a conhecê-las melhor.

– Quando o senhor considera a instrução uma estratégia para vencer o preconceito, que tipo de instrução tem em mente? Uma instrução formal, acadêmica, como ler livros sobre os outros grupos e coisas desse tipo?

– É, isso pode ajudar – respondeu. – Mas refiro-me a um tipo de instrução que se adquire sobretudo por meio do contato com pessoas de outras tradições. Isso foi muito importante para mim.

– Os tibetanos, por exemplo, falam mal dos chineses e sentem repulsa por eles. Mas, quando são apresentados a uma pessoa chinesa e a enxergam como ser humano, esse sentimento de repulsa tende a diminuir. E eles se dão conta de que há uma clara distinção entre o povo chinês e aqueles que perpetram crimes contra os tibetanos. No meu caso, por exemplo, até gosto de conhecer chineses.

– Como regra geral, devemos nos relacionar com membros de outros grupos, sobretudo se estivermos em conflito com eles. Isso nos permite enxergá-los como seres *humanos individuais*, e não como *representantes* do grupo.

Nenhum de nós está livre de preconceitos, nem mesmo o Dalai-Lama. Depois que admitiu ter nutrido preconceito contra religiões diferentes no passado, ele apontou os fatores que o ajudaram a extirpar tais pensamentos. A história de como ele venceu o preconceito, contada de maneira simples, poderia parecer banal ou tola, cheia de generalidades e de lugares-comuns. Mas, na concisão do seu discurso, o Dalai-Lama nos ofereceu verdades profundas e apontou três estratégias para combater o preconceito com potencial para transformar a sociedade: o contato pessoal, a educação e a individuação dos outros. A eficiência de cada uma dessas abordagens é comprovada pela ciência, por pesquisas recentes que ampliaram o nosso entendimento do preconceito. Creio que vale a pena abordá-las em separado.

O CONTATO PESSOAL

A ideia de que o contato pessoal é capaz de reduzir o preconceito tem permeado a literatura científica desde a década de 1930. Na década de 1940, muitos estudiosos se voltaram para a questão do contato pessoal e do racismo, talvez devido ao retorno dos soldados que tinham participado da Segunda Guerra Mundial. Apesar da política de segregação racial das forças armadas, as poucas manifestações de integração racial que ocorrem no final da guerra, como a integração de negros na Escola de Formação de Oficiais, não passaram despercebidas pelos cientistas sociais, que descobriram que, em muitos casos, a integração no treinamento militar tinha o efeito de reduzir o preconceito.

Em 1954, um dos fundadores do campo da psicologia social, Muzafer Sherif, conduziu um experimento junto com sua mulher, Carolyn Wood Sherif, intitulado "O experimento de Robbers Cave". O objetivo desse experimento era investigar o preconceito e a hostilidade entre grupos, assim como os efeitos benéficos que poderiam resultar do contato pessoal. Esse era um dos princípios que o Dalai-Lama julgava importantes na sua vida.

O experimento foi conduzido num acampamento para meninos perto do Parque Estadual de Robbers Cave, em Oklahoma, onde Muzafer supostamente trabalhava como monitor, em três etapas.

Na primeira etapa, 22 meninos de 11 anos, com história de vida semelhante, foram selecionados e divididos em dois grupos. Os grupos foram levados para o acampamento em ônibus separados e ficaram em acomodações separadas, a fim de que ignorassem a presença um do outro nos primeiros dias. Essa fase tinha o intuito de permitir que os meninos desenvolvessem laços afetivos e uma identidade grupal. Eles batizaram os grupos de Ratlers e Eagles e, como esperado, entrosaram-se rapidamente e geraram hierarquias internas em apenas dois ou três dias.

A segunda fase tinha o intuito de criar "atrito" entre os dois grupos. Depois de apresentar um grupo ao outro, os experimentadores organizaram uma competição esportiva entre eles, um evento acirrado e frustrante. A hostilidade começou quase que instantaneamente, antes mesmo de os meninos se encontrarem pela primeira vez, devido à ansiedade gerada pela competição. Ela cresceu rapidamente, na forma de "xingamentos" e de "ataques-surpresa" aos alojamentos adversários, resultando na destruição da propriedade, até que os meninos se recusaram a comer no mesmo refeitório. Os experimentadores tiveram de encerrar a segunda fase antes do tempo previsto, temendo que os meninos machucassem uns aos outros e se ferissem em brigas que pudessem surgir entre os membros dos dois grupos.

Mas a peça-chave do estudo foi a terceira e última fase, na qual os pesquisadores desenvolveram um método para eliminar a hostilidade e promover a conciliação entre os dois grupos, por meio do *contato* intergrupal. O método era simples, porém eficiente: eles criaram "problemas" e tarefas que exigiam que os dois grupos trabalhassem juntos no dia a dia do acampamento – tarefas que testavam a sua capacidade de pensar e agir, mas que nenhum dos grupos podia realizar sozinho. Essas tarefas *transcendiam o conflito intergrupal*. Entre outras coisas, os meninos tiveram de racionar água, empurrar um caminhão "quebrado" até o acampamento e escolher um filme para assistir. A necessidade de trabalhar em equipe *gerou uma redução quase milagrosa da hostilidade entre os dois grupos*. Eles

EU, NÓS E ELES

superaram os seus preconceitos e se entrosaram de tal forma que, no final do experimento, insistiram unanimemente em serem levados para casa no mesmo ônibus.

Apesar do "experimento de Robbers Cave", foi Gordon Allport que recebeu o crédito por desbravar essa estratégia para a redução do preconceito e do conflito entre grupos, ao introduzir a hipótese do contato no seu livro *The Nature of Prejudice* [A natureza do preconceito]. Nos seus estudos, ele percebeu que o contato pessoal sozinho não levava necessariamente à superação do preconceito. Os antigos escravocratas do sul dos Estados Unidos lidavam com escravos todos os dias. Muitos eram criados por amas negras, mas nem por isso eles se mostravam menos preconceituosos. Allport identificou vários fatores que, a seu ver, eram necessários para a redução dos conflitos entre grupos e a implementação da harmonia intergrupal. Primeiro, disse que era preciso criar um *sentimento de igualdade* com relação ao *status* social. Depois, era preciso que os dois grupos trabalhassem juntos, em função do *mesmo objetivo*, da mesma tarefa ou do mesmo problema. A cooperação entre grupos era outro ingrediente importante, pois ressaltava o caráter interdependente do relacionamento. O ideal seria que o contato intergrupal ocorresse apenas em situações concretas, a fim de evitar qualquer sentimento de artificialidade. Por fim, se possível, o contato intergrupal e o trabalho em equipe deveriam ser *promovidos pela comunidade* – sancionados pelas autoridades, pela lei e pelos costumes locais.

O APRENDIZADO E A EDUCAÇÃO

Outra estratégia-chave sugerida pelo Dalai-Lama é a educação. A sua teoria de que a educação pode enfraquecer e eliminar o preconceito a longo prazo é comprovada tanto pelo bom-senso quanto pela ciência.

Isso pode ocorrer de três maneiras. Primeiro, quanto mais nos informamos a respeito dos outros, mais somos capazes de enxergá-los como pessoas, como seres humanos singulares, em vez de representantes unidimensionais de um grupo qualquer. Segundo, quanto mais conhecemos os outros, mais somos capazes de interagir com eles, sem insegurança, o que pode ajudar a reduzir a repulsa que sentimos pelos membros dos outros grupos, bem como o constrangimento que sentimos ao interagir com eles. Terceiro, um maior entendimento de questões interculturais no que se refere à história ou à cultura pode reduzir o preconceito por meio da conscientização de eventuais injustiças sociais. Quando nos informamos a respeito da opressão e da discriminação sofridas por determinado grupo e criamos empatia com as vítimas, somos levados a acreditar que elas não merecem ser maltratadas. Se não merecem ser maltratadas, não faz sentido nutrir pensamentos negativos a seu respeito.

Para entender como a educação é capaz de nos ajudar a superar o preconceito, devemos investigar os correlatos neurológicos do preconceito e o que acontece no cérebro quando nos informarmos a respeito de um grupo oprimido. Dissemos anteriormente que o preconceito ocorre em razão de caminhos neurais que estão impressos no cérebro humano – de certa forma, nascemos com uma predisposição inata ao prejulgamento. Como foi discutido, essa é uma característica muito antiga da fisiologia cerebral, que envolve as partes mais antigas e primitivas do cérebro, como o sistema límbico e as amígdalas cerebelosas, que são responsáveis pela produção de respostas emocionais negativas aos grupos externos.

Pode parecer que a humanidade está fadada a agir dessa maneira, mas isso não é verdade. *O nosso cérebro também vem equipado com a capacidade de superar os preconceitos.* Isso é possível porque há caminhos neurais que correm tanto pelas áreas mais novas, mais avançadas do cérebro, como o córtex pré-frontal – o assento do pensamento racional –, quanto pelas áreas mais antigas, mais primitivas, como as amígdalas. Esses circuitos neurais permitem que as áreas do pensamento racional e as áreas da emoção no cérebro se comuniquem umas com as outras. Assim, usando a razão, a lógica e o pensamento analítico para combater as convicções falsas, as visões distorcidas e os preconceitos, enviamos mensagens do córtex pré-frontal às amígdalas, ativando o seu funcionamento. Esse é o mecanismo que permite que nos eduquemos e modifiquemos as nossas respostas negativas instintivas aos grupos externos.

Quanto mais contato tivermos com os membros dos grupos externos, mais informações teremos a respeito deles. Quanto mais informações tivermos, mais chances teremos de enxergá-los como pessoas, como seres humanos singulares, em vez de representantes unidimensionais de um grupo qualquer. Isso nos leva à estratégia seguinte do

A INDIVIDUAÇÃO: O MÉTODO DAS VERDURAS

Dalai-Lama para o combate ao preconceito: *a individuação dos membros dos grupos externos estereotipados.*

A INDIVIDUAÇÃO: O MÉTODO DAS VERDURAS

Até pouco tempo atrás, os cientistas acreditavam que os nossos preconceitos eram ativados automaticamente quando encontrávamos um membro de um grupo externo e que essa reação poderia ser minimizada por meio da educação, do aprendizado e de métodos como o questionamento das nossas falsas convicções a respeito de determinado grupo. Mas acreditava-se que não podíamos fazer nada para *impedir* o surgimento da reação preconceituosa – ela era rápida demais. Em outras palavras, depois que os nossos preconceitos e as nossas convicções estereotipadas eram ativados, havia métodos para desativá-los e, assim, evitar os atos de preconceito e de discriminação excessivos. Mas nada podíamos fazer para impedir que eles fossem ativados espontaneamente.

Por quê? As áreas mais primitivas do cérebro responsáveis pelas emoções, como as amígdalas, surgiram para nos ajudar a reagir às ameaças e aos perigos de maneira rápida e eficiente. Assim, quando encontramos uma pessoa, a análise que acontece nessas áreas do cérebro é muito rudimentar, focando num único traço: amigo ou inimigo, membro do grupo interno ou do grupo externo. Tudo isso acontece de maneira muito rápida, numa fração de segundo. Quando identificamos um "inimigo", o alerta de perigo é dado, evocando emoções negativas como o medo ou a hostilidade. Por outro lado, a área "pensante" do cérebro, o neocórtex, responsável pelos nossos pensamentos conscientes, pelas nossas convicções, pelas nossas ideias, pelo nosso raciocínio, e assim por diante, realiza uma análise mais profunda, avalia vários traços ou atributos da pessoa, e não apenas um. Logicamente, essa análise complexa leva mais tempo. É por isso que só tomamos consciência da pessoa e acessamos os nossos estereótipos e as nossas convicções depois que as reações emocionais se manifestam.

As reações preconceituosas não são apenas automáticas e espontâneas, mas também inconscientes. Podemos nutrir preconceitos contra outro grupo e, ao mesmo tempo, acreditar que somos inteiramente isentos de preconceito. Gostamos de pensar que somos justos e neutros; no entanto, somos condicionados pela sociedade, às vezes sem termos consciência disso. O condicionamento não resulta necessariamente de mensagens e de propagandas racistas promovidas pela nossa cultura, como acontecia com as gerações passadas. A reação discriminatória pode ser aprendida por meio de sinais sutis expressos por outra pessoa, como pela simples percepção de um esgar de medo no semblante de alguém que depara com um membro de um grupo externo. É evidente que o problema é que as reações negativas instintivas podem prejudicar o julgamento que fazemos dos membros de outra raça ou grupo, o que afeta a maneira como interagimos e nos relacionamos com eles.

Se não temos consciência dos nossos preconceitos, como podemos combatê-los? Será que o preconceito é inevitável?

◆

A ARTE DA FELICIDADE EM UM MUNDO CONTURBADO

Acontece que os nossos preconceitos são muito mais "tratáveis" do que se costumava pensar, e a introdução de uma técnica simples (a técnica de individuação mencionada pelo Dalai-Lama) provocou uma revolução no pensamento científico tradicional.

Alguns experimentos realizados nesse campo foram conduzidos pela psicóloga Susan Fiske e os seus colegas da Universidade de Princeton, que usaram a técnica de ressonância magnética nuclear funcional (RMNf) para mapear e testar as funções cognitivas. A RMNf é uma espécie de raios X contínuos do cérebro que mostram as áreas que estão mais ativas em determinado momento. Deitada sobre uma mesa deslizante, a pessoa é levada para o interior de um aparelho de escaneamento cerebral, que circunda a sua cabeça como um *doughnut* gigante. O aparelho de RMNf exibe uma série de imagens refinadas de áreas específicas do cérebro, que podem ser vistas em um monitor ou tela. Além de tirar fotos instantâneas da anatomia cerebral, o aparelho também é capaz de mostrar imagens do funcionamento do cérebro em tempo real, e as diferentes regiões cerebrais "se acendem" com várias colorações para indicar a área que está funcionando no momento.

Numa série de experimentos importantes, Fiske e seus colegas selecionaram um grupo de sujeitos brancos e lhes mostraram uma sequência de pessoas desconhecidas, brancas e negras. Monitorando os sujeitos de estudo com o aparelho de RMNf, descobriram que as amígdalas eram ativadas quando viam negros, mas não quando viam as pessoas da sua raça. Estudos anteriores mostraram que, quanto mais as amígdalas "se acendiam", mais pontos eram marcados no teste padrão de preconceito racial. Chamou a atenção o fato de as amígdalas estarem ativas, indicando uma reação preconceituosa, mesmo nos participantes que se diziam isentos de preconceito ou racismo, o que serviu para ressaltar a natureza automática e inconsciente dessas reações.

Esse estudo buscou avaliar o caráter emocional do preconceito (a predisposição negativa), mas não o seu caráter cognitivo (os estereótipos e as convicções falsas). Aparelhos de escaneamento cerebral não leem pensamentos nem convicções. Por esse motivo, os psicólogos sociais desenvolveram um teste cognitivo para avaliar as nossas convicções estereotipadas. Testes desse tipo utilizam o que chamamos de "técnicas de estimulação". Primeiro, os sujeitos do estudo são levados a pensar em um grupo externo, por meio de estímulos visuais, como o retrato de um membro desse grupo. Depois, mostra-se a eles uma série de palavras, algumas das quais representam traços estereotípicos negativos do grupo externo. Podemos pedir, por exemplo, que leiam essas palavras em voz alta o mais rápido possível. Estudos mostraram que, se uma pessoa tiver preconceito contra determinado grupo, ela reconhecerá e pronunciará o traço estereotipado muito mais rapidamente do que o faria no caso de um traço neutro ou positivo. Empregando esses métodos comensuráveis, os pesquisadores são capazes de detectar a presença do preconceito mesmo quando a pessoa não tem consciência dele.

Resta-nos perguntar: será que podemos nos livrar dos preconceitos? Um experimento realizado por Fiske ofereceu uma resposta surpreendente a essa pergunta. No experimento, os pesquisadores avaliaram tanto o caráter emocional como o caráter cognitivo do preconceito num grupo de pessoas, usando aparelhos de RMNf e técnicas de avaliação cognitiva, como as que foram mencionadas. O procedimento foi repetido duas vezes, em condições diferentes e com instruções diferentes.

Na primeira parte do experimento, os sujeitos do estudo foram instruídos a observar fotos de pessoas negras e determinar se elas tinham mais ou menos de 21 anos de idade. Isso exigia uma categorização social, pois as pessoas das fotos deveriam ser rapidamente colocadas no grupo das "pessoas com mais de 21 anos" ou no grupo das "pessoas com menos de 21 anos". Assim como a raça e o gênero, a "faixa etária" (a distinção em termos de "velho" e "novo") é uma das categorias ou grupos sociais que reconhecemos instantaneamente na nossa cultura. Quando olhamos para uma pessoa com a intenção de categorizá-la socialmente, isso tende a desestimular a sua individuação, que exigiria uma análise mais detalhada das suas características singulares. Por esse motivo, quando os sujeitos do estudo olharam para as pessoas negras das fotos com o intuito de categorizá-las em relação à idade, seus preconceitos afloraram, evidenciando tanto uma resposta emocional negativa (constatada pela ativação das amígdalas no aparelho de RMNf) quanto os estereótipos raciais (deflagrados pelos testes cognitivos).

Na segunda parte do experimento, os sujeitos do estudo foram encorajados a ver as pessoas nas fotos como *indivíduos*, em vez de simples membros de um grupo qualquer (como os grupos de idade, sexo e raça). Para isso, os cientistas exibiram imagens de verduras antes de cada retrato e perguntaram aos sujeitos do estudo se as pessoas das fotos gostariam de comer aquelas verduras. O propósito era fazer os sujeitos do estudo pensarem nas pessoas das fotos como indivíduos, com preferências e características próprias. Espantosamente, para surpresa de muitos pesquisadores, a intenção de enxergar o outro como um indivíduo eliminou completamente as reações preconceituosas, de tal maneira que nem as amígdalas nem os estereótipos raciais foram ativados! O preconceito simplesmente desapareceu!

A descoberta derrubou a ideia anterior de que o preconceito era uma característica irreprimível da natureza humana. Pelo visto, os psicólogos sociais e os neurocientistas subestimaram a nossa capacidade de enxergar os outros como eles realmente são, como "semelhantes", e superestimaram as nossas reações emocionais negativas, que nos levam a enxergar os outros como membros de uma tribo das cavernas hostil cuja única intenção é nos matar com um machado de pedra ou roubar o nosso suprimento de frutinhas e de bifes de mastodonte.

Foi incrível! Os sujeitos do estudo já tinham exibido certo nível de preconceito nos testes anteriores. E, mesmo que não possuíssem convicções estereotipadas, acreditava-se que as respostas emocionais negativas a outros grupos estivessem profundamente enraizadas na nossa mente, como respostas instintivas que escapavam ao controle da consciência. Mas, agora, parecia que essa resposta instintiva, que estava no cerne do preconceito, do ódio, do conflito e da violência – a mentalidade do nós contra eles –, poderia ser facilmente extinta. Bastaria olhar para os outros como indivíduos únicos: "Hum... Que tipo de *verdura* esse cara gosta de comer?"

A técnica era tão simples e eficiente que os próprios cientistas duvidaram. Decidiram subir as apostas. Com base em estudos prévios, haviam documentado uma série de respostas preconceituosas a grupos "externos" tradicionais, baseados na idade, no sexo, nas deficiências físicas e na riqueza. Assim como as fotos dos grupos raciais, essas fotos também evocavam respostas emocionais automáticas. Por fim, os cientistas decidiram testar a "técnica das verduras" em grupos mais "afastados" e estigmatizados, como os sem-teto e os viciados em drogas.

Estudos anteriores tinham revelado resultados surpreendentes. Usando as mesmas técnicas de RMNf, os cientistas descobriram que as imagens dos grupos "marginais" provocavam a ativação imediata de uma área do cérebro conhecida como *ínsula*, associada a sentimentos de necessidade de distanciamento e de extrema aversão que podia ser ativada por objetos inanimados como o lixo, por membros mutilados e por fezes humanas. No entanto, o achado *mais* impressionante do estudo foi a descoberta de que as imagens dos sem-teto também *não ativavam* o córtex pré-frontal dorso-medial (CPFm), a área do cérebro que reage a importantes estímulos sociais e é ativada sempre que pensamos em nós mesmos ou nos nossos "semelhantes". Qual é a conclusão? Respondemos aos sem-teto *"como se estivéssemos pisando num monte de lixo"*.

Aplicando o "método das verduras" às imagens do "lixo humano", Fiske também foi capaz de reverter a reação

◆

preconceituosa dos sujeitos do estudo, ativando a área de reconhecimento de "seres humanos", em vez da ínsula. Incrivelmente simples, a pergunta: *"Que tipo de verdura você acha que esse mendigo gostaria de comer?"* permitiu que os sujeitos do estudo vissem os sem-teto como seres humanos reais, em vez de um monte de lixo inanimado.

Além de ajudar as pessoas a vencerem o seu preconceito contra os outros grupos, o princípio subjacente à técnica das verduras pode ajudar a eliminar outro problema social amplamente disseminado, sobre o qual falamos anteriormente: a *influência estereotípica*. Uma das vantagens dessa técnica é que passamos a enxergar a pessoa como um ser humano singular, em vez de um membro de um grupo qualquer. Utilizando esse princípio, Geoffrey Cohen, psicólogo da Universidade do Colorado, e a sua equipe conduziram um experimento que chegou a conclusões importantes a respeito do nosso sistema de ensino e da diferença de desempenho acadêmico entre os alunos de etnias diferentes – o fenômeno amplamente conhecido que diz que os alunos negros, em média, tiram notas inferiores às dos alunos brancos. Esse fenômeno costuma ser explicado pela influência estereotípica.

Nesse experimento, os pesquisadores selecionaram uma turma de sétimo ano que possuía o mesmo número de alunos brancos e negros. No começo do semestre, o professor deu a cada aluno uma lista de valores (por exemplo, "relacionar-se com amigos e familiares", "esforçar-se para ser bom em artes", "cultivar habilidades atléticas"). Os pesquisadores, em seguida, dividiram aleatoriamente as turmas em dois grupos. No grupo experimental, o professor pediu aos alunos que escrevessem uma redação sobre o valor considerado mais importante. No grupo de controle, os alunos foram instruídos a fazer o contrário. Depois que terminaram de escrever, eles colocaram as suas redações num envelope e as entregaram ao professor, que deu prosseguimento à aula. O procedimento levou cerca de 15 minutos.

No final do semestre, Cohen e seus colegas tiveram acesso aos boletins dos alunos. O resultado foi surpreendente. Como era de esperar, os alunos negros não foram tão bem quantos os alunos brancos. No entanto, os alunos negros do grupo experimental apresentaram uma melhora de 25 por cento nas suas médias finais, o que representava *uma redução de cerca de 40 por cento na lacuna de desempenho inter-racial.*

O resultado do experimento foi tão surpreendente que Cohen e a sua equipe demoraram a acreditar. Eles repetiram o experimento com outro grupo de alunos e obtiveram o mesmo resultado (as chances de isso acontecer aleatoriamente são 1 em 5 mil). Os responsáveis pelo experimento concluíram que a redação teve o efeito de ampliar a autoestima dos alunos e de confirmar os seus valores individuais. A tarefa tinha "imunizado" os alunos negros contra o fenômeno da influência estereotípica e as suas consequências.

O estudo não é definitivo, é claro, mas as suas implicações são vastas. A diferença de desempenho acadêmico tem sido um grande desafio para os nossos educadores, e esse fenômeno, sem dúvida, possui muitas causas. Mas, se pensarmos nos milhões de dólares gastos todos os anos para tentar diminuir essa diferença de desempenho e nas

EU, NÓS E ELES

inúmeras horas de trabalho gastas em programas que visam fazer a mesma coisa, veremos que uma solução que necessita apenas de alguns minutos tem imenso valor, que vai muito além da questão do desempenho acadêmico.

A NOSSA IGUALDADE FUNDAMENTAL

– Vossa Santidade, relembrando a sua estratégia de combate ao preconceito, o senhor disse que precisamos de uma variedade de abordagens, como o contato pessoal e a individuação. No entanto, sua abordagem principal parece ser o questionamento e a superação das crenças falsas, como a crença na superioridade de determinados grupos sobre os outros...

– É verdade – confirmou.

– Que outras linhas de raciocínio podem ser aplicadas nesse contexto para nos ajudar a superar os nossos condicionamentos negativos e as nossas convicções falsas?

– Bem. Creio que devemos refletir sobre a nossa igualdade fundamental como seres humanos. Quanto mais nos conscientizarmos desse fato, *promovendo ideias como a da igualdade fundamental entre os seres humanos, menos preconceito existe na sociedade.*

– Como podemos desenvolver maior apreço pela nossa igualdade fundamental como seres humanos? – perguntei.

– Bem – disse ele –, a biologia e a genética contemporâneas mostram que as diferenças entre os seres humanos são muito pequenas. Então, podemos tecer argumentos com base na ciência, ressaltando, por exemplo, que, em termos genéticos, as diferenças raciais que dão ensejo a pretensões de superioridade e de inferioridade simplesmente não existem. Os achados científicos podem ser muito úteis nesse sentido. Acho que você deve pesquisá-los e colocá-los no seu livro. A filosofia secular e o pensamento político também ressaltam a igualdade entre os seres humanos, presente na ideia dos direitos naturais e na noção socialista de fraternidade do proletariado, que transcende as fronteiras nacionais. Nos sistemas democráticos, existe a ideia de que todos são iguais. E também não podemos esquecer que o sistema judiciário se baseia na ideia de que somos todos iguais perante a lei...

– Vossa Santidade, o senhor diz que devemos refletir profundamente sobre a nossa igualdade fundamental como seres humanos. Mas percebo que todas as suas linhas de raciocínio pertencem à tradição ocidental. E quanto à tradição budista? Não há nenhum exercício de meditação que possa nos ajudar a criar um sentimento de igualdade? – perguntei.

– É claro. No budismo, cultivamos a equanimidade, que pode nos ajudar a reduzir os nossos preconceitos.

– Pode explicar melhor?

– Sem dúvida. Esse exercício de meditação consiste na visualização de um amigo, de um inimigo e de uma pessoa com quem não nos relacionamos. Primeiro, deixamos a mente reagir naturalmente a cada uma delas. Em geral, sentimos afeição pelos entes queridos, ódio pelos inimigos e indiferença pelas pessoas com quem não temos relações. Em seguida, questionamos: "Por que os meus sentimentos são tão diferentes com relação a essas três pessoas?", e vemos que há razões para isso; por exemplo, o amigo fez isso ou aquilo por nós, foi gentil, e assim por diante. Então, investigamos e analisamos essas razões e usamos o intelecto para determinar se são válidas ou sensatas. Quando fazemos isso, percebemos que as razões que nos levam a considerar uma pessoa amiga, outra inimiga, e outra, estranha não são perenes; podem mudar a qualquer momento. Um amigo pode nos fazer mal e se tornar um inimigo; um inimigo pode ser gentil conosco e se tornar um amigo; e a pessoa estranha pode se tornar um amigo ou um inimigo. Dessa forma, se refletirmos profundamente sobre essas questões, veremos que a nossa atitude com relação a elas não se justifica, que os rótulos "amigo", "inimigo" e "estranho" são provisórios e estão sujeitos a mudanças repentinas.

– Então, Howard, esse tipo de exercício ajuda a reduzir as nossas predisposições com relação às outras pessoas. O objetivo é estabelecer uma base concreta que nos permita dar amor, carinho e compaixão a todas as pessoas, na mesma medida.

– É claro – acrescentou o Dalai-Lama –, se adotarmos o ponto de vista do budismo e levarmos em consideração as muitas vidas passadas, esse sentimento será ainda mais forte. Perceberemos que nossos amigos podem ter sido nossos inimigos; que nossos inimigos podem ter sido nossos entes queridos mais próximos, em muitas vidas, e assim por diante. É por isso que devemos ter muitas linhas de raciocínio, para que cada pessoa possa escolher a que lhe parecer melhor. Mas independentemente do viés que adotemos, o da ciência ou o do budismo, o importante é refletir profundamente sobre essas verdades para que elas se tornem parte da nossa visão de mundo e modifiquem a maneira como nos relacionamos com os outros.

O MITO DA RAÇA

Há pelo menos uma coisa na qual nós, seres humanos, somos excelentes: na nossa capacidade para nos diferenciarmos uns dos outros. Sejam quais forem as características que utilizamos para nos singularizar, elas podem ser usadas para gerar o preconceito, a discriminação e o ódio. No mundo de hoje, há preconceitos que se baseiam no sexo, na nacionalidade, no peso, na faixa etária, no poder econômico, na filiação partidária, no grau de beleza, na religião e em muitos outros atributos.

Quando refletimos sobre os efeitos destrutivos que resultam das muitas formas de preconceito, o preconceito racial é, sem dúvida, grande fonte de sofrimento e de desgraça para a humanidade. Portanto, creio que vale a pena investigar mais profundamente o racismo e o conceito de raça.

No censo de 1990, por exemplo, o povo norte-americano dividiu-se em mais de trezentas raças ou grupos étnicos diferentes. Onde estão essas pessoas? Nunca as vi. Os latinos dividiram-se em mais de sessenta categorias e os índios, em mais de *seiscentas* tribos. Dizemos que a raça é uma questão biológica. No entanto, referimo-nos a algumas religiões como raça (como é o caso dos judeus) e falamos da raça "irlandesa", confundindo raça com nacionalidade, ou, ainda, falamos da raça ariana, a minha favorita: a raça superior dos nazistas e dos *skinheads*. Historicamente, o termo "raça ariana" refere-se a uma variedade de povos indo-europeus que viveram no Irã, no Afeganistão e na Índia por volta de 4000 a.C., nas terras que mais tarde seriam povoadas pelos hititas, conhecidos por falar idiomas protoindo-europeus. Bem, talvez eu seja demasiado cético, mas, se eu tivesse de adivinhar, diria que menos de 60 por cento dos nazistas e dos *skinheads* cresceram na antiga região dos hititas e falam o protoindo-europeu de maneira fluente, é claro, e que uma porcentagem ainda menor sabe ler e escrever nesse idioma!

Neste capítulo, vimos que nós, seres humanos, nascemos com predisposições inatas e tendemos a reagir às outras raças com uma predisposição emocional negativa. Mas um estudo aprofundado dessa questão nos mostrará que *não temos um preconceito instintivo contra raças diferentes*. O que temos é uma predisposição negativa com relação a grupos diferentes em geral, como foi discutido antes – aqueles que parecem diferentes, que identificamos como membros dos *grupos externos*. Não se trata de uma questão racial. Com efeito, durante o período em que as forças evolucionárias moldaram a estrutura básica do cérebro, as diferentes raças de hoje sequer existiam. As raças "diferentes" só começaram a aparecer por volta de 100 ou 200 mil anos atrás e, nessa época, o cérebro já tinha passado pela maioria das suas mudanças evolutivas.

No ano 2000, quando o Projeto Genoma Humano divulgou os primeiros resultados do sequenciamento de cerca de 25 mil genes, iniciou-se um acalorado debate sobre a natureza da raça. Três bilhões de pares de "bases nitrogenadas" (as múltiplas combinações das quatro unidades químicas básicas da molécula de DNA) formam o DNA humano. Praticamente todas as células do corpo contêm os longos e espiralados filamentos duplos de DNA, que podem ser separados em regiões discretas conhecidas como genes. Cada gene possui a receita para fazer um ou mais blocos proteicos. Essa é a planta básica da vida, que carrega as instruções sobre o modo de construir e operar o corpo humano. O sequenciamento de todos esses genes foi um feito admirável, que resultou de mais de uma década de intensa pesquisa e contou com a colaboração de muitos cientistas mundo afora.

Essa nova forma de olhar para o código da vida gerou um interesse renovado em descobrir quem somos, o que significa pertencer à espécie humana e quais são as diferenças e as semelhanças entre as raças. Foi relatado na imprensa que os seres humanos eram praticamente idênticos e havia maior variação na constituição genética de pessoas da mesma raça do que na constituição genética de pessoas de raças diferentes. Essas descobertas levaram muitas pessoas a concluir que os seres humanos são tão fundamentalmente parecidos que o conceito de raça está ultrapassado. Trata-se de um mito, de uma projeção mental, pelo menos do ponto de vista biológico. Por exemplo, damos muita importância à cor da pele na nossa sociedade; no entanto, o fator genético que produz as diferentes "cores" é tão irrisório que praticamente não existe. De fato, constatou-se que a cor branca da pele é produzida pela troca de *uma "letra" dos 3 bilhões de letras que constituem o DNA!* Julgamos saber o que é a raça – com efeito, "todo o mundo sabe" –, mas, quando tentamos defini-la de

♦

verdade, ficamos perdidos. Quanto mais investigamos a essência de cada raça, procurando encontrar *o indivíduo* que poderia ser apontado como o representante biológico e genético da raça "pura", mais isso nos parece ter sido inventado pela nossa imaginação.

Quando essas ideias começaram a ser disseminadas, alguns cientistas tentaram refutá-las. Disseram, por exemplo, que as diferenças genéticas entre as populações humanas manifestavam-se nos "alelos", as variadas formas que cada gene pode apresentar. Mas o fato é que não existem distinções claras entre as raças, uma vez que sempre será possível encontrar membros das outras populações, raças ou grupos étnicos que carreguem o "alelo" especial que seria exclusivo de determinada população.

Além disso, as pesquisas científicas tendem a sugerir que somos todos da mesma família – *literalmente*. Possuímos os mesmos antepassados; e o nosso antepassado feminino mais recente, *comum a todos nós*, é conhecido como Eva mitocondrial. Ela viveu na África há cerca de 140 mil anos (mas não é a mesma Eva da Bíblia, pois não era a única mulher do planeta; tinha parentes e amigos dos quais também herdamos algumas características). Os cientistas traçaram a nossa genealogia até Eva devido a um pequeno segmento de DNA encontrado nas mitocôndrias – estruturas celulares com formato de salsicha que funcionam como usinas, produzindo energia para as células. Grande parte do nosso DNA é composto por uma mistura do DNA dos nossos pais, mas o DNA mitocondrial é passado apenas pelas mães e não muda. Desse modo, os cientistas conseguiram traçar a nossa genealogia até uma única mulher.

Logo, somos todos irmãos – pois os homens também possuem um antepassado em comum, o Adão Y-cromossomial, que viveu na África há cerca de 60 mil anos. Os cientistas chegaram a essa conclusão graças a um segmento de DNA encontrado no cromossomo Y e que é passado apenas para os homens, não se misturando ao resto do DNA. É como um sobrenome genético que permite aos homens traçarem a genealogia dos seus pais.

A raça pode parecer algo concreto, pois vemos as diferenças diante dos nossos olhos e, por isso, poucos de nós questionamos o que ela realmente é. Para a maioria de nós, a enorme importância que atribuímos à questão racial parece ser prova suficiente de que os seres humanos podem ser separados em função da sua raça – "sabemos" intuitivamente, nos nossos corações, que existem diferenças biológicas fundamentais e funcionais. Mas que diferenças são essas?

Os cientistas supõem que as características raciais dos seres humanos sejam derivadas do isolamento geográfico a que determinadas populações foram submetidas por milhares de anos – quanto mais tempo vivemos num clima quente, mais melanina é necessária para nos proteger, e os nossos corpos podem ser mais altos ou ter formatos diferentes para termos maior superfície de evaporação. Da mesma forma, se vivemos num lugar com pouco sol, precisamos de menos melanina, mas talvez seja necessário termos corpos mais compactos, com maiores reservas de gordura. De todo modo, é uma pena que continuemos a dar importância a algo tão irrelevante, como se insistíssemos em discriminar os membros de uma mesma família pelo fato de se vestirem de maneira diferente, de acordo com o clima do lugar onde nasceram.

Dando prosseguimento à nossa discussão sobre o racismo e o preconceito, falei:

– Vossa Santidade, o senhor diz que certas linhas positivas de raciocínio podem ser usadas para ampliar a crença na nossa igualdade fundamental e para combater o racismo e o preconceito. Mas eu estava pensando: quando o genoma humano foi decodificado, a imprensa cansou de repetir que 99,9 por cento do DNA, a planta básica para a construção do corpo humano, é igual em todas as pessoas. Para mim, essa foi uma descoberta impressionante! Senti que era uma prova contundente da nossa semelhança fundamental. (Do ponto de vista genético, somos mais parecidos do que diferentes, e as diferenças são insignificantes.) Até mesmo o presidente Clinton falou sobre isso inúmeras vezes, na televisão e em seus discursos.

– Além disso, o fato é que valores e ideias como a democracia, a igualdade etc. já *são* disseminados na nossa sociedade. Mas parece que isso não tem efeito sobre nós. Continuamos explorando uns aos outros, lutando uns contra os outros e agindo como se as nossas diferenças fossem enormes, quase como se fôssemos espécies diferentes. Então eu fico me perguntando o que mais falta...

– Howard, acho que, se você adotar um enfoque mais amplo, verá que a promoção desses valores está funcionando, sim, com bastante eficiência. Do ponto de vista da história humana, ocorreram grandes avanços no mundo, haja vista a conscientização desses valores e dos ideais de igualdade. Pense no progresso dos últimos séculos.

– O senhor tem razão – admiti. – Mas continuo achando que muitas pessoas podem ter dificuldade em rever as suas opiniões e o seu ponto de vista para estender a sua identificação às outras pessoas, como parte do nós, em função de um profundo sentimento de igualdade.

– É, pode ser difícil – explicou Sua Santidade –, mesmo assim, em alguns casos, *acho que é possível mudar.* Veja o exemplo do movimento pelos direitos civis que ocorreu nos Estados Unidos. Algumas comunidades eram completamente segregadas. Mas, nos casos em que as comunidades negras tiveram oportunidades iguais e atingiram os mesmos patamares econômicos das outras raças, vivendo nos mesmos bairros, compartilhando os mesmos problemas e as mesmas preocupações, como a educação dos filhos, creio que a divisão entre nós e eles ficou menos evidente. Por outro lado, nas comunidades em que os negros tinham menos direitos civis e viviam em lugares apartados, havia maior desconfiança da parte de ambas as raças. Acho que isso mostra que podemos reduzir esse tipo de preconceito, não é impossível fazer isso.

– O senhor tem razão – repeti.

Ele estava começando a me convencer. Ainda assim, pressentindo que eu duvidava do potencial para mudanças genuínas com relação aos conflitos raciais, étnicos e de outras naturezas, ele continuou, como se pudesse ler os meus pensamentos:

– Howard, esta nossa conversa sobre preconceito e conflitos entre grupos sociais me faz lembrar uma história

EU, NÓS E ELES

comovente que ouvi numa de minhas viagens a Israel. Conheci pessoas de um movimento não governamental pela paz que juntava crianças israelenses e palestinas. Essas crianças eram ensinadas a ver a figura de Deus umas nas outras e eram motivadas a se lembrar de que Deus estava nas crianças do outro lado, assim como estava nas crianças do seu lado. Era um exercício de equanimidade.

– Disseram-me que para essas crianças seria quase impossível sentir ódio umas pelas outras, mesmo diante de novos conflitos. Elas simplesmente não conseguiam reduzir as crianças do outro lado à categoria generalizada de "inimigo". Acho isso maravilhoso! – exclamou o Dalai-Lama, entusiasmado.

– Então acredito que seja possível mudar – concluiu –, mas, é claro, isso leva tempo. Como dissemos, essas atitudes baseiam-se em falsas convicções e em distorções de pensamento, e quaisquer mudanças na sociedade devem começar pela mente e pelo coração da pessoa, transformando o seu ponto de vista. Essa mudança deve ocorrer em cada um de nós separadamente.

Capítulo 5

O NACIONALISMO EXACERBADO

—Nesta semana, discutimos as divisões que resultam da mentalidade do eu contra nós e que podem se transformar em preconceito, conflito e violência. Acho que a identificação com um país ou nação é um dos exemplos mais fortes do nós. Parece que, depois de um período de crise nacional, há sempre o ressurgimento de um patriotismo ou nacionalismo. Muitas vezes, esse nacionalismo é expresso como uma forma de patriotismo aberto, de apoio ao próprio país, com bandeiras desfraldadas ao vento, esse tipo de coisa. Mas, historicamente, quanto mais forte é o nacionalismo, maior é o perigo de ele incorrer em padrões destrutivos – e daí à hostilidade contra os outros países é apenas um passo. Esse tipo de sentimento tem servido de estopim para uma série de conflitos históricos.

– Então, eu me pergunto: o que o senhor acha do nacionalismo? Quais são os seus benefícios e os seus malefícios? Qual é o seu potencial destrutivo?

O Dalai-Lama respondeu:

– Não acho que o nacionalismo seja algo destrutivo. Pertencer a determinada nação pode ser parte da identidade da pessoa. O nacionalismo pode ser útil, pode nos oferecer um sentimento de pertença, e a identidade nacional também é algo que nos dá orgulho. Isso é bom. Acho que o nacionalismo é uma ferramenta como a ciência: se fizermos mau uso dela, o resultado poderá ser desastroso; se fizermos bom uso, ela nos trará benefícios. Cabe a nós decidir como usá-la.

– Quando falamos de nacionalismo, falamos de diferenças baseadas nas identidades nacionais e que são compostas principalmente de heranças culturais e históricas. Cada nação possui uma cultura ou um grupo de culturas, uma herança cultural. É inegável, também há fronteiras geográficas entre as nações. Isso constitui parte da identidade. Mas acho que a cultura é o principal. E, sem dúvida, cada comunidade deve ter o direito de preservar a própria cultura, incluindo seu idioma, seus costumes, sua maneira de se vestir, e assim por diante.

Perguntei:

– O senhor diz que o nacionalismo tem efeitos positivos e que devemos cultivar uma identidade cultural e étnica, mas discorda de mim quanto ao fato de o nacionalismo apresentar aspectos destrutivos...

A ARTE DA FELICIDADE EM UM MUNDO CONTURBADO

– Antes de continuarmos, eu gostaria de fazer uma distinção entre o nacionalismo saudável e o nacionalismo exacerbado – respondeu o Dalai-Lama. – Quando o nacionalismo é exacerbado, ele pode se transformar numa ideologia perigosa, tão poderosa que pode resultar em atos de agressão. Vimos isso acontecer na trágica história dos Bálcãs, no final do século XX, quando os termos "limpeza étnica" e "balcanização" entraram nos nosso vocabulário. No caso dessa tragédia, as identidades nacionais levaram a um ciclo vicioso de violência entre sérvios, croatas e bósnios. Nesse sentido, ela é um exemplo do que acontece quando a identidade nacional se sobrepõe aos outros aspectos da identidade da pessoa, que, de outra forma, poderiam servir de base para uma aproximação.

– Que lição o senhor acha que podemos tirar dessa experiência trágica no Leste Europeu? – perguntei.

– Sem dúvida, uma lição que podemos extrair dessa experiência é que as identidades nacionais são importantes para as pessoas e devem ser respeitadas. Quando diferentes nacionalidades coexistem dentro de um grupo mais amplo, seja dentro de uma confederação de países, como a União Europeia, seja dentro de um único país, precisamos garantir que elas sejam respeitadas e tratadas com dignidade. É evidente, em países que possuem uma variedade de culturas diferentes, é necessário que haja liberdade e uma Constituição justa, baseada no Estado de Direito, para que elas possam prosperar.

Enquanto o Dalai-Lama discorria sobre essas questões – a liberdade, o Estado de Direito, o respeito por todas as culturas e nações –, a cultura tradicional tibetana e o *status*

◆

134

do Tibete como país enfrentavam uma batalha acirrada pela sobrevivência da antiga tradição. Para ele, essa era uma questão real, e não um tópico abstrato da filosofia – termos como "liberdade" e "Estado de Direito" eram necessidades concretas. As palavras do Dalai-Lama, que pareciam arder como um fogo interno e eram acompanhadas por uma expressão decidida no seu olhar, transmitiam um senso de urgência legítimo. Estava claro que aquela era uma questão sofrida e que a devoção do Dalai-Lama a esses princípios, bem como a sua preocupação com os povos humanos, não se limitavam apenas à cultura tibetana, mas estendiam-se a todas as culturas do planeta. Não pude deixar de me comover.

– De todo modo, creio que a tragédia dos Bálcãs pode nos ensinar uma importante lição sobre o que acontece quando o respeito está ausente... – Ele parou e acrescentou suavemente. – A tradição do "respeito ao próximo" é muito importante no mundo de hoje.

Pensando no que ele me dissera anteriormente, que a ausência da guerra não significava a paz, ocorreu-me que a ausência do preconceito também não significava o respeito. Observei:

– Creio que discutíamos sobre como vencer o preconceito, mas agora parece que damos um passo além ou estamos sendo mais proativos, ao discutir a questão do respeito pelos outros grupos. Então, fica a pergunta: como podemos ampliar ou cultivar o sentimento de respeito pelas culturas e pelas nacionalidades diferentes?

– Algumas pessoas podem ser mais cultas, outras, menos cultas; algumas podem ser mais ricas, outras, menos

A ARTE DA FELICIDADE EM UM MUNDO CONTURBADO

ricas, não importa. Creio que já dissemos que, apesar dessas diferenças, somos todos seres humanos e merecemos ser tratados com um mínimo de dignidade e respeito, em um nível básico. O mesmo princípio pode ser aplicado ao caso das culturas e das nacionalidades: as pessoas são diferentes; podemos não entender seu estilo de vida e sua maneira de se vestir, mas isso não impede que as respeitemos e as tratemos com dignidade, em função de sermos todos seres humanos.

– Mas cabe ressaltar uma questão – continuou –, algo importante em muitos sentidos. Precisamos apreciar a diversidade, refletir sobre o seu valor, e investigar os seus benefícios. Quanto mais apreciarmos a diversidade, mais respeitaremos o próximo, quer ele seja diferente ou não. Por exemplo, do ponto de vista da humanidade como um todo, creio que a variedade de culturas e de grupos étnicos pode ser muito enriquecedora. *Para que a humanidade possa prosperar coletivamente, é necessário que cada membro individual desse coletivo prospere.* Podemos fazer uma analogia com um jardim. Para que ele fique bonito e esplendoroso, é necessário que haja uma variedade de flores, de plantas e uma combinação de diferentes tamanhos, formas e cores, e cada uma delas deve medrar no seu próprio ambiente. Por outro lado, se o jardim possui apenas um tipo de flor e um tipo de ambiente, ele será estranho. É a *diversidade* que embeleza o jardim.

Nosso encontro tinha acabado. Distraído com as palavras do Dalai-Lama, eu não percebera que os membros da sua equipe estavam andando de um lado para o outro, se preparando para conduzir um visitante para fora da sala e

◆

136

outro para dentro. O secretário particular do Dalai-Lama apareceu por trás da porta corrediça e me fez um sinal, e eu me preparei para sair.

Quando pisei na varanda, que tinha sido decorada com um belo arranjo de buganvílias violáceas que cascateavam sobre uma treliça, vi os outros convidados do Dalai--Lama serem conduzidos para o interior do cômodo. Era um pequeno grupo de homens e mulheres, cada qual representando uma nacionalidade diferente. Eles pareciam empolgados com a perspectiva de conhecer o Dalai-Lama – um desfecho mais do que apropriado para a nossa conversa sobre a harmonia entre os povos. Quando desci a trilha que levava ao portão principal da residência do Dalai-Lama, observei a vegetação abundante do terreno – grossos bambuzais, carvalhos, abetos e pinheiros, azaleias selvagens e vasos com flores que se abriam em várias cores; roxo, amarelo, vermelho, cor de abóbora... E, quando desci a montanha, apreciando a diversidade do jardim e ainda pensando na metáfora usada pelo Dalai-Lama para enfatizar a beleza da diversidade dos povos, senti-me tomado por uma sensação de paz e esperança, como se, algum dia, a visão dele fosse se concretizar.

Não precisamos nos reportar a um passado longínquo para evocar terríveis exemplos do potencial destrutivo do nacionalismo exacerbado, do preconceito e do ódio. O exemplo escolhido pelo Dalai-Lama, da Guerra da Bósnia, não é muito antigo. Logo depois que a República da Bósnia-Herzegovina declarou a sua independência da antiga

A ARTE DA FELICIDADE EM UM MUNDO CONTURBADO

Iugoslávia, em 1991, os três grupos étnicos tradicionais da região (os sérvios ortodoxos, os croatas católicos e os muçulmanos bósnios) iniciaram uma encarniçada batalha pela hegemonia étnica e pelo controle político do novo país. Quando a guerra finalmente chegou ao fim, com o Acordo de Dayton, em 1995, 100 mil compatrícios tinham sido mortos e cerca de 2 milhões estavam desabrigados, uma vez que a guerra tinha devastado grande parte da região, destruído ou danificado 60 por cento das casas, metade das escolas e um terço dos hospitais. Além disso, as usinas de energia, as estradas e as redes de tratamento de água tinham sido depredadas. Mulheres tinham sido estupradas por soldados, diante das suas famílias, em praças públicas, às vezes violentadas seguidas vezes por dias ou mesmo semanas. Todos os três lados tomaram parte nas atrocidades, mas os sérvios foram particularmente cruéis em sua "limpeza étnica": queimaram casas, prenderam homens em campos de concentração, onde muitos eram torturados ou morriam de fome, tentaram trucidar os membros dos outros grupos que viviam na região.

Diante de tanto sofrimento, às vezes somos levados a pensar nessas guerras como "eventos mundiais" e perdemos a noção do impacto que o nacionalismo exacerbado provoca na vida do cidadão comum. Mas talvez a história de três indivíduos em particular ilustre melhor a tragédia que é a mentalidade do nós contra eles.

Nas nossas primeiras conversas, discutimos a relação entre a pessoa e o grupo. O Dalai-Lama disse que o fato de alimentarmos um forte sentimento de identidade individual, de independência e de autoconfiança não impede

◆

138

EU, NÓS E ELES

que tenhamos uma forte identificação com o grupo. "Não se trata de eu *ou* nós, mas de eu *e* nós." No caso do nacionalismo, ele estende esse princípio aos grupos, acreditando na possibilidade de muitos grupos étnicos viverem pacificamente no mesmo país, cada qual celebrando a sua singularidade, honrando as suas tradições e, ao mesmo tempo, cultivando um sentimento de pertença e de identidade nacional.

Esse modelo de sociedade, no qual há um perfeito equilíbrio entre a esfera individual e a esfera coletiva, já fez parte do ideário de um grupo de rapazes bósnios, croatas e sérvios que se juntou em 1984 para jogar pela seleção de basquete juvenil da Iugoslávia, um time lendário. Por quatro anos, eles foram imbatíveis, não perderam um jogo sequer em competições oficiais, e cresceram juntos fora das quadras, formando laços de amizade enquanto viajavam juntos, dormiam juntos, treinavam juntos, compartilhavam as suas vidas. O sentimento de camaradagem e de autoconfiança entre eles era tamanho que, em 1987, na noite anterior ao jogo mais importante das suas vidas, a final do Campeonato Mundial Juvenil, eles fugiram do hotel para pular de um trampolim. E, ainda assim, sagraram-se campeões, derrotando os norte-americanos no dia seguinte por 86 a 76.

Depois que venceram o Campeonato Mundial Juvenil, muitos desses futuros astros da NBA foram jogar pela seleção principal da Iugoslávia. O sentimento de amizade manteve-se firme entre os jogadores sérvios, como Vlade Divac e Aleksander Djordjevic, e os jogadores croatas, como Dino Radja e Toni Kukoč, que jogaram juntos no time que venceu o campeonato europeu de 1991, em Roma.

◆

O primeiro sinal da derrocada do time dos sonhos veio na tarde da semifinal do campeonato europeu, dias antes de a Eslovênia declarar a sua independência da Federação Iugoslava. O ministro dos esportes desse novo país ligara para o jovem pivô esloveno do time para lhe dizer que, se ele jogasse naquela noite, seria considerado um traidor.

À medida que a região dos Bálcãs ia se fragmentando e se envolvendo em conflitos, novas categorias iam surgindo. Destituídos da cidadania iugoslava, os jogadores agora tinham novos times e novos rótulos: croatas, sérvios, bósnios. Esses rótulos pareciam eclipsar todos os outros aspectos da sua identidade. O jogador bósnio-muçulmano Teo Alibegovic disse: "Nunca soube a nacionalidade deles quando estávamos jogando, e aposto que eles também não sabiam a nossa. Bem, agora sabemos." As amizades consideradas indestrutíveis pareceram desmoronar sob pressão.

O rompimento foi particularmente difícil para as duas estrelas do time, o sérvio Divac e o croata Kukoč, que tinham uma forte amizade. Divac tentou manter contato com os antigos companheiros, mas, embora tivesse obtido algumas respostas, continuava preocupado com o desgaste das amizades. Debulhou-se em lágrimas numa entrevista, em 1996, ao falar sobre a situação trágica do seu país. Kukoč, por sua vez, disse: "No ano passado, visitei feridos nos hospitais. Depois que você vê jovens de 19, 20 anos sem braços, sem pernas, para de pensar em basquete."

Felizmente, com o passar dos anos, as mágoas foram deixadas para trás, e os ex-companheiros de equipe voltaram a se falar. Hoje, são amigos e trabalham juntos em projetos sociais nos Bálcãs, ensinando tolerância às crianças por meio do basquete.

Quando vemos um time desses jogar, a experiência transcende o esporte e se transforma numa metáfora para o potencial humano (como os Boston Celtics da década de 1960, liderados por grandes jogadores, como Bill Russel, John Havlicek e Sam Jones)! Essas equipes são exemplos perfeitos de equilíbrio, pois conciliam os mais altos níveis de esforço individual, de individualismo, com os mais altos níveis de trabalho em equipe. Nesses times maravilhosos, há cinco indivíduos diferentes, cada qual com o seu talento, a sua personalidade. Um deles pode arremessar bem sob pressão, o outro pode ser bom na defesa, bloqueando os arremessos, e o outro pode ser o cestinha. Nenhum deles possui todas essas habilidades. Cada um desenvolveu um talento único, reconhecendo os pontos fortes dos seus companheiros. E quando eles se juntam ocorre uma sintonia, um tipo de sinergia, e é como se fizessem parte de um só organismo, no qual o todo é maior do que a soma das suas partes.

Não consigo pensar numa descrição mais adequada para a ideia do Dalai-Lama de que a identidade individual e a identificação com o grupo podem caminhar de mãos dadas. Não consigo pensar numa metáfora mais apropriada para os efeitos benéficos que resultam da introdução da variedade num grupo maior – seja um grupo de jogadores de basquete, seja um grupo étnico, numa federação mais ampla.

Sua Santidade sugeriu que refletíssemos profundamente sobre os benefícios que resultam da adoção da diversidade como uma poderosa e objetiva estratégia para o cultivo do respeito àqueles que são diferentes. Embora esses times constituam tanto um exemplo quanto uma metáfora dos benefícios da diversidade, há uma grande quantidade de estudos científicos que comprovam os efeitos benéficos dela em um grupo maior.

OS BENEFÍCIOS DA DIVERSIDADE

No seu livro *The Wisdom of Crowds* [*A sabedoria das multidões*], o jornalista James Surowiecki conta a história de Francis Galton, um cientista britânico de 85 anos, especialista na ciência da hereditariedade, que, certo dia, no ano de 1906, decidiu ir a uma feira de exposição de gado. Ele tinha grande interesse pela pecuária e estava curioso para conhecer os avanços da área naquele ano. O autor conta que, na feira, havia uma competição na qual as pessoas tinham de adivinhar o peso de um boi gordo, *"depois* de ele ter sido 'abatido e fatiado'"*. Uma vez que as melhores apostas ganhavam prêmios, cerca de oitocentas pessoas tinham se inscrito para participar. Embora houvesse grande número de açougueiros e fazendeiros entre os concorrentes, em geral, o grupo era bastante variado, composto por pessoas que não eram especialistas em gado. Galton imaginou que, ainda que houvesse especialistas na multidão, a maioria das pessoas não saberia dizer ao certo o peso do boi e a média das apostas ficaria muito aquém do peso correto. Quando a competição terminou, ele pegou os tíquetes de todos os concorrentes e os analisou. Ao

EU, NÓS E ELES

calcular a média das apostas para chegar a um único que representasse a "sabedoria coletiva" da multidão, tomou um susto: "A média das apostas tinha sido essencialmente perfeita!" O boi pesava 543 quilos. A multidão dissera 542,5 quilos.

Surowiecki, no seu livro, oferece muitas histórias como essa e as complementa com teorias e estudos científicos, a fim de provar sua tese principal: "Em condições ideais, os grupos são extraordinariamente inteligentes e, na maioria das vezes, costumam ser mais espertos do que a pessoa mais esperta do grupo." Ele tenta defender a noção controversa de que as multidões são melhores para resolver problemas e tomar decisões do que os principais especialistas do grupo.

É claro, todos sabemos que as pessoas podem ser muito tolas às vezes, por exemplo, quando se juntam a uma multidão e são levadas a cometer idiotices que variam desde uma caça às bruxas até terríveis atos de maldade (como espancamentos). O que nos interessa é identificar as "condições ideais" mencionadas por Surowiecki que permitem que a sabedoria do grupo aflore. Essas condições confirmam a ideia do Dalai-Lama de que a diversidade – seja a de indivíduos numa multidão, seja a de culturas num país, seja a de países no planeta – pode ser imensamente benéfica. Citando grande número de estudos científicos e de exemplos concretos, Surowiecki conclui que "as condições necessárias para que as multidões sejam sábias são: a diversidade, a independência e um tipo especial de descentralização".

E, assim, encontramos outro efeito positivo que resulta da diversidade: ela faz aumentar a *sabedoria* do grupo,

◆

143

melhorando a sua capacidade de resolver problemas e de tomar decisões. Se pensarmos nos muitos problemas do mundo de hoje, veremos que esse é um benefício que não deve ser descartado levianamente. Quando um grupo de pessoas tenta resolver um problema ou chegar a um consenso sobre o que fazer, a *diversidade* de perspectivas, de informações e de conhecimento contribui para elevar a sabedoria e a força do grupo. De certa forma, podemos fazer uma analogia com uma velha parábola indiana, "O elefante e os cegos". Um grupo de cegos tenta descrever um elefante. Um deles toca-lhe o rabo e o descreve como uma corda; outro toca-lhe a perna e o descreve como uma pilastra, e assim por diante. Sozinhos, os cegos desviavam-se da verdade, mas, quando trabalhavam em equipe, cada qual dando a sua contribuição, conseguiam chegar a uma descrição razoável do elefante.

No ano de 2004, a Universidade de Stanford realizou um estudo que comprovou a importância da diversidade para o aprimoramento da capacidade intelectual de um grupo. Os pesquisadores Anthony Antonio e Kenji Hakuta dividiram um grupo de alunos brancos em grupos menores para debater uma série de questões sociais controversas, como a pena de morte. Embora não soubessem, os alunos tinham sido agrupados de modo que todos possuíssem as mesmas opiniões, com base numa entrevista anterior. Eles também não sabiam que, em cada grupo, havia um "espião" que colaborava com os pesquisadores. O grupo de espiões estava dividido igualmente em brancos e negros. Além disso, alguns deles tinham sido instruídos a concordar ou discordar dos outros membros do grupo.

EU, NÓS E ELES

Ao analisar cuidadosamente o conteúdo das redações que tinham sido escritas 15 minutos antes e 15 minutos depois das discussões, os pesquisadores encontraram provas conclusivas de que a diversidade produzira efeitos benéficos para o raciocínio individual dos membros dos grupos, sobretudo para um tipo de pensamento que é chamado de "complexidade integrativa" (CI). Trata-se de um tipo de pensamento elevado que está associado à capacidade da pessoa de analisar um problema de várias perspectivas diferentes e integrar esses pontos de vista de modo a formar uma conclusão. A CI desempenha importante papel na resolução de problemas e na tomada de decisões. Os efeitos benéficos da diversidade foram detectados tanto nos grupos nos quais foram introduzidos membros de outra raça, quer o "espião" concordasse ou não com a maioria, quanto nos grupos nos quais foram introduzidos membros com opiniões divergentes, quer essas opiniões fossem expressas por um "espião" branco ou negro.

Uma vez que esse é apenas um dos muitos benefícios da diversidade, caberia perguntar: "Se a diversidade é tão boa e as multidões são tão inteligentes, por que não há maior diversidade nas multidões em todos os níveis da sociedade? Por que as pessoas não escolhem viver e trabalhar em ambientes mais diversificados?"

A resposta, como sempre, é que as coisas não são tão simples. Há muitos fatores que determinam o comportamento dos seres humanos. Embora a diversidade resulte em efeitos positivos, ela possui um inconveniente: o grupo tem de estar motivado para trabalhar em equipe e para evitar que as suas diferenças desencadeiem picuinhas e

◆

conflitos capazes de prejudicar a sua produtividade. Para colher os frutos da diversidade, as pessoas que pertencem a raças e etnias diferentes precisam manter contato umas com as outras, a fim de que sejam eliminadas as atitudes que criam barreiras no seio de grupos diversificados.

Para lidar com esse problema, precisamos entender que, assim como há benefícios que resultam da diversificação dos grupos, também há benefícios que resultam da homogeneização dos grupos, como maior produtividade e maior sentimento de solidariedade e de coesão entre os seus membros. Estudos recentes revelaram que as pessoas confiam mais umas nas outras, exibem um maior espírito comunitário e apresentam menores índices de criminalidade, de depressão e de distúrbios de ansiedade quando vivem em comunidades homogêneas ou quando o seu grupo é o grupo majoritário. Resta-nos conciliar o fato de que somos mais felizes quando vivemos entre pessoas da nossa raça e da nossa etnia com o fato de que precisamos cultivar a harmonia e a cooperação com os outros grupos, para que possamos nos sentir mais à vontade na companhia de pessoas de raças e de nacionalidades diferentes e para que possamos criar uma sociedade cada vez mais plural. Essa questão se traduz atualmente no intenso debate que ocorre entre aqueles que acham que deveriam celebrar as nossas diferenças raciais e étnicas, não vendo nada de errado em "defender a sua própria gente", e aqueles que argumentam em favor de uma maior integração social, como se quisessem transformar o mundo numa grande família feliz.

O Dalai-Lama disse que precisamos cultivar o nosso espírito comunitário e os nossos laços sociais. Mas há dois

EU, NÓS E ELES

tipos de laço social: o primeiro nos liga aos membros do grupo interno, em função de semelhanças compartilhadas, como as semelhanças raciais, étnicas ou religiosas; o segundo nos liga aos membros dos grupos externos, criando uma ponte social. Os cientistas sociais, em sua maioria, alegam que existe escassez de pontes sociais no mundo de hoje, assim como houve nos Bálcãs anos atrás, entre os sérvios, os croatas e os bósnios. Resta-nos perguntar: como podemos construir pontes sociais, como podemos criar uma ligação com a comunidade sem abrir mão da nossa identidade cultural e étnica?

Estudos mostram que somos mais felizes quando vivemos entre pessoas que são parecidas conosco. Mas o que significa "ser parecido com alguém"? Eis a raiz do problema – um problema que foi identificado pelo Dalai-Lama enquanto ele discorria sobre os aspectos destrutivos da mentalidade do nós contra eles: – *Precisamos nos relacionar uns com os outros de maneira inclusiva* – ele disse. Precisamos encontrar novas maneiras de olhar para os diferentes grupos raciais, étnicos e nacionais, a fim de enxergá-los como parte de um nós mais inclusivo.

Neste capítulo, o Dalai-Lama nos ofereceu estratégias sensatas para eliminar as predisposições negativas, os preconceitos e o ódio, que podem servir de obstáculo para o cultivo dessa maneira "mais inclusiva" de enxergar os outros. Na parte três deste livro, retomaremos a discussão sobre como nos relacionar com os outros de maneira mais inclusiva, mostrando que essa atitude pode gerar felicidade e solucionar alguns dos problemas de hoje. Antes que eu e o Dalai-Lama pudéssemos nos voltar para essas questões, no entanto, eventos mundiais nos lembraram que ainda havia questões importantes que precisavam ser debatidas na nossa busca pela felicidade em um mundo conturbado.

Segunda parte

A VIOLÊNCIA *VERSUS* O DIÁLOGO

Capítulo 6

REVENDO A NATUREZA HUMANA

Os acontecimentos da manhã de 11 de setembro de 2001 mudariam o mundo. Enquanto o World Trade Center desmoronava em Nova York, o Dalai-Lama dormia tranquilo no seu modesto quarto, no alto de uma montanha, nas cordilheiras do norte da Índia. Na manhã seguinte, ele acordou no horário costumeiro, às três e meia da manhã, espantou o sono e, às quatro horas, deu início ao seu ritual diário de monge budista, que incluía quatro horas de oração e de meditação. Desse modo, enquanto os clarins de uma nova guerra soavam nos Estados Unidos, o Dalai-Lama permanecia sentado, meditando, ouvindo apenas o

♦

151

A ARTE DA FELICIDADE EM UM MUNDO CONTURBADO

leve tamborilar da chuva que caía sobre o telhado de zinco dos aposentos privados, ao mesmo tempo que, lá fora, uma atmosfera de paz e de serenidade pairava sobre a remota aldeia nas montanhas, ainda envolta na escuridão das horas que antecedem a alvorada.

Não muito tempo depois do 11 de setembro, retornei à residência do Dalai-Lama, em Dharamsala, para darmos prosseguimento às nossas discussões. Fazia quase um ano desde a última vez que tínhamos nos encontrado naquele cômodo e parecia que nada tinha mudado nesse tempo. Com efeito, o cômodo era o mesmo de duas décadas atrás, quando eu começara a visitar o Dalai-Lama: transmitia a mesma sensação de espaço, de tranquilidade, a mesma sensação de amplitude criada pelas janelas largas, um dos lados voltado para as montanhas cobertas de gelo e o outro voltado para o verdejante vale de Kangra, que descia a grandes profundezas. As iluminuras da deusa Tara, emolduradas em brocados de seda colorida, penduradas nas paredes amarelo-pálidas; o mapa em relevo do Tibete, que cobria uma das paredes do piso ao teto; e os altares budistas adornados com belos ídolos, estátuas, tigelas e lâmpadas ritualísticas – tudo continuava no lugar de sempre. Até mesmo a cadeira estofada do Dalai-Lama e o sofá que combinava com ela, no qual eu estava sentado, ambos dispostos ao redor de uma mesinha de centro laqueada de vermelho-carmim, pareciam os mesmos.

É, pouca coisa tinha mudado, pensei, olhando ao redor. Nas últimas décadas, até onde eu sabia, só ocorreram mudanças no cômodo adjacente, que era reservado para os convidados que esperavam para falar com o Dalai-

-Lama. Ao longo dos anos, as paredes do cômodo cobriram-se de prêmios e mais prêmios, títulos honoríficos de universidades, honrarias, medalhas e placas.

Mas lá fora o mundo estava mudado. Durante os meses que tinham se passado desde o meu último encontro com o Dalai-Lama, o World Trade Center e o Pentágono tinham sido atacados – e, mais uma vez, fôramos lembrados das coisas terríveis e cruéis que os seres humanos são capazes de fazer uns com os outros.

Naquela manhã, começamos a discutir o lado ruim do comportamento humano, os atos de violência, o ódio, as atrocidades. Nas nossas últimas conversas, tínhamos explorado a origem da mentalidade dualística do nós contra eles, que podia dar ensejo a preconceitos e a conflitos. Mas, agora, voltávamos a nossa atenção para as formas mais agressivas do comportamento humano, procurando entender as causas da violência. Com o intuito de investigar as raízes desses atos de maldade, começamos com a seguinte pergunta fundamental: será que a violência e a agressividade fazem parte da nossa natureza básica?

SERÁ QUE SOMOS VIOLENTOS POR NATUREZA?

– Naquela manhã – contou o Dalai-Lama, referindo-se ao 11 de setembro –, depois que terminei de meditar, o meu assistente, Lobsang Gawa, entrou no escritório e me informou que o World Trade Center de Nova York tinha sido atacado e que os prédios tinham desmoronado completamente!

◆

– Qual foi a sua primeira reação? – perguntei.

– Descrença. Pensei: "Isso não pode ser verdade!" Imaginei que fosse uma invenção. Sintonizei o rádio na BBC e ouvi a cobertura dos atentados. Depois liguei a tevê no canal da BBC e vi os aviões se chocando deliberadamente contra os edifícios, que desmoronaram em chamas. Então descobri que era verdade. Vi as pessoas se jogando das janelas, tentando desesperadamente se salvar do incêndio. Muito triste! Quanta destruição! Algo inimaginável! Inimaginável!

– E qual foi a sua segunda reação, depois da descrença?

O Dalai-Lama balançou a cabeça tristemente.

– Aquilo me fez pensar no potencial destrutivo dos seres humanos. Quanto ódio! Era quase inacreditável. Então rezei pelas vítimas inocentes e pelas suas famílias.

Lembrando-me da resposta dos Estados Unidos aos ataques do 11 de setembro – o sentimento de ultraje, a vontade de punir imediatamente os responsáveis –, perguntei:

– Quando o senhor pensa no sofrimento que terroristas e pessoas como Bin Laden infligiram a milhares de inocentes e vê as coisas abomináveis que os seres humanos são capazes de fazer uns com os outros, isso não enfraquece a sua crença na bondade natural dos seres humanos?

– Não – respondeu sem pestanejar. – Ainda que um punhado de seres humanos seja capaz de cometer atos como esse, continuo acreditando que somos essencialmente bons, na medida em que a nossa natureza é pacífica, e não violenta.

Essa não era a primeira vez que discutíamos a questão da natureza humana. Lembrei-me da nossa primeira conversa sobre o assunto, que ocorrera mais de uma década

A VIOLÊNCIA *VERSUS* O DIÁLOGO

antes*. Lembrei-me do seu olhar penetrante e do tom de sua voz ao dizer: *"Tenho a firme convicção de que a natureza humana é fundamentalmente bondosa, pacífica. Essa é a característica predominante da natureza humana."* A sua opinião parecia não ter mudado.

Embora eu já conhecesse a visão essencialmente otimista do Dalai-Lama a respeito da natureza humana, fiquei um pouco surpreso com a firme convicção com que ele disse que os eventos de 11 de setembro, ainda recentes, não haviam abalado a sua crença na bondade humana. O confronto direto com o assassinato brutal e despropositado de milhares de inocentes em nada abalara a sua convicção, que, de fato, parecia mais forte do que nunca. Querendo saber de onde ele tirava forças para a sua convicção, perguntei:

– Quando o senhor pensa nas coisas brutais, terríveis que as pessoas são capazes de fazer umas com as outras, como isso pode não afetar a sua crença na bondade dos seres humanos, que cometem atrocidades como as perpetradas no 11 de setembro?

O Dalai-Lama refletiu por um momento:

– Talvez eu veja esses eventos de um ponto de vista mais amplo. Quando acontecem atrocidades desse tipo, tendemos a nos voltar para uma pessoa ou para um grupo de pessoas, a fim de culpá-los. Mas acho que é errado isolá-los como os únicos responsáveis. Se adotarmos uma perspectiva mais ampla, veremos que há muitas causas para a violência e existem muitos fatores que contribuem

---

* *A arte da felicidade* (São Paulo: Martins Fontes, 2000).

◆

para eventos dessa natureza, muitos fatores. Nesse caso, por exemplo, acho que a crença religiosa é um deles.

– Ao refletir sobre o assunto, perceberemos que muitos fatores contribuíram para essa tragédia. Para mim, isso confirma um fato importante: a tecnologia moderna, combinada com a inteligência humana e guiada por emoções negativas, pode resultar em desastres impensáveis como esse.

– O senhor pode explicar melhor o que quer dizer com isso?

Ele respondeu:

– Os terroristas devem ter cultivado uma determinação ferrenha, uma determinação quase impossível, para terem sido capazes de sacrificar as suas vidas em nome dessa monstruosidade. Isso não poderia ter acontecido sem a influência de emoções compulsórias, negativas. Foi isso o que lhes deu motivação. Mas a motivação sozinha não explica a atitude deles. Se pararmos para pensar, veremos que o ataque deve ter sido planejado de maneira minuciosa, por meses e meses. Por exemplo, foi preciso calcular a quantidade de combustível dos aviões. Esse tipo de planejamento cuidadoso exige o uso da inteligência humana. E eles precisaram encontrar meios para executar o seu plano. Nesse caso, usaram aviões, uma tecnologia moderna. Foi isso o que eu quis dizer.

– Na verdade – continuou –, há muitos fatores que contribuem para atos desse tipo. Por exemplo, essas pessoas foram motivadas pelo ódio. Quando vi pela primeira vez os edifícios desmoronando, pensei: "Ódio! Eis o *verdadeiro* responsável por tudo isso!"

◆

A VIOLÊNCIA *VERSUS* O DIÁLOGO

– Vossa Santidade, entendo a sua visão de que há muitos fatores que contribuem para esse tipo de atrocidade. Mas o fato é que, em última análise, a responsabilidade é de quem perpetrou atos de violência contra outros seres humanos, infligindo-lhes sofrimento. Então, colocando de lado todos esses fatores e essas causas complexas, não acha que é possível que alguns seres humanos sejam simplesmente maus por natureza?

Balançando a cabeça, o Dalai-Lama respondeu:

– O conceito de maldade e até mesmo a própria palavra "maldade" podem ser problemáticos. Como já discutimos, parece que, no Ocidente, às vezes há uma tendência a enxergar as coisas em termos absolutos, em termos de preto e branco, ou é isso ou aquilo. Além do mais, emoções como a raiva podem agravar essa tendência. Ocorre uma espécie de distorção no pensamento, na percepção do indivíduo. Como eu disse, quando pensamos nesse tipo de atrocidade, procuramos encontrar um alvo imediato, um indivíduo ou grupo de indivíduos que possa ser responsabilizado, que possa sofrer toda a força da nossa raiva e do nosso ultraje. E, quando nos encontramos nesse estado, julgamos todas as coisas em termos de bem ou mal, inclusive as pessoas. Então, nesse caso, podemos achar que elas são más por natureza.

– Mas, no budismo, não temos o conceito de maldade absoluta, como se ela fosse algo que pudesse existir separadamente, algo que não fosse causado ou afetado por outros fatores e que não pudesse ser mudado ou modificado por outras condições. A maldade "absoluta" apresenta uma ideia de permanência. Assim, não acreditamos que as pessoas sejam más, no sentido de que sua natureza intrínseca seja totalmente maldosa e elas não possam mudar porque essa é sua natureza fundamental e imutável.

– O que *temos* no budismo é o conceito de conduta maldosa, da pessoa que age de maneira maldosa, cometendo atos de maldade sob a influência de emoções negativas, de motivações nocivas etc. Mas enxergamos esse comportamento maldoso como resultado de certas causas e condições. Achamos que é possível explicar esse tipo de comportamento sem evocar forças metafísicas como a maldade.

– Resumidamente, se uma pessoa comete um ato destrutivo, *podemos* afirmar que o seu ato foi maldoso. Não há dúvidas quanto a isso. E devemos *sempre discordar radicalmente da sua atitude*. Devemos nos posicionar a esse respeito. E se a motivação dessa pessoa for o ódio, podemos afirmar que tanto a sua atitude como a sua motivação são maldosas, devido à sua natureza destrutiva. Mas isso não significa que *a pessoa* seja intrínseca e permanentemente "má", pois novas condições podem surgir e ela pode se comportar de maneira bondosa.

– Acho que sei aonde o senhor quer chegar – eu disse. – Mas se pensarmos que o ato criminoso resulta de uma variedade de causas e condições e que o perpetrador do ato se encontra sob a influência desses fatores, que são considerados os verdadeiros responsáveis pelo seu comportamento, não estaremos justificando a atitude dessas pessoas, eximindo-as de culpa? Parece que, quanto mais investigamos as causas e as condições que levam a determinado ato, mais "aliviamos a barra" dos perpetradores desse ato.

◆

158

A VIOLÊNCIA *VERSUS* O DIÁLOGO

– Novamente – insistiu –, só porque eu disse que as pessoas não são más por natureza e que a maldade é um estado relativo que depende de outros fatores, isso não significa que elas tenham o direito de cometer maldades. Só porque eu disse que a motivação e o comportamento das pessoas podem mudar com o tempo, isso não significa que eu esteja justificando as suas atitudes, eximindo-as de culpa.

– Quer culpemos as circunstâncias, quer culpemos a maldade inerente, o fato é que somos capazes de fazer esse tipo de coisa. Ao longo da história, os seres humanos têm oprimido e ferido uns aos outros. De fato, o senhor disse que a sua segunda resposta ao 11 de setembro foi pensar no "potencial destrutivo dos seres humanos". E há muitos exemplos de atos de destruição inimagináveis, como o holocausto! Não sei, mas acho que essas claras manifestações do nosso potencial destrutivo, da nossa capacidade para infligir dano e sofrimento às outras pessoas deveriam nos fazer refletir sobre o lado negro da natureza humana.

Com um leve aceno de cabeça, ele respondeu:

– É verdade, quando pensamos em tragédias como o holocausto, podemos perder a fé no ser humano. Jamais me esquecerei da minha primeira viagem a Auschwitz. Vi muitas coisas que causaram profundo impacto em mim. Uma delas foi uma enorme montanha de sapatos, os sapatos das vítimas. Fiquei horrorizado e triste quando vi sapatos pequenos, sapatos de criança! Senti pena daquelas crianças inocentes. Nem mesmo sabiam o que estava acontecendo. Pensei: "Quem seria capaz de fazer uma coisa dessas?" Então rezei.

◆

159

As suas últimas palavras foram pronunciadas de maneira suave e, quando se perderam no silêncio, o seu semblante sombrio me fez parar por um momento. O Dalai-Lama não acreditava na noção de maldade absoluta. Parecia não sentir necessidade de culpar Hitler e os seus capangas pelo holocausto, dirigindo-lhes toda a força da sua raiva e do seu ultraje moral. Mas, quando ele falava de experiências como a sua visita a Auschwitz, era possível sentir no seu tom de voz e nos seus gestos quanto aquilo o afetava e o ultrajava moralmente. Ele não ignorava os horrores dessas tragédias; sabia que os seres humanos eram capazes de fazer coisas terríveis uns com os outros. Ainda assim, conhecendo a nossa capacidade para o mal, continuava acreditando na nossa bondade imanente.

Continuando a nossa conversa, falei:

– Mas, Vossa Santidade, quando pensamos no holocausto e em tragédias menores, confirmarmos a presença da maldade neste mundo e contestamos a visão de que a natureza humana é essencialmente boa.

– Acho que é errado inferir que esses eventos representam a natureza básica dos seres humanos, como se algo nos compelisse a agir dessa maneira. Situações como essa não são a regra, não representam a vida cotidiana. Na ética budista, por exemplo, temos uma lista do que chamamos de "crimes hediondos". Entre eles, estão o assassinato de pai e de mãe, a criação de divisões no seio da comunidade etc. Mas só porque esse tipo de coisa existe, isso não significa que os seres humanos sejam incapazes de adotar uma conduta moral em suas vidas.

– É verdade, mas...

A VIOLÊNCIA *VERSUS* O DIÁLOGO

– Howard – ele prosseguiu –, lembre-se de que a nossa intenção é encontrar um modo de agir baseado no reconhecimento da bondade fundamental da natureza humana, de modo que possamos adotar uma conduta que condiga com as nossas crenças. Esse é o nosso propósito, o nosso objetivo. É por isso que tentamos educar a humanidade. Queremos promover a ideia de que a natureza fundamental dos seres humanos é positiva, para que possamos elevar o nosso espírito comunitário, a nossa preocupação com os outros. Não se trata nem de religião nem de filosofia, trata-se do nosso futuro...

Enquanto o Dalai-Lama dizia isso, uma espécie de infinita compaixão brotava do seu tom de voz, como se ele pudesse enxergar com clareza e enorme tristeza o terrível sofrimento que os seres humanos causavam uns aos outros, como resultado da ignorância – ignorância da sua própria natureza, algo que os cegava para a sua bondade e para a sua gentileza imanentes, obrigando-os a viver na escuridão e no medo, cheios de desconfiança e ódio.

Mas a compaixão do Dalai-Lama não parecia ser nem sentimental nem fatalista. Parecia ser constituída por uma vontade de educar os outros para que atingissem seu máximo potencial, para que enxergassem sua verdadeira natureza, para que vissem tal como ele os via, como indivíduos fundamentalmente bons e decentes. E, assim, ele deu início a uma breve revisão dos principais argumentos que utilizara anos antes, apresentando argumentos sensatos e elaborados em favor de sua visão da natureza humana, baseando-se tanto no conceito budista da natureza do Buda quanto na biologia*. Primeiro, ressaltou os benefícios à saúde física e emocional que resultam da compaixão e do carinho pelo próximo e os malefícios causados pelos efeitos destrutivos da hostilidade e da agressividade, como doenças cardiovasculares. Em seguida, apelou ao bom-senso e à razão, perguntando: que "natureza" é mais benéfica para o corpo e para a mente do ser humano: a agressiva ou a pacífica? Notei que ele usava exemplos mais elaborados do que da última vez, e que dominava melhor o ponto de vista científico, dizendo coisas como: "Segundo a medicina, um dos fatores mais importantes para o desenvolvimento físico do cérebro, durante as primeiras semanas de vida do bebê, é o contato físico com a mãe ou com uma figura materna." Apesar da natureza racional dos seus argumentos, sua postura estava longe de ser a de um antropólogo desinteressado ou a de um biólogo frio. Pelo contrário, ele falava com carinho e preocupação, como se vidas dependessem disso.

Embora o Dalai-Lama fosse profundamente otimista com relação à natureza humana, o seu otimismo não era um sentimento cego. Como sempre, temperando as suas opiniões com a razão e o bom-senso, ele concluiu:

– É claro que a bondade inerente ao ser humano não o impede de agir de maneira destrutiva, como vimos no 11

---

* Na filosofia budista, a "natureza do Buda" refere-se a uma natureza da mente que é oculta, essencial e extremamente sutil. Esse estado da mente, que existe em todos os seres humanos, é totalmente imaculado por emoções ou pensamentos negativos. A natureza do Buda, às vezes chamada de "a luz clara e original da mente", é o que dá aos seres humanos o potencial para a iluminação.

◆

162

A VIOLÊNCIA *VERSUS* O DIÁLOGO

de setembro. Não podemos esperar que todos os seres humanos sigam os princípios que refletem a sua natureza básica. Afinal de contas, nem mesmo os nossos grandes professores espirituais conseguiram colocar a humanidade inteiramente no caminho do bem. O Buda falhou, Jesus Cristo falhou. Mas dizer que só porque todos os grandes mestres do passado falharam nós também falharemos, dizer que não adianta tentar... Esta me parece uma abordagem tola. Temos de fazer o que for possível.

REAVALIANDO A NOSSA NATUREZA FUNDAMENTAL

Nas últimas décadas, parece que ocorreu uma revolução na comunidade científica no que diz respeito à eterna questão da natureza humana: somos por natureza agressivos e violentos, ou bondosos e gentis? Por muitos séculos, prevaleceu a visão sombria de que os seres humanos eram naturalmente agressivos, egoístas e territoriais – ideias que foram semeadas por muitos pensadores, desde filósofos, como Thomas Hobbes e George Santayanna, até etnólogos, como Robert Ardrey e Konrad Lorenz. No entanto, nos últimos anos, um número cada vez maior de cientistas tem abandonado essa visão pessimista. Oposta à visão tradicional da natureza humana, que considera que somos agressivos e violentos, está a visão do Dalai-Lama, que diz que somos caracterizados por estados positivos de bondade, carinho, compaixão e gentileza.

A crescente aceitação da ideia do Dalai-Lama coloca a maioria dos pensadores e dos pesquisadores num ponto intermediário entre os dois polos. Cada vez mais especialistas chegam à conclusão de que, embora o cérebro humano possua uma aparelhagem neutra que nos permite agir com violência, nada há na nossa neurofisiologia que nos obrigue a agir dessa maneira. A enorme quantidade de pesquisas realizadas nos últimos anos contribuiu para o surgimento de dados que contestam a imanência da nossa natureza violenta e que sugerem que, embora tenhamos o potencial para exibir traços positivos ou negativos, os traços que, no fim, acabam sendo expressos pelo nosso comportamento – quer sejam atos de bondade ou de violência – dependem em larga medida do nosso treinamento, do nosso condicionamento e das circunstâncias.

É claro que, embora muitos concordem com o Dalai-Lama, a questão da natureza humana está longe de ser um consenso entre os cientistas modernos, e a visão de que somos agressivos continua enraizada no pensamento popular. Então, qual é a verdade?

Neste caso, a busca da verdade revela um cenário sombrio, talvez até desanimador. Os fatos são incontestáveis. Só no último século, ocorreram duas guerras mundiais; na primeira metade do século, tivemos o holocausto; no final do século, tivemos eventos como o genocídio de Ruanda. Parece que não aprendemos nada. Além do mais, a violência pode se manifestar de muitas maneiras que não incluem a guerra. A violência doméstica é a principal causadora de lesões nas mulheres. Milhares de pessoas são estupradas, assassinadas e roubadas todos os dias. Em muitos países, o crime é uma questão epidêmica. Apenas vinte anos depois da Primeira Guerra Mundial, "a guerra que

A VIOLÊNCIA *VERSUS* O DIÁLOGO

acabaria com todas as guerras", o mundo tornou-se palco de um conflito de proporções globais. O número de óbitos na Segunda Guerra: 72 milhões de mortos, entre soldados e civis.

Após a derrota do Eixo, eclodiu um sentimento genuíno de otimismo. O mundo tinha a chance de começar do zero novamente, de resolver as suas disputas por meio de alianças e de organizações como as Nações Unidas. Essa era a esperança. Mas qual foi a realidade? Cinquenta anos após o término da Segunda Guerra, um estudo publicado no *site* oficial da Otan revelou que, nesse intervalo de cinco décadas, ocorreram 150 conflitos armados, nos quais morreram de 25 milhões a 30 milhões de pessoas, sem mencionar as mortes causadas pela inanição, pelas doenças e por outros "efeitos colaterais" dos conflitos. Quantos dias ficaram sem guerra nesse período de cinquenta anos? Quantos dias de paz na Terra? VINTE E SEIS DIAS!!!

Diante dos "fatos", como podemos não acreditar que os seres humanos são essencialmente agressivos?

Felizmente, há uma resposta para isso.

Se seguirmos as recomendações tradicionais do Dalai-Lama, se analisarmos o comportamento humano de maneira mais ampla e compreensiva, se identificarmos os eventos que podem contribuir para determinada situação, se estudarmos os índices de comportamento agressivo da nossa espécie ao longo da história, encontraremos fatos diferentes, que dão ensejo a uma imagem diferente da humanidade. Segundo os pesquisadores, durante a era das sociedades caçadoras-coletoras, *30 por cento da população masculina foi assassinada de maneira violenta*. E qual foi

A ARTE DA FELICIDADE EM UM MUNDO CONTURBADO

o percentual de mortes violentas no século passado, com as suas guerras, os seus genocídios e as suas constantes batalhas? *Menos de um por cento*. E, com o advento do novo século e do novo milênio, esse número caiu ainda mais. Ao procurar fatos que comprovassem essa tendência, o psicólogo e escritor Steven Pinker observou que, mesmo nas piores vizinhanças, o índice de assassinatos de hoje chega a ser *vinte vezes menor* do que o das sociedades primitivas.

Ao longo de milhares de anos, sucederam-se ciclos de aumento e redução dos índices de agressividade e de violência. Mas os dados apontam para uma direção bastante clara: a violência e o assassinato estão diminuindo aos poucos, deixando-nos realmente esperançosos de que o Dalai--Lama esteja certo sobre o que pensa da natureza humana.

Não é preciso comparar as sociedades ocidentais modernas com os povos pré-históricos para chegar a estatísticas que comprovem o domínio da gentileza sobre a crueldade. Em 2004, por exemplo, uma pesquisa realizada pelo Centro de Pesquisas de Opiniões Nacionais mostrou que os cidadãos norte-americanos adultos realizam, em média, 109 atos de altruísmo por ano. Se multiplicarmos esse número pela população de adultos que existia na época da pesquisa, veremos que nada menos do que 23.980.000.000 de atos de altruísmo foram praticados nos Estados Unidos só no ano da pesquisa! Nesse mesmo ano, o FBI relatou a ocorrência de 1.367.009 crimes violentos em todo o país. Um simples cálculo revela uma estatística animadora: para cada ato de violência no país, há cerca de 17.540 atos de altruísmo!

◆

166

A VIOLÊNCIA *VERSUS* O DIÁLOGO

Se compararmos essa estatística positiva com a visão amplamente difundida em nossa sociedade segundo a qual a natureza humana é egoísta e agressiva, chegaremos à conclusão de que a maioria de nós tem uma visão errada sobre a natureza humana. Por exemplo, segundo dados do FBI, de 1990 a 1998, o índice de assassinatos no país caiu 32,9 por cento. Durante esse período, a cobertura de casos de homicídio por parte da mídia *cresceu* 473 por cento! Isso não foi um acidente. A teoria evolutiva explica por que preferimos histórias de violência a histórias de gentileza no noticiário. Dissemos anteriormente que o cérebro humano se desenvolveu com o intuito de sondar o ambiente à procura de ameaças à nossa sobrevivência, o que resultou na formação de um cérebro catastrófico, ótimo para detectar o que está *errado*, mas péssimo para detectar o que está *certo*. Uma vez que a nossa atenção e o nosso interesse estão naturalmente voltados para os atos de violência, é improvável que os noticiários de tevê comecem a adotar uma nova política de programação, de modo que representem a natureza humana com maior fidelidade, apresentando 17.540 histórias de altruísmo para cada história de violência.

Cabe a nós investigar e observar o mundo à procura de provas da bondade humana e do lado positivo dos seres humanos. Uma das provas mais eficientes e persuasivas é o impressionante estudo realizado logo após o fim da Segunda Guerra. Os alarmantes 70 milhões de óbitos resultaram de diferentes maneiras de morrer: bombardeios, torpedos, minas terrestres, campos de extermínio e outros "efeitos colaterais" da guerra, como a fome. Mas, entre

A ARTE DA FELICIDADE EM UM MUNDO CONTURBADO

todas as maneiras de morrer, talvez a que mais evidencie a agressividade inerente aos seres humanos seja a morte em batalha, na qual soldados matam soldados rivais. Essa é uma das poucas situações nas quais o assassinato é permitido por lei, nas quais o comportamento violento e agressivo não apenas é tolerado, como também incentivado, em condições criadas para isentar o soldado de culpa. Além do mais, em muitos casos, a própria sobrevivência do soldado está em jogo.

Após o fim da Segunda Guerra, o general de brigadas S. L. A. Marshall, historiador do exército dos Estados Unidos, conduziu um experimento. Pela primeira vez na história das guerras, ele investigou sistematicamente os disparos feitos pelos soldados nos campos de batalha. Os resultados foram impressionantes. *Constatou-se que apenas 20 por cento dos soldados eram capazes de atirar contra os inimigos!* Os números foram verificados repetidas vezes, revelando resultados consistentes. Esse fenômeno não podia ser atribuído à covardia dos soldados, uma vez que eles permaneciam no campo de batalha, dispostos a arriscar as suas vidas para salvar os seus companheiros. Não faltavam exemplos de bravura da parte deles. Era desconcertante. Após uma profunda investigação do fenômeno, chegou-se à conclusão de que *os seres humanos são naturalmente avessos ao assassinato, mesmo quando correm perigo*. Por infelicidade, a descoberta levou os militares a procurarem maneiras de condicionar os soldados a matar os inimigos, e o índice de disparos nas guerras da Coreia e do Vietnã subiram rapidamente. Mas os achados originais comprovam a visão do Dalai-Lama de que a humanidade é bene-

A VIOLÊNCIA *VERSUS* O DIÁLOGO

volente, mostrando que a bondade prevalece sobre a matança, e a gentileza, sobre a violência.

Se quisermos chegar à verdade sobre a natureza humana, creio que devemos estudar as opiniões de um homem considerado por muitos o cientista que mais influenciou o pensamento moderno sobre esse assunto: Charles Darwin. Suas teorias sobre a evolução, a seleção natural e a "sobrevivência do mais apto" revolucionaram a maneira como pensamos o ser humano. Muitas pessoas têm apenas um vago entendimento dos conceitos de Darwin. As noções de seleção natural e de sobrevivência do mais apto levaram à crença geral de que as forças evolutivas selecionam apenas os seres humanos mais agressivos, fortes, violentos e territoriais, na medida em que essas características lhes permitem lutar pelos recursos escassos, sobreviver e passar os seus genes à geração seguinte.

Essa noção está longe de ser verdadeira. Ao escrever sobre os seres humanos e a sua evolução em *Descent of Man* [*A descendência do homem*], Darwin diz que os nossos sentimentos mais fortes, os atributos que estão no *cerne* da natureza humana, são os instintos sociais, a compaixão, a preocupação com os outros, e a alegria gerada pelo bem-estar coletivo, as mesmas características fundamentais identificadas pelo Dalai-Lama! A opinião de Charles Darwin sobre a natureza humana teve origem na sua rica e detalhada observação das outras espécies, dos outros povos e até mesmo dos seus dez filhos. Recentemente, figuras proeminentes no campo do pensamento evolutivo têm se voltado para as observações originais de Darwin, dirigindo um novo olhar para certas características humanas, como o

A ARTE DA FELICIDADE EM UM MUNDO CONTURBADO

cuidado materno. Como resultado, esses cientistas estão reformulando a sua visão sobre a natureza humana, aproximando-a da visão do Dalai-Lama.

É possível que a nossa visão sobre o caráter da natureza humana seja simples questão de escolha – ou focamos na nossa história de violência e agressividade, ou focamos nas provas da nossa bondade e benevolência imanentes. Essa escolha não é apenas um exercício intelectual, uma questão filosófica. Ela é de suma importância e tem amplas consequências no nível tanto individual quanto social. No nível social, por exemplo, a questão da natureza humana atinge o cerne das nossas discussões anteriores sobre o espírito comunitário e a preocupação com os outros. A crença do Dalai--Lama de que podemos formar laços interpessoais com os membros da comunidade baseia-se na ideia de que a natureza humana é fundamentalmente positiva.

Nossa percepção da natureza humana também tem consequências importantes no nível individual. Em última análise, o nosso objetivo é encontrar a felicidade em um mundo conturbado, e os fatos mostram que a nossa percepção do mundo pode afetar a nossa felicidade. Numa pesquisa feita com mais de 11 mil norte-americanos, o professor de sociologia da Universidade de Emory, Abbot Ferris, descobriu o que poderíamos adivinhar intuitivamente: o julgamento que fazemos do mundo e da natureza humana em termos de bom ou mal pode afetar os nossos níveis gerais de felicidade. Ferris chegou à conclusão de que as pessoas mais sensíveis à maldade eram mais infelizes do que aquelas que acreditavam na bondade imanente do mundo e dos seres humanos.

◆

A VIOLÊNCIA *VERSUS* O DIÁLOGO

Articulando essas questões profundas, o Dalai-Lama disse:

– A visão que temos da natureza humana pode determinar se o mundo no qual vivemos está cheio de seres humanos que nos parecem hostis, violentos e perigosos, ou se está cheio de seres humanos que nos parecem bondosos, prestativos e gentis. Uma profunda conscientização da natureza gentil dos seres humanos pode nos dar esperança e coragem. E, no nível individual, essa atitude pode ajudar a alimentar um maior sentimento de bem-estar e de ligação com os outros.

"Ainda que os fatos objetivos, históricos e científicos sejam incapazes de comprovar definitivamente a verdade sobre uma ou outra visão", concluiu, "do ponto de vista prático continua sendo mais proveitoso abraçar uma visão positiva da natureza humana. Afinal de contas, nós, seres humanos, tendemos a materializar aquilo em que acreditamos, como uma profecia que satisfaz a si mesma."

Capítulo 7

AS CAUSAS DA VIOLÊNCIA

Embora eu e o Dalai-Lama tivéssemos abordado uma variedade de assuntos, havia uma questão que permeava todas as nossas conversas: a busca da felicidade em um mundo conturbado. Assim, quando examinamos os múltiplos fatores que, historicamente, tinham prejudicado a nossa felicidade e causado sofrimento e desgraça, a violência figurou entre eles.

Com o intuito de me aprofundar na investigação da violência, falei:

– Vossa Santidade, quando discutimos as causas dos atos de maldade e de violência na sociedade, o senhor

A VIOLÊNCIA *VERSUS* O DIÁLOGO

disse que não podíamos atribuir esses atos apenas à natureza maldosa do perpetrador e...

– É verdade – interrompeu-me o Dalai-Lama. – Se quisermos chegar à raiz do problema, teremos de fazer mais do que simplesmente culpar uma pessoa ou grupo de pessoas; teremos de chegar às causas mais profundas dos atos de violência. Para superar a violência, é preciso entender as suas causas.

– Ótimo, façamos isso. Sabe quais são as causas da violência em geral?

– Essa é uma questão complexa – respondeu o Dalai-Lama com um suspiro. – Há muitas causas e fatores que podem levar à violência e ao conflito. Não podemos simplesmente escolher um ou dois fatores e dizer: "Eis a causa." No budismo, acreditamos que o mundo é interdependente e multifacetado. Assim, dado um evento ou uma crise qualquer, há muitos fatores que podem contribuir para o problema, em muitos níveis. Cada situação apresenta circunstâncias específicas que podem contribuir para o problema.

– O senhor pode enumerar alguns desses "níveis" e algumas dessas causas? – perguntei. E, então, tentando evitar outra resposta vaga de Sua Santidade, e esperando obter uma resposta mais concreta, acrescentei. – O senhor pode usar o exemplo dos ataques de 11 de setembro para ilustrar o caso.

– Estamos falando de problemas humanos, de conflitos e de atos de violência que foram gerados por seres humanos. Portanto, a raiz desses problemas está nas emoções e nos modos de pensar dos seres humanos: a raiva, o

♦

173

ódio, a ganância, a ignorância. Além disso, existem distorções de pensamento associadas a essas emoções. E, assim, chegamos a um dos níveis, *o nível dos fatores internos*. Ele está relacionado com a motivação interna da pessoa. No caso dos atentados de 11 de setembro, a motivação dos terroristas parece ter sido o ódio. Mas, em outro nível, pode haver *fatores culturais* mais amplos, como os valores que são disseminados na sociedade. Neste caso específico, acredito que as crenças religiosas também desempenharam importante papel. E, deste modo, chegamos a outro nível...

Ele parou para refletir por um momento, o que era bastante normal, haja vista o escopo da questão. Depois prosseguiu:

– Sabe de uma coisa? Quando se trata das causas do ódio e da violência, creio que o condicionamento também desempenha importante papel. Ele pode ser atribuído em vários níveis...

– Níveis?

– É, níveis – falou. – Por exemplo, em um nível mais amplo, o condicionamento pode ser atribuído aos valores promovidos pela sociedade, pelos líderes, pela mídia, pelo sistema de ensino. E, é claro, ele também pode ser atribuído à família, e assim por diante.

– Somos influenciados por vasta gama de fatores que compõem o nosso ambiente social. Esses terroristas, por exemplo, não agiram apenas por motivos pessoais. Eles foram criados em comunidades que cultivavam um longo e profundo ressentimento contra os Estados Unidos e o Ocidente. Talvez os culpassem pela exploração de outras partes do mundo. Talvez julgassem ter desavenças legíti-

A VIOLÊNCIA *VERSUS* O DIÁLOGO

mas, mas não tivessem a quem recorrer. E, assim, o ressentimento se transformou em ódio.

– Sem dúvida, a pessoa também pode ser influenciada por outros membros do grupo, de modo que as *circunstâncias situacionais* constituem outro nível. E, além disso, a violência pode ter raízes históricas. No caso dos terroristas, embora a sua motivação tenha sido o ódio, as raízes desse ódio podem ter se originado no passado, séculos atrás.

– Desse modo – concluiu –, se adotarmos um ponto de vista mais amplo, perceberemos que existem muitos fatores que contribuem para os atos de terrorismo.

Famílias em todo o Oriente Médio se reúnem para assistir à tevê, com um balde de pipoca nas mãos...

Hoje à noite, na televisão da Arábia Saudita, será exibido um programa de entrevistas. A apresentadora é uma mulher atraente e bem-vestida, a cabeça coberta com o tradicional *hijab*. Falando em árabe com o "sotaque" frio e comedido dos apresentadores de noticiário, ela discorre sobre a importância da educação infantil e informa aos telespectadores que o programa de hoje será diferente: sua entrevistada será uma menina de 3 anos e meio.

– Que Deus possa dar aos nossos filhos a mesma educação que recebemos dos nossos pais! Que a geração seguinte seja formada por verdadeiros muçulmanos e conheça os seus inimigos! – diz a apresentadora. Em seguida, anuncia a sua convidada, uma menina chamada Basmallah, que tem o rosto de um anjo e está vestida com uma camisa pregueada branca e um casaco quadriculado branco e

◆

175

rosa, a cabeça coberta com o tradicional *hijab*... É uma menina linda, a própria imagem da meiguice e da candura.

Depois de perguntar o nome e a idade da criança, a apresentadora vai direto ao ponto.

– Sabe quem são os judeus? – pergunta.

– Sei – diz Basmallah, com o tom de voz agudo e a determinação encantadora de uma criança.

– Gosta deles?

– Não! – diz Basmallah, enfaticamente.

– Por que não? – provoca a apresentadora.

– Porque são porcos, chimpanzés – diz ela, com um tom de voz confiante, como se fosse uma zoóloga-mirim e estivesse descrevendo animais de uma espécie estranha.

A apresentadora sorri e meneia a cabeça, num gesto de aprovação. Então pergunta:

– Quem disse isso?

– Nosso Deus!

– Onde?

– No Alcorão.

– Isso mesmo! – exclama a apresentadora, encantada com a sabedoria da menina. – Ele o disse no Alcorão!

E dá prosseguimento à entrevista:

– Basmallah, o que os judeus fizeram?

Nesse momento, a menina fica um pouco confusa.

– Como? – pergunta.

A apresentadora repete:

– O que eles fizeram?

Um claro esgar de incerteza toma conta do semblante da menina, que responde:

– A PepsiCo!

◆

A VIOLÊNCIA *VERSUS* O DIÁLOGO

A apresentadora parece ficar meio embaraçada, mas diz aos telespectadores:

– Ah, sim, ela está sabendo do boicote! – E continua a pressionar a menina. – O que os judeus fizeram ao nosso profeta Maomé?

A menina dá outro chute.

– Ele matou alguém!

Mais uma vez, a apresentadora tenta contornar a resposta errada, dizendo:

– É claro, o nosso profeta Maomé é forte, poderia matá-los (os judeus)!

E torna a lhe perguntar sobre as coisas ruins que os judeus praticaram, até que a menina, enfim, acerta o alvo e, incentivada pela apresentadora, diz o que os judeus fizeram. Conta a história de uma mulher "judeia" que envenenou a comida do profeta e encerra sua fala com as seguintes palavras:

– E ele disse aos seus companheiros: "Vou *matar* essa mulher..."

No fim da entrevista, a apresentadora conclui:

– Não poderíamos desejar uma menina mais devota!... A próxima geração de crianças deve ser composta por muçulmanos de verdade!

Esse caso real é um exemplo trágico da questão levantada pelo Dalai-Lama de que o condicionamento pode contribuir para o ódio e a violência. Não é difícil imaginar Basmallah aos 7 anos, com uma bomba amarrada ao peito, cheia de pregos e parafusos enferrujados, caminhando em direção a uma escola em Israel ou talvez nos Estados Unidos, um sorriso exultante no rosto e a imagem do Paraíso

◆

177

A ARTE DA FELICIDADE EM UM MUNDO CONTURBADO

no pensamento, explodindo junto a grande número de crianças judias – crianças que exibem a mesma inocência que um dia ela já exibiu, quando usou um casaco xadrez branco e rosa e foi exaltada em rede nacional por ser uma muçulmana devota.

O Dalai-Lama tem convicção de que os atos de violência e de maldade não são gerados por um punhado de pessoas violentas e maldosas por natureza. Reconhece que esses atos resultam de muitos fatores, em níveis diferentes, e a sua estratégia para superá-los começa com uma investigação minuciosa das causas a eles subjacentes. Essa ideia de que a maldade resulta de causas e condições identificáveis é aceita pela ciência moderna e pode ser comprovada pelas inúmeras pesquisas que foram realizadas nas últimas cinco ou seis décadas. De fato, uma série de experimentos seminais conduzidos na década de 1960 e idealizados por figuras lendárias da psicologia científica iniciou o que poderia ser chamado de a Era de Ouro das pesquisas científicas sobre "as causas e as condições" do comportamento perverso.

De certa forma, essa Era de Ouro teve início em 1961, com um evento que serviu como divisor de águas para a investigação científica moderna da maldade: o julgamento de Adolf Eichmann, um dos principais arquitetos do holocausto, a solução final de Hitler. Transmitido pela tevê, o julgamento levou os horrores do holocausto a inúmeros telespectadores ao redor do mundo, que desconheciam a extensão e a magnitude das atrocidades nazistas. O julgamento não apenas chocou o público em geral, como também fez muitos cientistas sociais se voltarem para o holo-

A VIOLÊNCIA *VERSUS* O DIÁLOGO

causto, a fim de responder à pergunta: como isso pôde acontecer? Parece não ter explicação!

Na época, um psicólogo social de Yale chamado Stanley Milgram grudou os olhos na tevê, junto com o resto do mundo, para ver Eichmann, agora um operário de meia-idade, sentado numa redoma de vidro à prova de balas, sendo julgado pelos crimes que cometera. Movimentando-se pouco, com exceção dos olhos inquietos e dos lábios finos encrespados num esgar de nojo, como se tivesse um gosto ruim na boca, Eichmann permaneceu sentado na sua redoma por dezesseis semanas. Às vezes parecia entediado, enquanto dezenas de vítimas descreviam as brutalidades e os horrores inimagináveis do holocausto. Durante grande parte do julgamento, ele pareceu ignorar a sucessão de vítimas que davam testemunho da dedicação e do esmero com que o réu conduzira o seu trabalho. Diante das acusações, ele simplesmente dava de ombros e dizia: "O que devo confessar? Eu estava cumprindo ordens."

Para muitas pessoas, um dos aspectos mais perturbadores do julgamento foi a aparência tranquila, serena e *comum* de Eichmann. Ele parecia um homem normal, sem grandes atrativos, a cabeça calva, o terno preto simples, a pele cinzenta, os óculos de tartaruga. Longe de parecer um monstro sádico de dimensões desproporcionais, uma anomalia da natureza, ele parecia um funcionário com pouca instrução, um burocrata, um homem de capacidade mediana. A teórica política e escritora Hannah Arendt, que estava cobrindo o julgamento, ficou tão impressionada com a aparência dele que o caracterizou como a personificação da "banalidade do mal".

◆

A ARTE DA FELICIDADE EM UM MUNDO CONTURBADO

Seguindo o julgamento de perto, Milgram ficou intrigado com a observação de Arendt e começou a refletir sobre a questão: será que a alegação de Eichman (de que ele "estava cumprindo ordens") explicaria o extermínio sistemático de 6 milhões de judeus?

Motivado pessoalmente pelo fato de ser judeu e profissionalmente pelo fato de ser cientista, Milgram saiu em busca de uma resposta para essa pergunta desconcertante, o que deu ensejo a um dos experimentos mais influentes, controversos e perturbadores do século XX.

Primeiro, um grupo de sujeitos de estudo foi dividido aleatoriamente nas funções de professor e de aprendiz, sob o pretexto de estar ajudando a ciência a descobrir novas maneiras de aprimorar a memória. Os aprendizes teriam de memorizar duas listas de palavras associadas, enquanto os professores ficariam encarregados de conduzir o teste. Na verdade, os aprendizes não tinham sido escolhidos ao acaso – eram "espiões", atores que trabalhavam secretamente para Milgram, o experimentador.

Os professores foram orientados a indicar verbalmente as respostas corretas e a dar um choque elétrico nos aprendizes que respondessem de maneira errada – começando com 15 volts. A cada resposta errada, a tensão seria acrescida de 15 volts, até chegar a 450 volts, no máximo. O painel de controle da impressionante máquina de choques elétricos possuía trinta interruptores rotulados desde CHOQUE LEVE até PERIGO: CHOQUE SEVERO – e, por fim, aos 435 e 450 volts, os rótulos marcavam XXX.

O professor via o aprendiz ser levado para um quarto adjacente, onde ele era amarrado a uma "cadeira elétrica"

◆

180

A VIOLÊNCIA *VERSUS* O DIÁLOGO

e conectado a um "gerador de choques elétricos". Antes de começar, o professor recebia um desagradável "choque leve" de 45 volts, para sentir na pele como era o castigo. Em seguida, professor e experimentador dirigiam-se ao cômodo adjacente, onde podiam se comunicar verbalmente com o aprendiz, por meio de um sistema de intercomunicação, mas não podiam vê-lo.

O "aprendiz" respondia às primeiras perguntas corretamente, então começava a cometer erros. Depois que a voltagem era aumentada algumas vezes, ele começava a se queixar dos choques. (É claro que todas as falas do aprendiz faziam parte de um roteiro e ele não recebia choques de verdade.) À medida que os choques iam ficando mais fortes, a reação do aprendiz se intensificava: começava com um gemido ou murmúrio, então se transformava em socos enlouquecidos na parede, em clamores de *"Não aguento mais! Deixe-me sair daqui!"* e em queixas de problemas cardíacos. Na casa dos 300 volts, ele começava a bater com força na parede, recusando-se a responder às perguntas e exigindo o fim do experimento. O experimentador simplesmente lembrava ao professor as regras: se o aprendiz se recusar a responder, isso contará como resposta errada – seria preciso continuar. Depois disso, as únicas respostas eram gritos de dor. Nos 375 volts, ouvia-se um último grito, seguido de murros desesperados na parede, e, então, todas as respostas cessavam – e só havia o silêncio. Mas o silêncio era visto como uma resposta errada, e o professor era instruído a continuar até chegar aos 450 volts.

Se o professor dizia que queria terminar o experimento, o experimentador lhe assegurava: "Assumirei todas as responsabilidades." Em seguida, lembrava-o do seu compromisso de ajudar na pesquisa e o "incitava" a aumentar a intensidade do choque, dizendo "Por favor, continue" ou, em casos mais extremos, "Você não tem escolha senão continuar!" Se o professor quisesse parar mesmo depois da "incitação", o experimento era interrompido. Caso contrário, continuava até ele ter aplicado três choques máximos de 450 volts no aprendiz.

Antes de iniciar o experimento, Milgram tinha realizado uma pesquisa entre alunos do último ano de psicologia de Yale e alguns colegas de profissão, pedindo-lhes que tentassem adivinhar quantos sujeitos do estudo chegariam aos 450 volts. Os alunos previram que cerca de um por cento dos participantes agiriam desse modo. Os psiquiatras, especialistas no comportamento humano, estimaram um décimo de um por cento – limitando esse tipo de atitude aos pessoas verdadeiramente sádicas, doentias e "perversas", como Eichmann.

As suas predições estavam erradas. *Dois terços dos professores continuaram o experimento até o fim!* Dois terços dos participantes – pessoas comuns, decentes – aplicaram o choque máximo nos outros "sujeitos do estudo", ouvindo os seus gritos agonizantes de dor, as suas queixas de problemas cardíacos e até mesmo um silêncio cortante, que poderia ser interpretado como a morte do aprendiz! E isso não foi um golpe de sorte: o experimento foi repetido inúmeras vezes, em vários países, e os índices de administração de choques "fatais" foram muito parecidos com os do estudo original de Milgram.

◆

A VIOLÊNCIA *VERSUS* O DIÁLOGO

O experimento fez que muitos pesquisadores enxergassem pela primeira vez as condições psicológicas responsáveis por atrocidades como as da Segunda Guerra. Mostrou que até mesmo pessoas decentes podiam ser levadas a cometer atos "perversos" de violência e crueldade. Os sujeitos do estudo não eram criminosos, sádicos e doentios. Como Milgram concluiu na época: *"Pessoas comuns, que estão simplesmente fazendo o seu trabalho e não apresentam nenhuma hostilidade contra outros grupos, podem se tornar agentes de terríveis processos destrutivos."*

Então, quais foram "as causas e as condições" que levaram os sujeitos do estudo a torturar os seus "colegas"? O que aconteceu? Por incrível que pareça, eles *não* perderam subitamente os seus valores morais e a sua responsabilidade – essas coisas foram apenas "sequestradas" por um tempo. Ou, mais precisamente, foram transferidas para a figura de autoridade. Milgram concluiu que a situação fazia que o experimentador fosse visto pelos sujeitos do estudo como uma "autoridade legítima", que representava o progresso e o avanço da ciência – algo indiscutivelmente bom. E essas circunstâncias davam ensejo a uma condição psicológica que fazia que eles *transferissem temporariamente o seu senso de responsabilidade pessoal para a figura de autoridade.* Preocupantemente, tudo o que foi preciso para legitimar essa "autoridade" foi um jaleco branco, uma prancheta e um comportamento frio, clínico.

Os sujeitos do estudo não se transformavam em pessoas insensíveis e desumanas de uma hora para outra. Todos eles experimentavam algum nível de desconforto. Muitas vezes exibiam fortes sinais de estresse, ansiedade e relutância. Mas, depois que eles transferiam o seu senso de responsabilidade moral para o experimentador, passavam a se enxergar como *meros agentes de uma figura de autoridade*. Psicologicamente, era como se fossem atores substitutos, prontos para representar o senso de moralidade e de responsabilidade do experimentador, e não o deles próprios.

O experimento de Milgram sobre a obediência foi tão inesperado e controverso que deu ensejo a uma onda de diferentes estudos e experimentos que começou na década de 1960, com o intuito de identificar as causas e as condições que levavam aos atos de violência e de maldade. Milgram e seus colegas identificaram muitas condições que poderiam afetar o comportamento da pessoa e a sua capacidade de aplicar choques. Por exemplo, ele descobriu que a presença de um modelo social positivo – outro "professor voluntário" (nesse caso, um ator disfarçado) que se rebelasse – diminuía a complacência dos sujeitos do estudo em 10 por cento. Por outro lado, quando os sujeitos do estudo eram introduzidos na equipe do experimentador, em 90 por cento dos casos eles instruíam os "professores" (novamente, atores) a aplicar o choque máximo.

Além da questão da obediência à figura de autoridade, os pesquisadores identificaram muitos fatores que também poderiam afetar a capacidade da pessoa de machucar outros seres humanos. Esses fatores poderiam estar relacionados com a natureza do ambiente, com o papel desempenhado pela pessoa em determinado contexto ou com a sua subordinação ao grupo.

◆

A VIOLÊNCIA *VERSUS* O DIÁLOGO

Hoje, quase cinquenta anos depois, a quantidade de pesquisas que mostram que as variantes situacionais podem alterar o pensamento e o comportamento dos indivíduos, dos grupos e das nações é impressionante. Quão impressionante? Ao documentar o nível de apoio científico dado a essa perspectiva, Susan T. Fiske, doutora pela Universidade de Princeton, revela: *"A influência das variantes situacionais sobre o comportamento humano foi comprovada em aproximadamente 25 mil experimentos, que envolveram 8 milhões de participantes."* Diante desse expressivo corpo de dados, os psicólogos sociais parecem concordar quase universalmente com a posição de Stanley Milgram, que conclui: *"A psicologia social deste século revela uma lição de grande importância: às vezes, não é o caráter do indivíduo, mas a situação na qual ele se encontra que determina o seu comportamento."*

Devido à abundância de pesquisas voltadas para a questão da autoridade, grande parte dos psicólogos sociais de hoje adota uma posição fortemente "contextual" para explicar a origem do comportamento perverso. Por outro lado, a ideia de que as "pessoas más" – pessoas maldosas por natureza – são as únicas responsáveis pelos atos de maldade continua enraizada no imaginário popular do Ocidente. Como disse o Dalai-Lama, quando ocorrem tragédias, tendemos a selecionar algumas pessoas para culpá-las integralmente pelo ocorrido. A ideia simplista de que as pessoas más são a "causa" da violência e da maldade, além de não nos ajudar a entender a natureza da violência e da maldade, também não nos ajuda a encontrar soluções reais para esses problemas. Essa visão é tão útil quanto a teoria

◆

que diz que existe um homúnculo diabólico que surge espontaneamente na cabeça das pessoas perversas e que lhes sugere ao ouvido toda espécie de maldade.

Embora não haja dúvidas quanto ao fato de que as circunstâncias situacionais podem afetar o nosso comportamento, a ideia de que a maldade é simplesmente o resultado de forças ou condições situacionais temporárias que se apoderam de pessoas normais constitui o outro extremo da discussão, representando uma compreensão limitada. As forças e as condições situacionais atuam em determinado nível. Mas, como salienta o Dalai-Lama, pode haver causas para a violência em outros níveis. Por exemplo, durante o holocausto, houve uma variação significativa na conduta "perversa" dos soldados alemães. É sabido que alguns guardas dos campos de concentração esmagavam bebês contra a parede na presença das mães, forçavam filhas a fazer sexo com o pai, forçavam mulheres a fazer sexo com cavalos, jogavam prisioneiros na latrina e os afogavam em fezes... Os horrores não têm limites. Mas nem todos os guardas cometeram atrocidades desse tipo. Esses atos vão muito além da simples obediência, muito além das forças situacionais que influenciam pessoas comuns, decentes.

Se quisermos chegar à verdadeira origem da maldade nesses casos, teremos de ir além das condições situacionais, teremos de levar em conta o nível pessoal, reconhecendo o importante papel desempenhado pelas *forças internas* no que diz respeito à motivação desses atos: o puro ódio. As pessoas não nascem com ódio, logo é possível que elas sejam influenciadas por *condições sociais mais amplas* – como o antissemitismo virulento do holocausto, que foi promovido por meio do condicionamento social, da propaganda e da educação, entre outras coisas.

Ao investigar as causas da violência em vários níveis, no entanto, o Dalai-Lama diz que, em primeiro lugar, no nível mais fundamental, suas raízes têm origem na mente humana, nas emoções destrutivas e nas distorções de pensamento que estão associadas a essas emoções. Esse será o tópico que discutiremos em seguida.

Capítulo 8

AS RAÍZES DA VIOLÊNCIA

AS NOSSAS EMOÇÕES E A
DISTORÇÃO DA REALIDADE

Uma vez que as guerras se iniciam nas mentes dos homens, é
nas mentes dos homens que devem ser construídas as defesas da paz.

— DA CONSTITUIÇÃO DA UNESCO.

—Vossa Santidade, discutimos a origem da violência
e chegamos à conclusão de que existem muitas
causas e condições em diferentes níveis. O senhor falou de
causas mais amplas, como o condicionamento social e, em

◆

188

A VIOLÊNCIA *VERSUS* O DIÁLOGO

outros níveis, mencionou fatores como as circunstâncias situacionais e a influência da comunidade e da família. Mas lembro que o senhor começou dizendo que as raízes da violência tinham origem na mente humana, nas emoções destrutivas e nas distorções de pensamento.

– É verdade – confirmou o Dalai-Lama.

– Então, agora, eu gostaria de discutir alguns fatores internos que podem desempenhar importante papel neste caso: as emoções e os modos de pensar.

– Ótimo. Talvez uma das coisas mais importantes que devemos reconhecer é que, na raiz de muitos dos conflitos e dos atos de violência humanos, encontram-se certos estados mentais destrutivos. Por exemplo, quando estamos sob a influência de emoções negativas como a raiva, o ódio, o medo, a indiferença e a cobiça, tendemos a criar projeções mentais e distorções de pensamento que nos impedem de compreender a verdadeira realidade da situação, o que pode gerar conflitos.

– No que diz respeito às emoções negativas, concordo que devemos investigá-las para chegar às raízes da violência – falei. – Afinal de contas, emoções como a raiva, o ódio e o medo estão no cerne da violência. O medo não é apenas um estado mental gerado pelos perigos e pelas incertezas do mundo de hoje, ele também é responsável por muitos atos de violência. A agressividade, por exemplo, é uma resposta ao medo.

– Mas não sei se concordo com a ideia de que não enxergamos a realidade de maneira clara nas situações de conflito – argumentei –, pois, muitas vezes, quando investigamos o conflito, percebemos que pelo menos um dos

◆

189

lados enxerga a realidade com clareza. Quero dizer, a 'realidade' corresponde basicamente aos fatos objetivos. E, em algumas situações, ambas as partes enxergam o conflito de maneira objetiva e reagem em função disso. Por exemplo, um terrorista explode a si mesmo e mata bebês e crianças ou, no nível pessoal, uma pessoa é agredida, roubada, traída etc. A vítima, nesse caso, pode reagir com violência, mas isso não impede que ela enxergue a realidade de maneira objetiva, pensando no que o outro fez e em quantas pessoas matou, esse tipo de coisa. Não vejo distorções de pensamento nesses casos. Em outras palavras, a realidade muitas vezes é feia, esta é que é a verdade.

– Howard, essas situações podem ser muito complexas. É por isso que, às vezes, é preferível investigar cada ocorrência em sua particularidade. O que você está dizendo pode ser verdade. Mas, no caso dos nossos exemplos, creio que é possível que a pessoa esteja enxergando apenas *parte* do panorama geral. Ainda que esteja diante de fatos verdadeiros ou precisos, se ela olhar apenas para um deles e ignorar o resto, ocorrerá uma espécie de distorção da realidade. Sempre haverá muitos níveis, muitos aspectos, muitas causas e muitas condições associados a determinado evento... E, se quisermos enxergar a realidade, teremos de levar em conta *todos* os fatos importantes.

– É verdade – admiti.

– Assim, se analisarmos essas situações conflituosas e violentas, perceberemos que as pessoas envolvidas no conflito não enxergam os problemas de maneira realista. Ocorre uma espécie de *estreitamento da visão*, como se a pessoa fosse obrigada a ver o problema por meio de um filtro mental. Além do mais, as emoções fortes levam ao pensamento irreal. Todas as emoções aflitivas ou destrutivas carregam o potencial para deturpar a realidade.

– A ligação entre as distorções de pensamento e as emoções destrutivas me faz lembrar a psicologia cognitiva, que se baseia nessa mesma premissa – observei. – Por exemplo, é sabido que certos pensamentos irracionais ou distorcidos podem levar à depressão. O senhor diz que as emoções destrutivas podem provocar distorções de pensamento e eu me pergunto: mas será que o inverso também é verdadeiro? Em outras palavras, será que as distorções de pensamento podem gerar problemas emocionais, como a raiva, o ódio, o medo, a cobiça, esse tipo de coisa?

– Ah, sim. Isso funciona das duas maneiras – disse. – Com efeito, o ódio e as demais emoções aflitivas são estados mentais que se originam de uma percepção equivocada da realidade...

– Por exemplo?

– Tive a oportunidade de testemunhar isso pessoalmente. Na década de 1970, viajei à União Soviética e constatei que até mesmo as pessoas comuns achavam que o Ocidente as odiava e que elas poderiam ser atacadas a qualquer momento! Como eu já tinha visitado alguns países ocidentais, sabia que isso não era verdade, era uma distorção da realidade. Mas a percepção de que o Ocidente era uma ameaça real fazia dele um objeto legítimo de ódio.

Algo em seu exemplo pareceu não surtir efeito em mim.

– Não sei, Vossa Santidade. Tenho a impressão de que o seu exemplo diz respeito ao medo e ao ódio que surgem de erros factuais, de crenças equivocadas a respeito da motivação e das intenções do Ocidente. Mas, agora, estamos dizendo que as emoções destrutivas e as distorções de pensamento geram violência. E sou levado a crer que, de alguma forma, o problema envolve questões mais profundas do que simples erros factuais e que as emoções aflitivas e as distorções de pensamento geram violência em um nível humano muito mais amplo e fundamental...

Assentindo com a cabeça, ele falou:

– É verdade. – E seguiu explicando analítica e metodicamente. – Uma coisa que nos diferencia dos outros animais é o fato de termos um extraordinário intelecto. Esse intelecto pode ser utilizado de maneira construtiva. Mas, em alguns casos, pode nos trazer problemas. Por exemplo, somos capazes de planejar o futuro melhor do que os outros animais. Além disso, possuímos uma memória altamente desenvolvida, que nos permite resgatar o passado distante. Mas, às vezes, em situações de conflito, vemos que as pessoas são motivadas por eventos que ocorreram no passado, séculos antes. Elas se recusam a enxergar a realidade do presente, prendendo-se a circunstâncias que deixaram de existir. Isso representa um tipo de distorção de pensamento, um estreitamento da percepção do indivíduo...

– De que maneira as emoções destrutivas provocam esse tipo de distorção de pensamento? – perguntei.

– O ódio é o principal fator responsável por esse tipo de situação. A raiva é um dos componentes do ódio, mas parece que existe outro componente, algo que nos prende a situações do passado, que são percebidas como injúrias. Isso cria uma espécie de ressentimento, um desejo de

◆

A VIOLÊNCIA *VERSUS* O DIÁLOGO

vingança. Costumo dizer que o ódio não nos deixa seguir em frente, prendendo-nos ao passado. Com efeito, uma das condições básicas para a reconciliação é a ausência do ódio.

Enquanto o Dalai-Lama discorria sobre o assunto, eu pensava na nossa infinita capacidade para guardar mágoas, que parecia não ter limites. Mais tarde, depois que voltei para os Estados Unidos, comecei a reparar que os extremistas muçulmanos, responsáveis por muitas das atrocidades do século XXI, apoiavam-se sistematicamente em eventos ocorridos séculos atrás para justificar o assassinato de civis. Foi então que percebi que os grupos terroristas evocavam os cruzados para incitar o ódio e a violência, utilizando o termo "cruzado" para se referir a todas as nações ocidentais e cristãs do mundo...

Muitos líderes muçulmanos se notabilizaram pelo uso do passado como ferramenta para alcançar os seus objetivos. Slobodan Milošević, por exemplo, o líder sérvio que foi acusado de genocídio e de crimes contra a humanidade, transformou-se numa potência política no seu país ao fazer algo que certamente incitaria o ódio dos sérvios contra as outras etnias. Ele foi até Kosovo para fazer um discurso inflamado no local onde os sérvios tinham sido derrotados pelos turcos otomanos, em 1389. Ao trazer à tona sentimentos de derrota e de opressão que estavam profundamente enraizados na cultura sérvia, fortaleceu a sua própria posição e, mais tarde, levou o povo a cometer atos que, de outra forma, teriam sido impraticáveis.

O Dalai-Lama diz que questões históricas podem desempenhar importante papel nos conflitos violentos, na

A ARTE DA FELICIDADE EM UM MUNDO CONTURBADO

medida em que evocam emoções destrutivas como o ódio e o medo – quando pelo menos uma das partes responde ao presente em função de desavenças passadas, de ameaças históricas e de condições que, agora, existem apenas no imaginário dos combatentes. Quando emoções destrutivas como o ódio e o medo fincam raízes numa sociedade, infiltrando-se no imaginário coletivo, o julgamento das pessoas é afetado, e elas tendem a tomar decisões em função de pensamentos distorcidos, exageros, mentiras, mostrando-se vulneráveis à propaganda manipuladora dos líderes governistas.

Neste capítulo, explicaremos que as emoções destrutivas causam mudanças não apenas na nossa maneira de pensar, como também no nosso corpo. Pesquisadores descobriram recentemente que hormônios como a epinefrina (adrenalina), que são secretados quando sentimos medo, podem nos proporcionar lembranças mais vívidas, mais intensas e mais carregadas de emoção. Isso faz sentido, pois o medo funciona como um alerta para as ameaças e os perigos e, do ponto de vista evolutivo, é interessante guardar lembranças fortes de coisas que constituem uma ameaça à pessoa. Mas, quando os medos engendrados pela guerra, pelo terrorismo, pelas atrocidades e até mesmo pelo genocídio se entranham no imaginário coletivo de uma sociedade, eles se tornam mais fortes e mais tenazes, e é por isso que os líderes têm facilidade para manipular o público evocando lembranças históricas; é por isso que Osama Bin Laden menciona os "cruzados"; é por isso que Slobodan Milošević vai ao local da Batalha de Kosovo para incitar o medo e o ódio contra as outras etnias.

◆

A VIOLÊNCIA *VERSUS* O DIÁLOGO

Assim, usando uma retórica nefasta para incitar o medo em função de acontecimentos históricos, os líderes fanáticos manipulam as pessoas, colocando-as no caminho da guerra, do terrorismo, do genocídio. Nenhuma vilania é impossível para aqueles que são coagidos pelo coquetel tóxico do medo, do ódio e do preconceito. Esse tipo de violência pode até se tornar parte de um ciclo infindável que se perpetua de geração em geração, no qual o medo gera agressividade e violência, e a violência gera mais medo, o que, por sua vez, gera mais violência.

Reconhecendo que, em última análise, teríamos de atacar as raízes da violência para eliminá-la completamente, prosseguimos a nossa discussão, rastreando o desenvolvimento da violência desde a sua origem na mente humana, nas emoções destrutivas e nas distorções de pensamento.

– Vossa Santidade, ao discutir as raízes da violência no nível interno, creio que é fácil entender como as emoções negativas podem gerar violência. Emoções como a raiva, o ódio e o medo, mas também a inveja e a ambição, podem resultar em atos de violência. Assim como existem muitas emoções que estão associadas à violência, também existem muitos tipos de distorção de pensamento. O senhor acabou de mencionar uma delas: o fato de os seres humanos focarem no passado, deixando de lado a realidade do presente e do futuro. Fico pensando se o senhor não poderia mencionar outras distorções de pensamento.

– Claro que posso – respondeu ele. – Agora, preste bastante atenção: *o estreitamento do ponto de vista, por exemplo, está associado ao fato de o indivíduo ser incapaz de enxergar a situação de maneira mais ampla e duradoura.*

◆

195

A ARTE DA FELICIDADE EM UM MUNDO CONTURBADO

Isso pode limitar a sua capacidade para encontrar a solução mais adequada para o problema. A tendência a enxergar as coisas em termos absolutos, em termos de preto e branco, que é característica do Ocidente, é algo que já discutimos antes. Essa tendência muitas vezes gera um ponto de vista inflexível, que cega o indivíduo para os pontos de convergência entre os lados conflitantes. Também pode gerar uma aversão à busca de interesses comuns nas situações de resolução de conflito em que se busque o diálogo.

Empolgado com a discussão dos vários tipos de distorção de pensamento, ele continuou:

– Acho que uma das manifestações mais perigosas desse tipo de estreitamento do ponto de vista é a tendência à simplificação e à generalização, que é especialmente comum em tempos de crise. Lembro que, certa vez, um repórter me perguntou se eu via os atentados de 11 de setembro como um choque de civilizações. Perguntei: "De que civilizações você está falando?" Ele disse que se referia à civilização ocidental cristã e à civilização muçulmana. Então eu disse: "De forma alguma! Não é assim que eu vejo o ocorrido!" Bin Laden é apenas um homem, uma pessoa de origem árabe. Ele é muçulmano, sim, mas isso não lhe dá o direito de falar por toda a civilização muçulmana. O que aconteceu no dia dos atentados foi resultado da ação, da motivação, do ressentimento e do ódio de um grupo de pessoas em particular. Não foi um choque de civilizações!

O Dalai-Lama possuía uma clareza mental e uma acuidade de raciocínio impecável, mas, infelizmente, pensei, sempre há aqueles que discordam: "Numa guerra entre civilizações", disse Osama Bin Laden, "nosso objetivo é uni-

A VIOLÊNCIA *VERSUS* O DIÁLOGO

ficar a nação muçulmana e enfrentar os cruzados cristãos...
Esta é uma guerra antiga."

O Dalai-Lama continuou:

– Acho que "choque de civilizações" é uma expressão
muito perigosa. Se começarmos a enxergar esses conflitos
como um choque de civilizações, passaremos a acreditar
que as civilizações estão fundamentalmente em conflito e
nos comportaremos de maneira consistente com essa visão,
o que impedirá nossa identificação com os outros grupos.

Exalando um suspiro, ele prosseguiu:

– Tendemos a simplificar e a generalizar as coisas.
Acho que uma das consequências mais importantes dessa
simplificação, como eu disse, é a distorção da realidade.
Nesse caso, a distorção traduz-se basicamente num exagero: o exagero da natureza e do escopo de determinado
acontecimento, por exemplo, mas também a perigosa tendência a exagerar nossas diferenças, em vez de atentarmos
para o que temos em comum.

– Isso acontece em toda parte. Aqui na Índia, por
exemplo, às vezes ocorrem episódios de violência numa
comunidade. Então alguns líderes hindus vêm a público,
mas não tentam resolver o problema, lidando especificamente com os responsáveis pelo ocorrido. Em vez disso,
proclamam: "Vejam o que os *muçulmanos* estão fazendo
com os *hindus!*" Ou então é um líder muçulmano que diz:
"Vejam o que os *hindus* estão fazendo *conosco!*" E, apelan-
do para esse tipo de exagero e de generalização, eles criam
uma espécie de tensão nas suas comunidades. Acho que
isso não é bom, é errado. Na verdade, é uma maneira de
manipular as pessoas.

◆

De repente, ele deu um sorriso.

– Isso me lembra uma história. Certa vez, uma senhora tibetana veio me visitar e me contou sobre a perseguição que lhe faziam os chineses. O que ela dizia era algo sério e trágico, mas, à medida que contava a história, seu tom de voz foi ficando cada vez mais exagerado, até que, por fim, ela exclamou: "Então fomos feitos prisioneiros e *morremos!*" – O Dalai-Lama começou a rir. – Veja se tem cabimento: ela estava ali, bem na minha frente, dizendo que tinha morrido!

A sua risada foi diminuindo aos poucos, e ele disse:

– Mas, falando sério, acho que existe outra circunstância na qual essa tendência para a simplificação e para a generalização pode ser bastante perigosa. Alguns líderes políticos ou religiosos gostam de usar rótulos simplistas como, "Esse grupo é mau" ou "Aquele grupo é mau", para incitar as pessoas contra os seus inimigos. Em alguns casos, o seu vocabulário é escolhido de maneira tendenciosa. Acho que essa tendência ao pensamento reducionista pode gerar muitos problemas.

– Tais como...?

– Se dissermos que determinada pessoa é maldosa e que a sua natureza é maldosa, isso significa que teremos de nos livrar dela para solucionar o problema. No budismo, somos adeptos da causalidade e atribuímos o comportamento negativo ou destrutivo das pessoas a causas e condições específicas. Sabemos que os atos de maldade são manifestações temporárias, o que gera um potencial para a mudança.

Ele continuou:

A VIOLÊNCIA *VERSUS* O DIÁLOGO

– Então, voltando à sua pergunta, consigo pensar em dois problemas que resultam desse tipo de atitude. Primeiro, quando dizemos que uma pessoa é má por natureza e explicamos o seu comportamento em função dessa premissa, isso impossibilita uma investigação mais profunda das verdadeiras causas do seu comportamento, e, assim, podemos fugir dos problemas reais. Quando isso acontece, não aprendemos a lidar com esse tipo de problema e acabamos repetindo os erros do passado. Esse é o preço. Quando dizemos que Hitler foi a força nefasta por trás da Segunda Guerra, por exemplo, ignoramos as outras causas, como o papel desempenhado pelo povo alemão e as condições políticas e culturais da sociedade alemã durante o governo nazista.

– O segundo problema – continuou o Dalai-Lama –, é que, quando rotulamos as pessoas como "más", tendemos a demonizá-las. *E, quando essa visão finca raízes, ocorre um processo de desumanização.* Passamos a enxergá-las como uma subespécie. Ora, se elas são vistas como uma subespécie, não há uma base comum. E, se não existe uma base comum, não existe empatia. *O resultado é que isso pode servir de justificativa para quaisquer atos de injustiça que sejam perpetrados contra elas, quaisquer horrores, quaisquer atrocidades, inclusive o genocídio.*

Balançou a cabeça negativamente, exalou um suspiro e acrescentou:

– Sabe, Howard, as emoções aflitivas e as distorções de pensamento podem gerar outros problemas além da violência. As distorções de pensamento, que restringem o pensamento e a percepção, podem se manifestar de muitas maneiras diferentes, causando tristeza e destruindo as bases para a nossa felicidade.

– Vossa Santidade, agora que já diagnosticamos o problema e identificamos as emoções destrutivas e os modos de pensar distorcidos como os principais causadores da violência, amanhã podemos começar a falar em cura, numa estratégia para eliminar as emoções destrutivas e os modos de pensar distorcidos e limitados.

– Está bem – disse o Dalai-Lama, com um sorriso caloroso. – Então até amanhã.

Embora tivéssemos investigado uma emoção crucial naquela semana – o medo –, levaria algum tempo até que pudéssemos retomar a discussão de uma cura para as emoções negativas e para os modos de pensar distorcidos e limitados, que tanto podiam ser a causa quanto a consequência das emoções negativas.

O Dalai-Lama diz que a violência é gerada pelas emoções destrutivas, que produzem distorções na nossa percepção da realidade. Com o intuito de esclarecer como as emoções negativas e as distorções de pensamento geram a violência, relembraremos brevemente o que são as emoções, qual é a sua função e por que elas estão associadas a distorções de pensamento. Antes de tudo, embora chamemos algumas emoções de negativas ou destrutivas, cabe ressaltar que todas as emoções humanas evoluíram por motivos construtivos. Do ponto de vista da evolução, todas surgiram para nos ajudar a sobreviver e a nos reproduzir. Todas evoluíram para que pudéssemos lidar rapidamente com eventos essenciais para a nossa vida. A palavra "emoção" é formada por um radical latino que expressa a ideia de "movimento", e as emoções, em geral, são mecanismos altamente eficientes que nos alertam contra os perigos e nos colocam no caminho do bem-estar e da sobrevivência. As emoções "destrutivas", em sua maioria, surgiram para nos ajudar a responder rapidamente às situações de perigo, aumentando as nossas chances de sobrevivência. Elas sinalizam que algo "ruim" aconteceu ou está prestes a acontecer e apontam o que deve ser feito. Na realidade, elas *gritam* o que deve ser feito. As emoções também desempenham outros papéis relevantes, sobretudo para a comunicação, ajudando-nos a transmitir os nossos sentimentos internos por meio das expressões faciais e gestuais características. Nos últimos anos, surgiram novas teorias a respeito da função das emoções positivas, que serão exploradas mais adiante.

Como dissemos, a anatomia básica do cérebro evoluiu durante a época pleistocena, quando o meio ambiente produzia situações muito mais perigosas do que as de hoje. As emoções negativas básicas – como o medo, o asco, o ódio e a tristeza – evoluíram como soluções eficientes para os problemas que os nossos antepassados tiveram de enfrentar. Cada uma dessas emoções tem o seu papel na adaptação evolutiva. Por exemplo, o medo nos ajuda a responder às ameaças e aos perigos; o asco nos ajuda a evitar o envenenamento e os alimentos potencialmente tóxicos; a raiva nos prepara para as lutas e os ataques, além de sinalizar a presença de um obstáculo; e a tristeza nos convida a fazer uma pausa necessária para que possamos nos recompor de uma perda ou adotar uma postura mais cautelosa, para que possamos poupar energia ou solicitar ajuda. Assim, cada emoção tem o seu propósito ou objetivo, cada uma está associada a um modo de sentir, de pensar e de agir que lhe é peculiar e que nos ajuda a atingir determinados objetivos.

Como a maioria das emoções negativas tinha o intuito de nos ajudar a lidar com perigos potencialmente fatais, diante dos quais uma fração de segundo podia fazer a diferença, era necessário que elas nos impelissem à ação de maneira rápida e decisiva. Em situações de perigo, não há tempo para analisar o problema de maneira aprofundada e, por esse motivo, as emoções surtem efeito antes mesmo de a informação ter sido processada pelo neocórtex, o órgão pensador do cérebro. Como dissemos, as emoções negativas são processadas pelo sistema límbico do cérebro, nas amígdalas cerebelosas, que produzem emoções como o medo e a hostilidade. O tom desagradável das emoções negativas pode não ser divertido, mas deixa-nos alertas para o que está acontecendo, "movendo-nos" na direção do problema para que possamos resolvê-lo. A angústia que caracteriza o medo, por exemplo, pode causar desconforto, mas é o desconforto que nos deixa vigilantes, que nos tira da letargia e que nos faz tomar medidas preventivas.

As emoções não estão associadas apenas a uma "sensação", cada uma delas também está associada a mudanças específicas no modo de pensar e no corpo. As mensagens enviadas pelo sistema límbico e que percorrem os caminhos neurais até o neocórtex podem afetar o nosso pensamento. O sistema límbico também está ligado a outras partes do cérebro e a vários órgãos do corpo. As mensagens

A VIOLÊNCIA *VERSUS* O DIÁLOGO

que percorrem os caminhos ou circuitos neurais provocam mudanças rápidas em todo o corpo. No que diz respeito às mudanças físicas, cada emoção negativa está associada a uma "tendência de ação" específica, a uma série de mudanças fisiológicas que contribuem para ações específicas – ações que têm o intuito de nos preparar para o perigo e garantir a nossa sobrevivência.

Para melhor entender esse processo, podemos usar o exemplo do "medo". Trata-se de um mecanismo de proteção que nos alerta para situações perigosas e potencialmente fatais. Assim como as outras emoções, o medo nos ajuda a agir rapidamente, de modo que garanta a sobrevivência. Mas como isso acontece? Quando os nossos órgãos sensitivos percebem uma possível ameaça, a informação sensorial é enviada para as amígdalas, que, primeiro, nos motivam a tomar uma atitude, criando um sentimento desagradável de ansiedade, depois provocam uma reação no corpo: no mesmo instante, enviam mensagens pelos circuitos neurais para contatar órgãos específicos e, em alguns casos, para estimular a produção dos hormônios, que percorrem a corrente sanguínea até chegar aos outros órgãos.

As mensagens desencadeiam uma sequência de mudanças corpóreas, todas com o intuito de preparar o corpo para fazer o que for preciso em nome da sobrevivência. A frequência cardíaca e a pressão arterial sobem diante da expectativa de uma ação. A respiração acelera, distribuindo mais oxigênio pelo corpo. Os músculos se contraem. A percepção fica mais aguçada. O suor começa a escorrer, para o caso de o corpo precisar se resfriar depois de uma forte corrida. Os hormônios do estresse, como a adrenalina e o cortisol, correm pelo corpo. Esses hormônios atuam no sentido de aprimorar algumas funções essenciais, dirigindo o fluxo sanguíneo para os músculos, sobretudo para os grandes músculos das pernas e dos braços, preparando-nos para correr ou lutar. Eles mobilizam as nossas reservas energéticas, liberando a glicose do fígado para um rápido abastecimento, e provocam mudanças nas plaquetas do sangue para assegurar uma rápida coagulação no caso de o corpo sofrer um ferimento. Enquanto isso, mensagens são enviadas para bloquear funções não essenciais, suspendendo temporariamente a atividade dos sistemas digestivo, reprodutor e imunológico. Afinal de contas, quando estamos sendo perseguidos por um maníaco com um machado, o cérebro supõe que essa não é a melhor hora para estimular os órgãos sexuais ou para combater uma infecção.

Essas mudanças fisiológicas são chamadas de reações de estresse, ou de fuga ou luta. Elas nos preparam para ações defensivas gerais ou para respostas comportamentais mais específicas, dependendo da natureza do perigo. Essas respostas podem se traduzir em fuga ou num ataque. A paralisia também é uma resposta possível, que seria útil para a pessoa que quisesse pular de um precipício ou se esconder – atitudes que, em alguns casos, chegam a inibir os reflexos de ataque de alguns predadores.

Está claro que as mudanças físicas que resultam das emoções negativas são úteis em situações de perigo. Mas essas mudanças produzem um efeito "limitador" no nosso comportamento. As "tendências de ação", as mudanças fisiológicas específicas que ocorrem em função das emoções obrigam a pessoa a agir de maneira específica, seja lutando,

A VIOLÊNCIA *VERSUS* O DIÁLOGO

seja correndo, seja vomitando (devido ao asco) etc. Ela ainda poderá escolher o que quer fazer. Embora o medo a prepare para a fuga, ela não é *obrigada* a sair correndo e pode decidir se quer cantar uma ária ou deitar no chão e tirar uma soneca. Mas a sua decisão, nesse caso, será "limitada", no sentido de que o seu corpo será "estimulado" a tomar uma atitude mais limitada e específica.

Obviamente, além de afetar o nosso corpo, as emoções negativas também influenciam o nosso modo de pensar. A combinação de mudanças físicas e mentais às vezes é chamada de tendência de pensamento-ação. O Dalai-Lama disse que as emoções negativas causam distorções de pensamento e produzem um efeito "limitador" na nossa percepção e no nosso comportamento. Assim, podemos dizer que elas têm um efeito limitador nas nossas tendências de pensamento-ação.

Resta-nos perguntar: de que maneira as emoções negativas e os modos de pensar limitados, que nos dão uma noção distorcida e equivocada da realidade, geram a violência e o comportamento destrutivo? Afinal de contas, essa é a premissa básica do Dalai-Lama. Para responder a essa pergunta, temos de investigar as mudanças específicas que ocorrem no pensamento e que são causadas pelas emoções destrutivas.

As pesquisas científicas confirmam que as emoções negativas tendem a ter um efeito "limitador" no pensamento. Isso faz sentido se pensarmos na evolução das emoções. Em situações de perigo potencialmente fatais, as nossas chances de sobreviver aumentam quando utilizamos todos os nossos recursos cognitivos para lidar com o problema, quando dedicamos toda a nossa atenção, a nossa energia e a nossa capacidade cerebral à solução daquilo que ameaça a nossa sobrevivência. Assim, em situações como essa, o pensamento e a percepção ficam limitados ao problema em questão e ao momento presente.

Agora, em situações de perigo potencialmente fatais, nas quais até mesmo uma fração de segundo pode fazer a diferença, a rapidez e a determinação com que lidamos com o problema são fundamentais. Para aumentar as suas chances de sobrevivência, o corpo não perde tempo enviando informações lá para cima, para a região do pensamento elevado do neocórtex, onde ocorre uma análise mais elaborada e demorada da situação, que resulta na escolha da melhor conduta. Em vez disso, somos programados para reagir automaticamente usando mecanismos cerebrais primitivos, como foi explicado no contexto dos estereótipos e do preconceito. O cérebro prefere categorizar rapidamente o objeto em função de categorias binárias simples, como "branco ou negro", "gentil ou hostil", e assim por diante. Isso nos ajuda a poupar recursos cognitivos e possibilita uma resposta rápida e eficiente, porém temos de pagar um preço: focamos o pensamento na ameaça que está na nossa frente, mas ignoramos o quadro geral e a perspectiva de longo prazo. O pensamento reducionista do tipo "branco ou preto" propicia respostas rápidas, porém elimina a percepção das "áreas cinzentas".

Essa distorção limita o nosso entendimento das questões mais amplas que estão associadas ao problema. Além disso, ela sequestra a razão, a lógica e o pensamento analítico, ao ignorar as regiões cerebrais que processam o pen-

A VIOLÊNCIA *VERSUS* O DIÁLOGO

samento elevado. Isso explica por que as mudanças na nossa maneira de pensar, que são causadas pelas emoções negativas, limitam a nossa capacidade para encontrar soluções para os problemas. Isso explica por que esse tipo de pensamento não nos permite encontrar bases comuns ou posições conciliatórias quando tentamos solucionar os conflitos pacificamente – as duas coisas foram mencionadas pelo Dalai-Lama durante as nossas conversas.

Esses modos de pensar "limitados" são comuns a todas as emoções negativas. Mas, como dissemos, cada emoção negativa foi criada para lidar com um tipo específico de ameaça. *Além dos efeitos "limitadores" gerais, cada emoção gera uma distorção de pensamento específica e produz um efeito específico no julgamento e na capacidade do indivíduo de resolver problemas.* Uma vez que cada emoção está associada a uma maneira específica de avaliar o que está acontecendo e a uma tendência a tomar certas decisões, isso pode ser entendido como outra forma de distorção ou estreitamento dos modos de pensar.

As distorções de pensamento próprias da raiva estão bem documentadas e servem de exemplo para os efeitos limitadores e distorcidos das emoções negativas. Pesquisas confirmam a observação do Dalai-Lama de que, quando uma pessoa com raiva pensa numa situação ou numa pessoa, ou quando tenta resolver um problema, tende a simplificar os fatos, pensando de maneira rápida e superficial e fazendo julgamentos precipitados. O seu modo de pensar torna-se limitado ou estreito, e ela ignora os detalhes e evita análises mais profundas. Essas distorções são diferentes das distorções geradas pela tristeza, na medida em que a

◆

A ARTE DA FELICIDADE EM UM MUNDO CONTURBADO

pessoa triste processa as informações sensoriais com atenção aos detalhes e realiza análises mais profundas, porém exclui a visão do quadro geral *e foca* nas informações que alimentam o seu estado depressivo.

A pessoa irada, quando toma decisões, tende a se sentir segura com relação às suas verdades e opiniões, o que pode resultar num sentimento de confiança e de otimismo, mas também pode prejudicar a sua capacidade de ser objetiva e racional.

Essa tendência origina-se da função mais básica da raiva. Quando nos sentimos frustrados, ou quando não conseguimos alcançar um objetivo, a raiva aparece para remover o obstáculo. O problema é visto como algo externo com o qual devemos lutar para sermos bem-sucedidos. Essa maneira de enxergar as ameaças e os obstáculos gera uma tendência a culpar agentes externos pela ocorrência dos problemas. Com efeito, estudos mostram que, quando sentimos raiva, ativamos automaticamente certos modos de pensar que conduzem ao preconceito.

Esse modo de pensar característico também faz que as pessoas raivosas sejam mais severas quando têm a oportunidade de castigar outra pessoa. Por exemplo, em um estudo específico, estimulou-se a raiva num grupo de sujeitos de estudo e, em seguida, pediu-se que eles avaliassem uma série de casos jurídicos fictícios que não tinham relação com a sua raiva. Constatou-se que os indivíduos raivosos tendiam a culpar os réus e a castigá-los com punições muito mais severas do que o esperado.

O experimento também ressaltou outro aspecto problemático das emoções destrutivas: os efeitos sobre os

A VIOLÊNCIA *VERSUS* O DIÁLOGO

modos de pensar e de agir tendem a persistir e, se deixados de lado, podem ser transferidos para situações que não têm nada que ver com o evento original que desencadeou a raiva. Muitas pesquisas revelam que o nosso julgamento pode ser influenciado pelas emoções negativas, mesmo que não tenhamos consciência disso. Estudos realizados com colegas de trabalho, no próprio local de trabalho, mostram que a raiva pode afetar o julgamento que fazemos das outras pessoas. Verificou-se, por exemplo, que os sujeitos de estudo raivosos tendiam a confiar menos nos seus colegas, embora eles não fossem responsáveis pelo seu estado mental. Em casos como esse, a pessoa terá uma tendência, ou "predisposição cognitiva" a enxergar eventos desconexos por meio de uma lente perceptiva inconsciente que o faz interpretar a realidade de maneira distorcida, o que pode influenciar os seus julgamentos e as suas decisões.

Nas nossas conversas, o Dalai-Lama afirmou que as emoções destrutivas podem causar mudanças no pensamento que distorcem e obscurecem a realidade. Disse que algumas dessas distorções de pensamento, como a falta de visão das consequências de longo prazo, o pensamento reducionista em termos de preto ou branco e a tendência a ignorar as questões mais amplas, entre outras coisas, são grandes fontes de tristeza e de sofrimento para os seres humanos. Ao discutir a relação entre as emoções destrutivas e as distorções de pensamento, ele ressaltou outro ponto importante: assim como as emoções destrutivas podem gerar distorções de pensamento, estas também podem gerar emoções destrutivas. A coisa funciona das duas maneiras.

◆

A ARTE DA FELICIDADE EM UM MUNDO CONTURBADO

Isso é bastante significativo, pois, se fatores como o condicionamento social, a propaganda, os líderes manipuladores e as circunstâncias situacionais podem distorcer o modo de pensar e a percepção da pessoa, isso pode gerar emoções como a raiva e o ódio e um potencial para a tragédia.

Ao identificar essa possível causa para a violência, o Dalai-Lama evocou o exemplo da retórica do "bem e do mal", que produz distorções no modo de pensar e na percepção das pessoas para que elas se tornem agressivas e violentas. Essa estratégia tem sido utilizada por líderes de todo tipo ao longo da história. Depois do 11 de setembro, por exemplo, enquanto o governo tentava identificar os perpetradores dessa monstruosidade, tendo chegado à conclusão de que Osama Bin Laden era o responsável, os cidadãos norte-americanos procuravam se informar sobre a figura desconhecida. Como resposta, o presidente George W. Bush veio a público e disse: "Tudo o que sei é que *ele é mau!*"

O presidente poderia ter se informado um pouco melhor sobre Bin Laden antes de vir a público. Além do mais, Bin Laden não era uma figura desconhecida para as agências de proteção norte-americanas, uma vez que ele havia sido alvo de investigações do governo anterior. Mas tudo o que Bush sabia era que Bin Laden era "mau". Aparentemente, isso era tudo o que precisávamos saber.

Nos dias seguintes, o mundo conheceu a Al-Qaeda, que Bush também chamou de "má". Não muito tempo depois, descobrimos que a Al-Qaeda era apoiada pelo regime Talibã, no Afeganistão. O Talibã agora era "mau". Com o passar do tempo, o discurso de Bush foi adquirindo o tom

◆

210

A VIOLÊNCIA *VERSUS* O DIÁLOGO

reducionista da retórica do "bem e do mal", um fato que mais tarde veio a ser confirmado por um estudo da Universidade de Washington que analisou cuidadosamente os seus discursos antes e depois do 11 de setembro. E, assim, o mal cresceu. Apenas quatro meses depois, países inteiros foram acrescentados à lista: Iraque, Irã e Coreia do Norte tornaram-se o *"eixo do mal"*. Esse é o tipo de retórica que os líderes utilizam para mobilizar as massas para a guerra – guerras como as invasões do Afeganistão e do Iraque, que sucederam os ataques terroristas de 11 de setembro.

No final de nossa conversa, o Dalai-Lama diz até que ponto nossas emoções destrutivas e nossos modos de pensar distorcidos podem gerar sofrimento e tristeza. É por isso que temos de desenvolver estratégias para combater as emoções destrutivas e corrigir os modos de pensar distorcidos. Mas, antes que pudéssemos discutir uma cura geral para as emoções negativas e para os modos de pensar distorcidos, a conversa tomou outro rumo, e o nosso foco voltou-se para o combate a uma emoção negativa em particular, responsável por muitos dos problemas do mundo de hoje.

Capítulo 9

LIDANDO COM O MEDO

— Vossa Santidade, dissemos que as raízes da violência têm origem nas emoções e nos modos de pensar. Nesse contexto, creio que devemos analisar uma emoção em especial: o medo. Acredito que o medo, juntamente com o ódio e a violência, seja um dos principais obstáculos para a felicidade humana. De todas as emoções negativas, ele parece ser o maior responsável pelo sofrimento, sobretudo devido ao seu potencial para a violência. Nesse sentido, acho que ele é mais significativo do que a raiva, na medida em que as guerras baseiam-se mais no medo do que na raiva. Além disso, pode gerar um ciclo

A VIOLÊNCIA *VERSUS* O DIÁLOGO

vicioso: o medo gera a violência, e a violência gera o medo. De fato, o objetivo do terrorismo não é apenas machucar as pessoas, mas sim criar uma atmosfera de medo.

– Então, eu me pergunto: o que podemos fazer para lidar com esse tipo de medo que finca raízes nas sociedades depois de eventos como os ataques de 11 de setembro? – E acrescentei: – Bem, pensando melhor, acho que não precisamos nos limitar ao medo gerado pelo terrorismo. Afinal de contas, o nosso objetivo é encontrar uma estratégia para lidar com o medo em geral, seja qual for a sua causa. Por exemplo, o medo pode se espalhar pela sociedade em tempo de incerteza econômica ou de crise financeira etc.

O Dalai-Lama respondeu:

– É verdade. Se quisermos desenvolver uma estratégia eficiente para lidar com o medo, teremos de começar pela identificação das diferentes categorias de medo, para que possamos aplicar o método adequado a cada uma delas...

– Que categorias são essas? – perguntei.

– Uma delas é o medo válido, o medo realista, que surge diante de ameaças e de perigos reais. A reação apropriada para esse tipo de medo é a precaução ou cautela.

– Vossa Santidade, sei que estamos discutindo a natureza destrutiva do medo, mas isso me faz pensar nos seus aspectos positivos. Do ponto de vista da biologia e da evolução, a região cerebral que é responsável pelo medo surgiu para atuar como um sistema de alerta ao perigo, indicando situações potencialmente fatais ou perigosas.

– De fato – ele concordou. – O medo, além de gerar uma atitude de cautela e de vigilância, também pode ser

♦

213

positivo em alguns casos. Por exemplo, por um lado, o medo do terrorismo pode ser negativo, mas, por outro, ele pode unir a sociedade, fazendo que a pessoa se sinta grata pelos vizinhos que tem. É uma possibilidade.

Dando uma risadinha, comentou:

– Há tantas possibilidades! Parece que os pensamentos, as ideias e as esperanças dos seres humanos não têm fim!

– Esse sistema de alerta cerebral é responsável pela ativação das reações de fuga ou luta que preparam o corpo para fugir ou para lutar, a fim de assegurar a sobrevivência. O problema é que, no mundo moderno, a maioria das pessoas não enfrenta situações potencialmente fatais todos os dias... Mas o cérebro parece não se dar conta disso.

– Sim – ele disse –, o que nos leva a outra categoria: a dos medos irreais e insensatos, exagerados, baseados em projeções mentais e crenças falsas. Isso é muito comum. Assim como as outras emoções negativas, o medo possui forte potencial para a distorção da realidade e da percepção.

"Então o que devemos fazer é investigar as circunstâncias que levam ao medo, investigar se a ameaça é algo real e iminente, ou se é uma projeção irreal que se baseia num exagero, numa distorção. Temos de reconhecer quando o medo é insensato, quando a reação emocional é desmedida e contraproducente."

– De fato – anuí. – Mas fazer uma distinção entre o medo real e o medo exagerado não é suficiente. É preciso saber lidar com os medos reais... E o que fazemos quando o medo se baseia em perigos concretos, mas não existem soluções cabíveis para o problema? Por exemplo, após o

A VIOLÊNCIA *VERSUS* O DIÁLOGO

11 de setembro, o governo norte-americano divulgou um sistema de alerta contra o terrorismo, no qual o nível de perigo era indicado por cores como o amarelo, o laranja e o vermelho. No entanto, ainda que o nível de alerta fosse elevado, não havia nada que a população pudesse fazer. O sistema de alerta apenas criava uma atmosfera de medo.

– Essa questão é um pouco complicada – ele observou. – Creio que, em geral, quando sentimos medo, quer seja um medo real ou irreal, ocorre um tipo de distorção da realidade que exagera a nossa percepção do perigo. No caso do sistema de alerta, isso pode ter gerado a impressão de que todo o país corria perigo. Agora, a nossa estratégia para lidar com o perigo começa com a investigação da realidade. Se medirmos o nível de ameaça em locais específicos, chegaremos à conclusão de que ele não é igual em todos os Estados Unidos. Pode ser menor nas áreas rurais, por exemplo. Só depois que tivermos feito isso seremos capazes de responder à situação de maneira realista. Até mesmo um leve exagero pode contribuir para a disseminação do medo. E essa abordagem pelo menos nos ajuda a reduzir ou eliminar os medos causados pelo exagero e pela distorção da realidade. Quanto mais conhecermos a realidade, quanto mais soubermos distinguir entre o medo real e o medo imaginário, quanto mais nos conscientizarmos dos exageros e das distorções da realidade, mais eficientes seremos no combate ao medo.

Agora que já conhecemos os fatores evolutivos que levaram ao desenvolvimento das emoções destrutivas, podemos entender por que essas emoções acarretam efeitos limitadores. Assim como as outras emoções negativas ou destrutivas, o medo distorce e estreita o nosso pensamento e a nossa percepção de maneira muito peculiar. Como ressaltou o Dalai-Lama, o medo cria uma forte tendência à simplificação e à generalização da realidade. Isso é compreensível, é claro. Se existe um momento no qual queremos fazer julgamentos rápidos e rotular pessoas ou situações em termos de uma categoria geral que seja conhecida, esse momento é quando corremos perigo. E, em situações como essa, quando simplificamos o sujeito e consideramos apenas os aspectos mais básicos – ele é bom ou ruim? –, aumentamos as nossas chances de sobrevivência.

Está claro que as generalizações, até mesmo as mais excessivas, foram boas para a nossa adaptação como espécie. Por exemplo, digamos que uma pessoa veja uma cobra. Se ele a classifica rapidamente como "cobra" e foge ou bate nela com um pedaço de pau, tem mais chances de sobreviver. Por outro lado, se ficar parado e tentar analisar cuidadosamente as marcas do seu corpo para saber se ela é venenosa ou não, poderá ser morto. A pessoa que demorava a rotular as cobras acabava sendo picada e morria antes de passar a sua carga genética para as gerações seguintes. Por outro lado, a pessoa que confundia uma trepadeira ou um graveto com uma cobra e sentia medo devido a um erro de julgamento continuava vivo. Fomos criados para generalizar rapidamente – para ver cobras onde há gravetos e para sentir medo em função de ilusões e distorções da realidade.

◆

A VIOLÊNCIA *VERSUS* O DIÁLOGO

No mundo moderno, porém, não lidamos nem com gravetos nem com cobras, e as consequências desse tipo de distorção de pensamento podem ser bastante sérias. O Dalai-Lama disse que o medo pode fazer as pessoas exagerarem os perigos. Isso foi confirmado por um experimento incomum realizado por pesquisadores da Universidade de Carnegie Mellon depois do 11 de setembro. Ao contrário da maioria dos estudos científicos, que se volta para um pequeno número de sujeitos de estudo (em geral, alunos universitários), esse experimento utilizou uma amostra de mil cidadãos norte-americanos, de todas as idades e de todas as esferas sociais, avaliando a sua reação aos ataques do 11 de setembro, dias após o ocorrido e, depois, semanas mais tarde. O estudo revelou que a mídia influenciava fortemente as emoções da pessoa. Histórias que mostravam muçulmanos comemorando a tragédia do 11 de setembro geravam raiva; histórias que mostravam a circulação de cartas com antraz no correio norte-americano geravam medo. O estudo também mostrou que a raiva e o medo podiam ser gerados por diferentes fatores, como a utilização de determinada retórica por parte dos líderes.

Além disso, constatou-se que as emoções negativas causavam distorções no pensamento, como o exagero. *Os pesquisadores descobriram que as pessoas "medrosas" tendiam a superestimar não apenas o perigo do terrorismo, como também outros tipos de ameaça* (embora se julgassem mais protegidos do que o cidadão comum). Alguns estudiosos culparam o medo pela sensação de pessimismo que contribuiu para a crise norte-americana que se sucedeu ao 11 de setembro. Embora o medo fizesse a ameaça

◆

217

A ARTE DA FELICIDADE EM UM MUNDO CONTURBADO

parecer maior, a população exigiu mais segurança, mesmo que isso significasse a perda de algumas liberdades em nome da "segurança".

Está claro que o medo influencia o comportamento e as políticas públicas de um país. Ele pode gerar horrores inimagináveis, mobilizando as massas para a guerra e para o genocídio. Como vimos, o medo tem origem nos instintos primitivos, que ativam as amígdalas cerebelares. Estas acionam mecanismos cerebrais como a simplificação, a generalização e a categorização no que se refere a nós e eles – ingredientes básicos para a formação de estereótipos. Quando o ódio se combina à questão da superioridade/inferioridade e um líder ou governo passa a disseminar a ideia de que o "grupo inferior" constitui algum tipo de *ameaça* à nossa existência, é possível que se desencadeie um medo que leva à violência coletiva.

Anos atrás, um político descreveu abertamente a utilização do medo: "É claro que o povo não quer uma guerra, mas, em última análise, são os líderes do país que determinam o que fazer, e é sempre fácil conquistar o apoio popular, quer estejamos numa democracia ou numa ditadura fascista, quer estejamos num sistema parlamentarista ou numa ditadura comunista. Tendo voz ou não, o povo sempre pode ser coagido a fazer a vontade dos líderes. É fácil. Só precisamos dizer que o país está sendo atacado e que os pacifistas são antipatriotas que expõem a população a grandes perigos. Esse método funciona em qualquer país."

Quem disse isso foi o líder nazista Herman Göring, em entrevista a um psicólogo forense norte-americano, na época dos julgamentos de Nuremberg. Göring quis rebater

◆

218

A VIOLÊNCIA *VERSUS* O DIÁLOGO

o psicólogo, que lhe dissera que uma das diferenças entre a democracia e a ditadura era que, nos Estados Unidos, por exemplo, apenas o Congresso podia declarar uma guerra.

O medo evoluiu como um sistema de alerta contra o perigo. Foi de grande serventia para os nossos antepassados, na medida em que os ajudou a lidar com as ameaças cotidianas da época pleistocena. Ele ainda nos socorre em situações perigosas ou potencialmente fatais, mas também pode nos causar problemas. O fato é que, muitas vezes, o cérebro humano utiliza o medo em momentos inoportunos, gerando fatos desastrosos. Criado para um estágio primitivo da evolução humana, muitas vezes o medo é mal utilizado no mundo moderno.

Num experimento, os sujeitos do estudo foram condicionados a responder com medo a fotos de seres vivos ou de objetos inanimados, por meio da combinação das fotos com choques elétricos. Constatou-se que o cérebro humano possui circuitos neurais preestabelecidos que estão mais acostumados a temer cobras, aranhas ou grandes alturas – perigos comuns na vida dos nossos antepassados – do que coisas inofensivas como pássaros e borboletas. Infelizmente, a anatomia do cérebro e dos circuitos neurais não está em sintonia com o mundo moderno. Temos uma tendência a temer cobras, aranhas e tubarões, mas não cigarros e carros, que matam muito mais, embora sejam demasiado recentes para gerar medos enraizados no cérebro humano. Estudos mostram que o cérebro responde a objetos modernos que são verdadeiramente perigosos – como as armas, as facas, a dinamite – da mesma maneira como responde às borboletas.

◆

Somos facilmente levados a temer coisas que não são perigosas, às vezes devido a crenças falsas ou mentiras. Como vimos ao discutir o preconceito, somos genericamente programados para sentir medo quando encontramos pessoas de outras raças ou grupos sociais, o que tem gerado grande sofrimento no mundo interdependente e multicultural de hoje, no qual a cooperação com os outros grupos é essencial para a sobrevivência.

Como vimos, devido à nossa memória e à nossa imaginação, somos facilmente levados a sentir medo de acontecimentos que ocorreram séculos atrás. Quando sentimos medo em função de premissas e de crenças falsas, não há limites para a tragédia que pode acontecer.

Assim, como não podemos mais acreditar que o medo sempre nos protegerá do perigo – devido ao seu potencial para o desastre, a manipulação, as distorções de pensamento, os exageros, as mentiras, a infelicidade, a autodestruição –, precisamos continuar vigilantes. Temos de usar a razão, o intelecto e o pensamento analítico para monitorar os nossos sentimentos, para enxergar os nossos medos de maneira realista, como sugere o Dalai-Lama, de modo que possamos experimentar medo apenas em função de ameaças concretas, e não em função de situações fictícias, de exageros e mentiras.

—Vossa Santidade, uma vez que o medo pode se originar de ameaças imaginárias ou superestimadas e criar violência, concordo com a sua recomendação de que devemos, antes de tudo, investigar se ele está baseado na realidade

A VIOLÊNCIA *VERSUS* O DIÁLOGO

ou não. Assim, se descobrirmos que estamos exagerando o perigo, poderemos reduzir os nossos níveis de medo e o nosso potencial para a violência...

– Isso mesmo.

– Bem, a minha pergunta é a seguinte: Como devemos reagir quando o perigo disseminado na sociedade é real? O que fazer no caso de Israel, por exemplo? Houve épocas em que os ataques terroristas palestinos ocorriam quase diariamente, em locais públicos, onde as pessoas iam fazer compras ou comer. Foram mortos e mutilados civis inocentes, famílias, jovens casais, bebês...

– Nesse caso – ele disse –, o perigo é real, muito real. E, quando o perigo é real, o medo é válido, é uma resposta adequada...

– Bem, essa é a minha pergunta: como lidamos com esse sentimento de medo no cotidiano? Não podemos ficar em casa. Temos de sair para aproveitar a vida, mas sentimos medo.

– Nesse caso, não existem respostas simples – admitiu o Dalai-Lama. – A vida às vezes apresenta situações perigosas. A primeira coisa que devemos mudar para aprender a lidar com esse tipo de situação é a nossa percepção do mundo, por meio da conscientização de que a vida jamais estará livre de problemas ou perigos. Temos de aceitar isso. De vez em quando, surgem situações perigosas. Por exemplo, na região onde moro, na Índia, existe o perigo real de um conflito com o Paquistão. Agora, a realidade é que, se ocorresse uma guerra, o Paquistão seria facilmente derrotado. A Índia, que é um país de dimensões muito maiores, possui um exército três vezes mais numeroso do

A ARTE DA FELICIDADE EM UM MUNDO CONTURBADO

que o paquistanês, que conta com 250 mil soldados. A Índia tem mais do que o dobro desse contingente, então, é claro, sairia vencedora. Diante dessa realidade militar, é possível que o Paquistão queira usar o seu arsenal nuclear contra a Índia, agindo por desespero e ignorando as questões morais e éticas envolvidas. Nova Deli, por ser a capital, muito provavelmente encabeçaria o topo da lista de possíveis alvos. Com o agravamento do conflito, ocorreriam outros bombardeios, e a radiação alcançaria Dharamsala, onde moro.

Ele falou isso de maneira tão natural que não pude deixar de perguntar:

– O senhor não teve medo quando o conflito entre os dois países se agravou?

– Howard, viver livre de medo diante de circunstâncias potencialmente perigosas pode ser algo perigoso.

– Eu sei, mas o que podemos fazer? O povo de Dharamsala não tem controle sobre o conflito nuclear. Não é o caso de dizer: "Está bem, tomarei cuidado, tentarei não ser atingido por uma bomba se formos alvejados!"

Ele respondeu:

– Nesse caso, temos de aceitar a possibilidade de que algo pode acontecer. A comunidade de Dharamsala não pode simplesmente fazer as malas e mudar.

– Talvez a comunidade não possa, mas o indivíduo pode...

– Alguns dos meus amigos indianos de Nova Deli vieram me dizer que Dharamsala é muito perigosa devido à sua proximidade com o Paquistão e que, portanto, eu deveria me mudar para a cidade deles. A sugestão pareceu-

A VIOLÊNCIA *VERSUS* O DIÁLOGO

-me ainda mais tola pelo fato de Nova Deli ser um alvo mais plausível do que Dharamsala. No passado, quando ocorriam conflitos entre a Índia e o Paquistão, eu me abrigava nos assentamentos tibetanos do sul do país, mas, agora, devido à sua proximidade com Bangalore, que é uma metrópole muito importante, essa opção não é mais viável – falou.

– Mas o senhor e os outros devem ter outras opções.

O Dalai-Lama respondeu firmemente:

– Dharamsala é a minha casa. Sempre existirá algum perigo. Não podemos remover todos os perigos da vida, essa é a realidade.

Percebendo que ele tinha evitado a minha pergunta sobre como vencer os medos válidos, talvez esperando que apresentasse um método mais concreto, uma resposta mais encorajadora do que "a vida é difícil", tentei novamente.

– O senhor se lembra de alguma outra situação na qual tenha sentido medo?

– É claro, já senti muito medo – ele disse francamente.

E, atendendo ao meu pedido, contou-me que, certa vez, a polícia descobrira provas de que um grupo radical e violento planejava feri-lo. Era um tanto difícil para mim imaginá-lo assustado ou ansioso, então perguntei:

– O senhor teve as reações comuns do medo, como nervosismo, e esse tipo de coisa?

– É claro, como ser humano tive de sentir isso. Mas confesso que não me deixei afetar muito. Por exemplo, não tive problemas para dormir, nem para comer. No entanto, eu estava consciente de que corria algum perigo.

– E como o senhor lidou com o medo? – perguntei.

◆

223

A ARTE DA FELICIDADE EM UM MUNDO CONTURBADO

– Bem, primeiro, há que se notar que o medo era válido, baseado em fatos concretos. Existia a possibilidade real de eu morrer. Como discutimos anteriormente, quando o medo se baseia em projeções mentais e em percepções falsas da realidade, podemos superá-lo se adotarmos uma visão mais correta das coisas. Mas, nesse caso, o medo encerrava uma preocupação legítima. Então, é claro, como resposta a essa ameaça, pedimos às autoridades que levassem mais a sério as questões de segurança e fossem mais cautelosas.

Como eu desejava explorar com ele uma estratégia de combate ao medo que pudesse ser utilizada por pessoas que não tivessem equipes de segurança, insisti:

– Não existe nenhuma estratégia que nos permita lidar com os medos válidos, mesmo quando não podemos fazer nada para reduzir a ameaça? Algo que nos ajude a combater a inibição do medo no dia a dia?

Ele respondeu:

– Nesse caso, a pessoa pode manter a calma e permanecer vigilante, mas, fora isso, não há nada que possa fazer…

Ele riu, talvez percebendo a minha insatisfação com a resposta, e acrescentou:

– Ora, Howard, sempre há aqueles que são tolos demais para sentir medo, aqueles que desconhecem ou ignoram os perigos e tocam as suas vidas alegremente, sem medo…

– O senhor quer dizer os sortudos? – brinquei.

– Isso, os sortudos! – repetiu ele, abrindo um sorriso.

Presumi que ele tivesse algo mais a oferecer, já conhecendo a sua capacidade para manter estados mentais posi-

A VIOLÊNCIA *VERSUS* O DIÁLOGO

tivos em qualquer circunstância. Quando ele disse que poderia morrer junto com os seus companheiros, a sua voz não trazia ansiedade e transmitira uma sensação de absoluto destemor e resignação, mas não de desistência, como se ele estivesse em paz com a ideia de morrer. Pelo contrário, os seus gestos revelavam compaixão e preocupação. Essa atitude não podia ser espontânea, pensei, devia ser cultivada.

Decidi tentar novamente, dessa vez com exemplos mais concretos, ainda esperando que ele me revelasse alguma solução, algum *insight*.

– Alguém em Dharamsala já veio lhe dizer que tinha medo de uma guerra nuclear?

– Já.

– E o que o senhor disse? Que conselhos deu quando eles disseram que estavam preocupados com a possibilidade de uma guerra nuclear?

– Eu disse que também tinha medo.

Uma vez que ele se recusava a me dar uma resposta, quer por impossibilidade, quer por decisão própria, continuei insistindo, em busca de uma solução mágica:

– Certo. Imagine que os seus amigos e a sua família estejam com medo de uma guerra nuclear. O senhor não consegue pensar em nada para aliviar os medos e as ansiedades deles? Nenhuma palavra de conforto? Nada?

Ele balançou a cabeça tristemente e, com a mais pura resignação, disse em voz baixa:

– Não. Mas lembre-se, Howard, muitas vezes o que nos dá conforto é o fato de compartilharmos os nossos medos com os entes queridos. Isso é muito importante.

◆

Como as sombras se alongavam do lado de fora do cômodo, percebi que o nosso tempo estava acabando. O secretário e os assistentes do Dalai-Lama estavam esperando na varanda. A conversa tinha chegado ao fim.

Quando o assunto é o combate aos medos realistas, o Dalai-Lama diz que devemos começar pela aceitação de que o perigo faz parte da vida. Essa é uma ideia que ele já tinha explorado algumas vezes no passado, como uma estratégia geral para lidar com qualquer tipo de problema ou sofrimento. Na época, ele dissera que a atitude da pessoa com relação aos problemas e ao sofrimento podia afetar a sua maneira de lidar com essas coisas. Quando aceitamos que o sofrimento faz parte da vida, o nosso foco volta-se mais para a solução dos problemas e menos para o pensamento de que a vida é injusta e aleatória, libertando-nos do papel de "vítima".

Mas, como eu pretendia encontrar uma estratégia que nos permitisse lidar especificamente com os medos realistas, a sugestão de Sua Santidade pareceu-me um tanto decepcionante! Resignado, fiquei com a impressão de que ele não tinha nada a oferecer além da ideia de que a conversa poderia funcionar como um método prático e eficiente para reduzir os nossos medos e as nossas apreensões. Eu simplesmente não via como isso poderia acontecer. É claro, pensei, é sempre bom ter alguém com quem conversar. Mas como método para combater o medo e as ameaças reais, isso me parecia ineficiente. A pessoa, ao procurar alguém para conversar, poderia incutir medo no seu inter-

A VIOLÊNCIA *VERSUS* O DIÁLOGO

locutor, e, em vez de uma pessoa com medo, teríamos duas. Como isso poderia ajudar?

Eu não estava pensando direito, talvez por julgar os conselhos de Sua Santidade um pouco superficiais. Por exemplo, no ano anterior, eu tinha notado que alguns pacientes diziam-se menos ansiosos e deprimidos depois de apenas uma ou duas sessões de psicoterapia, nas quais tudo o que eu fazia era ouvi-los, balançar a cabeça e tecer comentários perspicazes como "hum". Eu tinha atribuído essas melhoras ao fenômeno da "fuga para a saúde", amplamente conhecido entre os psicoterapeutas, no qual o paciente apresenta uma rápida melhora depois de falar sobre os seus problemas – o que os terapeutas, às vezes, interpretam como um simples mecanismo de negação, uma maneira de evitar a investigação profunda de questões mais dolorosas. Porém, nos últimos anos, estudiosos da psicologia têm visto esse fenômeno como uma melhora legítima. Além disso, quando compartilhamos os nossos medos com outras pessoas, removemos camadas de preocupação e de ansiedade pela simples constatação de que somos "normais", de que os outros também possuem essas preocupações, de que não somos os únicos a sentir medo. Pensando por esse lado, a ideia de compartilhar os medos com o intuito de dissipá-los não é tão má.

Inicialmente, a sugestão do Dalai-Lama me parecera tão sofisticada quanto um biscoito da sorte. Acho que eu me decepcionara porque, até ali, as teorias e as opiniões dele tinham sido comprovadas por dados científicos, e, como esse conselho parecia estar bem aquém dos outros, imaginei que não encontraria o mesmo tipo de validação científica. No entanto, quando examinei mais a fundo a

◆

A ARTE DA FELICIDADE EM UM MUNDO CONTURBADO

questão da autoexposição, de outras perspectivas, uma ideia diferente começou a se insinuar.

De fato, a literatura científica mostra que, quando compartilhamos os nossos medos e as nossas preocupações com as outras pessoas, isso gera muitos benefícios. Psicólogos sociais ao redor do mundo investigaram o medo que resulta de desastres naturais, de guerras e atos de terrorismo – como os terremotos, a Guerra do Golfo, os ataques terroristas em Israel e os massacres na Bósnia – e identificaram as melhores estratégias para lidar com esse tipo de coisa. Em sua maioria, os psicólogos e os psiquiatras ressaltam a importância de conversarmos com os outros a respeito dos seus medos.

Pesquisas mostram que a autoexposição cria laços sociais, e estes reduzem o estresse e as tensões coletivas. Há muitos estudos que comprovam os benefícios decorrentes dos laços sociais e da intimidade, benefícios que se estendem à saúde física, ao bem-estar e aos níveis de felicidade da pessoa. Estudos confirmam o que parece óbvio para muitos de nós: em situações de crise, tendemos a nos abrir uns com os outros, e as fronteiras sociais começam a se dissolver, na medida em que passamos a conversar não apenas com os parentes e os amigos, mas também com os estranhos, em filas de supermercado, nos elevadores, nos pontos de ônibus. Isso gera um sentimento comum de solidariedade, que pode ser um poderoso antídoto para as ameaças coletivas. De fato, estudos revelam que, quando nos aproximamos das outras pessoas e criamos um sentimento de comunhão, reduz-se a nossa sensação de medo, mesmo que a ameaça continue a mesma.

◆

A VIOLÊNCIA *VERSUS* O DIÁLOGO

Procurando entender os efeitos positivos gerados quando a pessoa compartilha as suas experiências traumáticas com outras pessoas, um grupo de pesquisadores voltou-se para eventos como o terremoto que atingiu o norte da Califórnia em 1989, a Guerra do Golfo e o atentado de Oklahoma, e identificou alguns dos estágios pelos quais passamos quando lidamos com eventos estressantes e traumáticos. Durante a pesquisa, constatou-se que as pessoas continuavam falando abertamente sobre as suas experiências (e, portanto, lidando bem com a situação) até quatro semanas após o evento. No entanto, a partir da oitava semana, começavam a achar que deveriam esquecer o ocorrido e paravam de falar sobre ele. O problema era que muitas ainda pensavam no assunto e queriam discuti-lo, mas não se sentiam inclinadas a ouvir as histórias dos outros. Poucas semanas após o terremoto de 1989, por exemplo, moradores da região de Palo Alto começaram a usar camisetas com a inscrição: "Obrigado por não compartilhar as suas histórias a respeito do terremoto." O conflito entre a necessidade de falar sobre o desastre e a relutância em ouvir o que os outros têm a dizer muitas vezes pode gerar estresse, problemas de saúde, irritabilidade, discussões e, em alguns casos, até mesmo violência. Por fim, ocorre uma "fase de adaptação", oito a doze semanas após o evento. Terminado esse período, a maioria das pessoas volta ao normal, o que demonstra a incrível resiliência que os seres humanos têm.

Procurando identificar os efeitos positivos gerados quando compartilhamos os nossos medos com as outras pessoas, um estudo da Ucla descobriu um fenômeno interessante: *quando identificamos a presença do medo, reduzimos os seus efeitos.* Num experimento, os sujeitos do estudo receberam uma série de imagens de rostos que expressavam emoções diferentes e foram instruídos a nomear essas emoções. Quando nomeavam o "medo", o aparelho de RMNf mostrava a ativação de uma área do córtex pré-frontal que costuma ser associada à inibição do funcionamento das amígdalas cerebelares (a região responsável pelo medo).

Quando expressamos os nossos pensamentos e os nossos sentimentos mais íntimos, criamos uma força tão grande que, mesmo que não tenhamos com quem conversar, a conscientização, a articulação e a rotulação dos nossos pensamentos e das nossas emoções negativas geram benefícios substanciais tanto para o corpo quanto para a alma. Experimentos mostram que escrever por 15 minutos sobre eventos traumáticos ou adversos, exprimindo opiniões e sentimentos próprios, pode reduzir o estresse e ajudar a pessoa a lidar com a situação. Num desses experimentos, um grupo de sujeitos de estudo foi instruído a escrever sobre os seus problemas pessoais, enquanto o outro grupo escrevia sobre assuntos cotidianos. O procedimento foi repetido quatro vezes. As pessoas que tinham expressado as suas ideias e os seus sentimentos tiveram menos resfriados durante o período de estudo. Em outro experimento, foram retiradas amostras de sangue tanto dos sujeitos de estudo que tinham se "exprimido" quanto dos que não tinham. Verificou-se que as pessoas que tinham se "expressado" apresentavam mais células T auxiliadoras, um componente básico do sistema imunológico. Os pes-

A VIOLÊNCIA *VERSUS* O DIÁLOGO

quisadores concluíram que a escrita ajudava a pessoa a situar a experiência no contexto mais amplo da vida, atuando como uma espécie de exercício de "alargamento" e gerando muitos efeitos positivos, como veremos no capítulo seguinte.

Está claro que o ato de compartilhar experiências, esperanças e receios não é uma panaceia para todos os medos, o que vale também para a escrita. Além do mais, no que diz respeito à prática de se expor ao próximo, de se abrir com ele, nem todos têm a felicidade de compartilhar os seus sentimentos com alguém como o Dalai-Lama. É preciso praticar o bom-senso e buscar a adequação ao contexto, levando em conta o que se diz, onde e para quem. Assim, aqueles que usam do bom-senso e compartilham as suas experiências com o próximo, como sugere o Dalai-Lama, conseguem afastar o medo e abastecer as suas energias internas.

Quando nos sentamos para conversar no dia seguinte, eu disse ao Dalai-Lama:

– Vossa Santidade, dissemos ontem que o medo parece estar se espalhando pelo mundo. Para as pessoas que vivem aqui, na Índia, existe a ameaça de um ataque nuclear; para as que moram nos Estados Unidos, existe a ameaça de ataques terroristas; e, é claro, em Israel, isso já se tornou parte do cotidiano! Nunca sabemos quando ou onde essas coisas irão acontecer... Estamos sempre com medo. E o senhor, de certa forma, deu a entender que não podemos fazer nada com relação ao medo válido, que não constitui uma projeção imaginária.

◆

– É claro que o senhor está absolutamente correto. Mas tenho a impressão de que existe algo mais. Ainda não estou completamente satisfeito com a sua resposta de que não há nada que possamos fazer com relação a esse medo, além de compartilhá-lo com outras pessoas. Então, antes de mudarmos de assunto... Será que deixamos de mencionar algum método para lidar com o medo?

– Acho que sim – respondeu. – Não mencionamos a abordagem de Shantideva, por exemplo, que foi discutida no primeiro livro da série *A arte da felicidade*. Shantideva (o grande monge budista indiano do século XVIII) diz que devemos analisar a situação, e também nos lembra de que, *se o problema possui uma resposta, não precisamos nos preocupar*. Devemos apenas buscar a solução. Mas, *se não houver uma resposta, não existirá motivo para nos estressarmos, pois não haverá nada que possamos fazer*. Se abordarmos a situação dessa maneira, mesmo que ocorra uma tragédia, seremos capazes de lidar melhor com ela. Isso pode ser útil em determinadas situações.

– Sei que existem muitos tipos de medo – observei. – A palavra "medo" encerra uma vasta gama de estados mentais, que podem se tornar mais graves e debilitantes com o passar do tempo, causando ataques de pânico, reações físicas e episódios de puro terror. O medo que sentimos é determinado não apenas pela situação, como também pela combinação de fatores individuais, psicológicos e ambientais.

– É verdade – concordou o Dalai-Lama. – É por isso que precisamos de muitas abordagens para lidar com os diferentes tipos de medo.

◆

A VIOLÊNCIA *VERSUS* O DIÁLOGO

– Bem, se estivermos falando de medos e ansiedades individuais, num nível pessoal, creio que o senhor está certo ao afirmar que são necessárias muitas abordagens. Podemos fazer uma avaliação física da pessoa, focada em doenças do corpo, e uma avaliação psicológica, voltada para as doenças da mente. Além disso, há muitos tratamentos que podem ser empregados, como maior atenção à alimentação e a exercícios físicos, remédios, psicoterapia e, é claro, as técnicas cognitivo-comportamentais. Como discutimos no passado, a abordagem racional de Shantideva para lidar com a preocupação, embora tenha sido escrita no século VIII, assemelha-se muito às técnicas cognitivo--comportamentais modernas. Algumas partes do texto de Shantideva parecem ter sido extraídas de um livro sobre as técnicas cognitivo-comportamentais, nas quais a razão, a lógica e a análise são utilizadas para contestar e refutar ativamente os nossos pensamentos negativos automáticos.

– Mas estamos falando de situações de perigo real, nas quais o medo é legítimo e está associado a problemas da sociedade sobre os quais não temos controle, diferentemente dos problemas mais específicos que perturbam o indivíduo num nível pessoal. Então fico pensando se o senhor não conhece alguma estratégia para combater esse tipo de medo.

– Esse tipo de medo... – repetiu, parando para refletir. – É claro, para os religiosos, a fé sempre será uma ferramenta de combate ao medo.

– É verdade – repliquei. – Fico feliz que o senhor tenha tocado nesse assunto. Muitos dados científicos mostram que a fé pode gerar efeitos benéficos para a pessoa,

◆

na medida em que a ajuda a lidar com as crises, com as experiências traumáticas etc. Mas e os não religiosos?

– Creio que devemos destacar um princípio importante: a visão de mundo e a motivação da pessoa podem afetar a maneira como ela responde às adversidades, às ameaças e aos perigos da vida – respondeu. – Por exemplo, uma atitude gentil e compassiva gera autoconfiança e força interna. Isso pode reduzir o medo. Em muitos casos, encontramos duas pessoas que estão na mesma situação de perigo e, no entanto, uma delas reage melhor do que a outra, devido à sua visão de mundo. A resposta da pessoa a uma situação perigosa e a sua capacidade para lidar com o medo muitas vezes dependem mais da sua visão de mundo e das suas características pessoais do que da situação.

– Vossa Santidade, isso me faz lembrar um paciente meu com transtorno de estresse pós-traumático que me consultava alguns anos atrás, quando eu ainda exercia a psiquiatria. Ele, a namorada e outro casal estavam de férias na ilha de St. Croix, quando foram atingidos pelo furacão Hugo. Ele ficou traumatizado e custou a se livrar do estresse. Certo dia ele pediu a mim que recebesse a namorada e o outro casal. Os quatro eram muito parecidos em diversos aspectos: tinham a mesma idade, a mesma história de vida etc. Além disso, todos tinham testemunhado a passagem do furacão e sentido medo, sem exceção. Mas embora tivessem enfrentado a mesma situação, a mesma circunstância externa, cada um teve uma reação diferente, dependendo do seu nível de medo, da sua resiliência etc. E lembro que isso me deixou impressionado.

◆

A VIOLÊNCIA *VERSUS* O DIÁLOGO

– Assim, quando ouvi o senhor dizer que as pessoas reagem de maneira diferente à mesma situação, lembrei-me dessa história. Ela ilustra bem essa ideia de que não é a natureza da ameaça que determina a nossa reação de medo e o nosso comportamento, mas a maneira como percebemos e interpretamos a ameaça. E, é claro, como o senhor diz, a nossa visão de mundo e o nosso credo religioso também podem afetar a maneira como reagimos aos perigos, esse tipo de coisa. Tendo isso em vista, peço que o senhor me dê alguns exemplos de visões de mundo ou pontos de vista específicos que ajudem a reduzir o medo.

– Visões de mundo... – repetiu o Dalai-Lama. – Ah, sim, outro fator que pode influenciar a maneira como a pessoa responde às ameaças iminentes é o seu nível de conscientização da transitoriedade humana. Às vezes, algumas pessoas ficam tão entretidas com as tarefas do dia a dia que não pensam que um dia vão morrer. Como não pensam muito nisso, imaginam que a sua vida se estenderá para sempre. E, quanto mais se agarram a essa ideia, mais sentem medo dos perigos que ameaçam a sua existência.

– Vossa Santidade, estou apenas pensando alto... Acho que o problema, nesse caso, é que o futuro é incerto. A violência e até mesmo a morte podem surgir a qualquer momento. Muitas vezes, não temos controle sobre isso. Mas será que não existe uma maneira de transformar o medo em algo positivo? Por exemplo, podemos pensar na mortalidade e usar essa ideia para valorizar cada momento, para refletir sobre as nossas prioridades, para viver cada dia ao máximo.

O Dalai-Lama meneou a cabeça, entusiasmado.

◆

A ARTE DA FELICIDADE EM UM MUNDO CONTURBADO

– Isso é bastante plausível! O budismo possui exercícios de meditação que enfatizam a transitoriedade da vida e a inevitabilidade da morte. O principal objetivo desses exercícios é criar uma sensação de urgência, a fim de que possamos apreciar o valor da vida. Um dos resultados disso é que passamos a levar cada momento a sério, uma vez que não há garantias de que a vida será eterna. Devemos usar a vida da melhor maneira possível, aproveitando cada momento. Esse é o propósito do exercício. Não se trata apenas de refletir morbidamente sobre a morte.

– É por isso que as Escrituras budistas nos convidam a refletir sobre a transitoriedade das coisas, não apenas da existência humana, mas também de todo o universo! Há uma passagem muito bonita que diz que o planeta em que vivemos, os elementos fogo e água e o próprio universo deixarão de existir daqui a milhões de anos e não restará nem mesmo o pó. Se isso é verdade, por que a nossa frágil existência não teria um fim? Esse tipo de pensamento cria uma visão de mundo mais ampla, que ajuda a reduzir o medo excessivo. Ideias semelhantes são cultivadas pela cosmologia moderna e pela astrofísica. Os cientistas constataram que a Terra e os outros planetas da galáxia estão se movendo numa rota de colisão que os destruirá completamente num futuro distante. Assim, quando nos conscientizamos da transitoriedade fundamental de todas as coisas, isso muda a nossa maneira de enxergar a mortalidade e atenua o medo excessivo.

E, assim, o Dalai-Lama discorreu sobre a morte, o universo e o movimento dos planetas e das galáxias, para os quais um bilhão de anos era como um piscar de olhos.

◆

A VIOLÊNCIA *VERSUS* O DIÁLOGO

Essas coisas lhe eram tão familiares que ele parecia estar descrevendo a casa onde fora criado. Talvez eu não devesse me surpreender, uma vez que as suas meditações diárias, feitas ao longo da vida, visavam a prepará-lo para a morte. Mas, quando ele falou desses conceitos – colocando as nossas vidinhas humanas, transitórias e passageiras, contra o pano de fundo da eternidade e das dimensões infinitas do universo –, de alguma forma tudo mudou. Como? Não sei. Mas, de repente, eu não estava mais insatisfeito com a sua abordagem para lidar com o medo.

Sem dúvida, o mundo de hoje está repleto de perigos. E o perigo real, que constitui uma ameaça para a nossa segurança, evoca o medo – é normal. O Dalai-Lama diz que viver sem medo é uma tolice. Afinal de contas, o medo saudável tem uma função protetora. Mas fica a pergunta: diante dos perigos do mundo de hoje, diante das ameaças que podem explodir a qualquer momento, diante da incerteza, diante da possibilidade de os mercados financeiros ruírem, como podemos tocar a nossa vida sem que o medo enfraqueça a nossa capacidade para a alegria, a confiança e o otimismo, sem que ele nos paralise?

Como adverte o Dalai-Lama, não há respostas fáceis para o problema da disseminação do medo na sociedade, sobretudo quando ele ameaça a felicidade e a liberdade dos seres humanos e conduz ao conflito e à violência. Mas Sua Santidade nos oferece uma abordagem que pode nos colocar na direção certa, uma abordagem que está de acordo com as descobertas da ciência moderna, e a confluência dessas duas abordagens nos deixa esperançosos quanto ao futuro.

Do ponto de vista científico, os pesquisadores tiveram muitas oportunidades para analisar o medo e o conflito em comunidades e sociedades de todo o mundo – observando os padrões comportamentais de Israel, da Irlanda do Norte, dos Bálcãs e de muitas outras regiões onde a vida é incerta e o medo é comum, devido aos conflitos. Eles reuniram provas e criaram estratégias eficientes para lidar com o medo e reduzir o ciclo de medo e violência, estratégias que estão em sintonia com a visão do Dalai-Lama.

Sua abordagem começa com a conscientização. Como vimos, o medo pode ser algo pré-consciente. Respondemos ao medo antes mesmo de tomarmos conhecimento dele. Além disso, a conscientização do medo tem o efeito de trazê-lo para o domínio da razão. No nível biológico, isso significa transferir as respostas comportamentais das amígdalas cerebelosas para a região mais avançada do córtex pré-frontal, onde podemos modificar os nossos impulsos mais primitivos usando funções cognitivas elevadas como a razão e o pensamento analítico e adotando uma perspectiva mais ampla, de longo prazo, temperada com a gentileza e a compaixão. Parte desse processo de conscientização dá-se pela identificação das situações tradicionais que tendem a ativar os nossos medos e pela investigação das diferentes maneiras como expressamos e resolvemos os nossos medos. Não é difícil – só precisamos observar nosso comportamento.

Cultivar uma maior conscientização dos nossos medos pode ser uma estratégia muito poderosa. Quando identifi-

A VIOLÊNCIA *VERSUS* O DIÁLOGO

camos e categorizamos a emoção que estamos sentindo como "medo", tendemos a atenuá-la. Mas esse é apenas o primeiro passo da abordagem do Dalai-Lama. Depois que os medos são conscientizados, pelo menos os destrutivos, o segundo passo consiste em aplicar o antídoto apropriado – estratégias ou técnicas específicas para reduzir o medo e o estresse.

Quando se trata do medo e da ansiedade que derivam de situações perigosas ou ameaçadoras, trabalhar ativamente no sentido de reduzir o perigo e a ameaça pode ser uma abordagem legítima, mesmo que se tomem medidas acanhadas. Mas, se a pessoa não tem controle sobre a ameaça externa, ou se nada pode fazer para reduzir o perigo, terá de usar estratégias internas para lidar com o medo.

Chamando a nossa atenção para o fato de que não existe um remédio universal para solucionar todos os problemas humanos e para a necessidade de termos um arsenal múltiplo de armas para combater emoções destrutivas como a raiva, o ódio e o medo, o Dalai-Lama nos oferece algumas sugestões: podemos conversar sobre os nossos medos com outras pessoas, utilizar técnicas cognitivas (como a fórmula de Shantideva) ou nos apegar à religião, entre outras coisas.

Ao falar de diferentes estratégias para lidar com o medo, o Dalai-Lama diz que nossas atitudes internas e nossa visão de mundo podem afetar nosso comportamento diante do medo e, para isso, ele sugere a adoção de uma visão de mundo que reconheça e aceite que os perigos fazem parte da vida. Ele também diz que a nossa percepção dos perigos pode fazer grande diferença. E, *o que é mais importante, podemos mudar conscientemente essa percepção, o que pode ser uma boa estratégia para lidar com o medo.* Na parte três, eu e o Dalai-Lama conversamos sobre um experimento no qual um grupo de sujeitos de estudo reduziu os seus níveis de estresse quando passou a enxergar o problema como um desafio. Tudo o que foi preciso, nesse caso, foi uma mudança consciente de perspectiva.

Por fim, no que diz respeito às diferentes maneiras de lidar com o medo e com a ansiedade, sobretudo em situações que extrapolam o controle do indivíduo, os pesquisadores gostam de ressaltar um aspecto importante da natureza humana: o ser humano adapta-se com facilidade às circunstâncias, devido a um processo cognitivo que é chamado de habituação, o mesmo processo que é responsável por não "escutarmos" a badalada do relógio que, à primeira vista, nos pareceu tão exagerada, ou o barulho do tráfego depois que mudamos para um apartamento novo. Assim, os nossos níveis de medo e de ansiedade vão diminuindo naturalmente à medida que nos acostumamos com as novas condições, mesmo que elas encerrem alguma ameaça. Num estudo realizado em Israel, numa época em que os terroristas palestinos estavam atacando ônibus públicos com certa regularidade, os pesquisadores descobriram que as pessoas que tomavam o ônibus com mais frequência sentiam menos medo e ansiedade.

O medo pode afetar a pessoa, o grupo e a sociedade. Quando ele finca raízes, o resultado pode ser o conflito, a guerra ou a violência. Além disso, há que se notar que, quando uma subcorrente de medo atravessa continuamente as duas partes antagônicas – o que, em geral, se exprime

A VIOLÊNCIA *VERSUS* O DIÁLOGO

em ameaças à segurança e à identidade da pessoa –, enquanto um dos lados perceber algum tipo de ameaça o conflito não será resolvido. É por isso que muitos conflitos são considerados insolúveis. Para piorar, pode ser particularmente difícil eliminar a violência em casos como esse, na medida em que o medo cria uma tendência à distorção do pensamento.

A superação do medo ajuda a resolver muitos conflitos. É por isso que, com a ajuda de negociadores, as partes litigantes tentam identificar, articular e, por fim, entender os próprios medos, bem como os de seus rivais. Quando elas começam a identificar os medos exagerados ou distorcidos, notam o surgimento de um sentimento de confiança que carrega em si o potencial para acabar com o ciclo de medo e de violência. E, assim, as duas partes começam a encontrar soluções que, antes, seriam inviáveis.

Além do mais, quando tentamos entender os medos da outra parte, criamos um sentimento de *empatia* que nos coloca "no lugar do outro". Ao mesmo tempo, quando compartilhamos os nossos medos com as outras pessoas, criamos a possibilidade de elas também terem empatia conosco. E, como veremos no último capítulo deste livro, a empatia é um fator importante para a resolução dos conflitos, da violência e do preconceito. Ela é capaz de sanar muitos dos problemas da humanidade e apresenta enorme potencial para a transformação.

Quando a semana chegou ao fim em Dharamsala, fiquei com a impressão de que tínhamos percorrido um longo caminho. As palavras do Dalai-Lama tinham-me dado uma compreensão mais clara tanto da origem da violência

◆

241

A ARTE DA FELICIDADE EM UM MUNDO CONTURBADO

quanto da natureza das nossas emoções destrutivas. Ele também me fez pensar na natureza dos seres humanos (algo que não costumo fazer) e nas raízes da maldade. Por fim, percebi que eu tinha aprendido métodos eficientes e práticos que me ajudariam a lidar com o medo.

No fim daquela semana, comecei a pensar nas nossas conversas anteriores em Dharamsala. Fiquei com a impressão de que elas tinham sido igualmente proveitosas, gerando uma compreensão mais profunda do preconceito e da mentalidade do nós contra eles. Além disso, o primeiro tópico sugerido pelo Dalai-Lama (a crescente alienação da sociedade e o desgaste do espírito comunitário) era algo que jamais me passara pela cabeça. No entanto, bastou que ele o mencionasse para que o véu caísse dos meus olhos – não só comecei a ver provas disso em toda parte, como também passei a dar mais importância para a questão da felicidade, e me perguntei por que eu jamais tinha pensado nisso.

Por mais que eu achasse que as nossas conversas tinham sido proveitosas, não estava completamente satisfeito. Algo estava faltando. É claro, as peças ausentes são difíceis de identificar: embora tivéssemos atribuído as causas da violência às emoções destrutivas, fiquei com a impressão de que não havíamos investigado suficientemente as estratégias para lidar com esse tipo de emoção. Mas havia algo mais, algo difícil de identificar. O objetivo central das nossas discussões, que era explorar as opiniões do Dalai-Lama a respeito da felicidade em um mundo conturbado, estava sendo alcançado. Tínhamos discutido abertamente vários problemas ou questões que poderiam afetar a felicidade tanto da pessoa quanto da sociedade. Suas

◆

242

A VIOLÊNCIA *VERSUS* O DIÁLOGO

opiniões pareceram-me sensatas, como sempre, e seus conselhos práticos, úteis. Por fim, depois de muito refletir, compreendi o motivo da minha insatisfação. Parecia que nos debruçávamos sobre o problema de maneira fragmentada, parte por parte, como se estivéssemos colecionando vários assuntos. Parecia não haver uma abordagem mais abrangente, uma moldura maior, ou um tema unificador que pudesse ser usado como manual de instruções para nos ajudar a seguir o caminho tanto da felicidade individual quanto da felicidade social. Mas aquele não seria o nosso último encontro, e eu estava esperançoso de que tudo daria certo no final.

Terceira parte

A FELICIDADE EM UM MUNDO CONTURBADO

Capítulo 10

LIDANDO COM UM MUNDO CONTURBADO

Dois ou três anos se passaram desde a nossa série de conversas em Dharamsala. Essas conversas, que ocorreram logo após o 11 de setembro, tinham focado em temas como a agressividade, a violência e o medo – os aspectos mais sombrios da conduta humana. Desde então, o mundo assistira à invasão do Afeganistão, que resultara na derrubada do regime opressivo do Talibã, e à invasão do Iraque, que resultara na deposição de Saddam Hussein. Parecia que havia conflitos violentos despontando em todas as partes do mundo, de pequena ou grande escala, de curta ou longa duração. Parecia que o uso da violência

A ARTE DA FELICIDADE EM UM MUNDO CONTURBADO

para solucionar conflitos jamais terminaria. Definitivamente, não estávamos próximos de concretizar a visão do Dalai-Lama de um mundo onde nos sentiríamos ligados uns aos outros, em paz com os nossos semelhantes, onde a nossa bondade fundamental e a nossa gentileza reinariam, um mundo quase sem violência ou medo, com exceção de algumas briguinhas aqui ou ali. No entanto, ele continuava esperançoso. O século estava apenas começando; ainda estava em tempo de mudar.

Mas, com tantos problemas no mundo, eu me perguntava: como ele conseguia manter a esperança? O que sustentava seu otimismo? Além das questões sociais desafiadoras e das muitas situações de estresse do dia a dia, cada um de nós tinha seus próprios problemas pessoais. Restava-nos responder a uma pergunta fundamental: como encontrar a felicidade em um mundo conturbado?

O Dalai-Lama estava nos Estados Unidos para mais uma turnê de palestras, dessa vez em Tucson. Após a nossa última série de conversas, na Índia, tínhamos nos encontrado esporadicamente para discutir assuntos como a economia, a riqueza, os estilos de vida, a cobiça, o consumismo, os ricos e os pobres*. Eu também o acompanhara em algumas turnês, mas, como a sua agenda estava cheia, não tivéramos tempo para conversar profundamente sobre questões dessa complexidade.

Mas em Tucson foi diferente. No Arizona, o meu estado natal, tínhamos realizado a nossa primeira série de conversas sobre a felicidade, que mais tarde seria relatada no

---

* Essas conversas aparecerão em um dos volumes da série *A arte da felicidade* a serem publicados.

◆

248

A FELICIDADE EM UM MUNDO CONTURBADO

livro *A arte da felicidade*. Aquela era a sua primeira visita de retorno ao Arizona. De modo que, quase uma década depois, lá estávamos nós, ainda discutindo o tema da felicidade humana. O deserto de Sonora, cercado por montanhas rochosas e cactos gigantes, e a sutil fragrância de seus arbustos evocavam um sentimento de nostalgia. Tive a impressão de que seria ótimo continuar as nossas conversas ali, num lugar que nos lembrasse dos ciclos da vida, dos ciclos voláteis que revolvem em torno de um núcleo imutável – a eterna questão da busca da felicidade.

O Dalai-Lama tinha um dia cheio pela frente. Com exceção de uma breve pausa para o almoço, na suíte do hotel, praticamente cada minuto do seu tempo estava comprometido. Naquela semana, ele dava uma série de palestras sobre um dos seus livros prediletos, o *Bodhicaryavatara*, escrito por Shantideva. As longas aulas, que se alongavam pelos períodos da manhã e da tarde, deixavam pouco tempo para outras atividades. Geralmente, Sua Santidade preenchia os intervalos entre os eventos públicos ou privados com breves audiências particulares. No meu caso, no entanto, devido à minha rede de relações, os organizadores da visita do Dalai-Lama a Tucson tinham arranjado mais tempo para nos encontrarmos, depois do desjejum, pela manhã, ou depois das suas aulas, no final da tarde.

Cheguei à sua suíte no hotel de manhã bem cedo para a nossa primeira reunião. Como eu não era exatamente uma "pessoa de hábitos diurnos", eu ainda estava tomando a minha primeira xícara de café e me esforçando para enxergar em cores. Quando entrei na suíte, o Dalai-Lama saiu do cômodo adjacente com um passo ágil e um sorriso

◆

249

caloroso. Cumprimentou-me animado e bem-humorado. Como parte da sua rotina, ele tinha acordado às 4h da manhã para meditar por três horas e tomar o café da manhã, que consistia em um tradicional *tsampa* tibetano. Essa era a melhor parte do seu dia.

Começamos a conversar sobre assuntos gerais, enquanto ele tirava as sandálias de borracha gastas e se sentava, descalço, com as pernas cruzadas, sobre uma enorme cadeira acolchoada. Embora no Arizona a temperatura do início do outono fosse um bem-vindo descanso após o verão, o Dalai-Lama, que não gostava de tempo quente, começou a reclamar do calor do deserto, enquanto eu me sentava em um sofá de frente para ele e pegava os meus cadernos de anotação. Coloquei o gravador em cima da mesinha de centro, e conversamos brevemente sobre o seu retorno a Tucson após tantos anos. Mas, como eu queria lhe fazer muitas perguntas, em pouco tempo retomamos a nossa longa série de conversas, recomeçando de onde tínhamos parado em Dharamsala.

Rapidamente cheguei ao cerne da questão, que era a busca da felicidade em um mundo conturbado, e disse:

– Vossa Santidade, quando penso em todos os problemas que assolam o mundo, problemas que impossibilitam a felicidade, como a violência, o terrorismo, o preconceito, a pobreza, a desigualdade social, a destruição do meio ambiente, e assim por diante, e quando penso na profundidade desses problemas, às vezes tudo me parece impossível... Quero dizer, com tanto sofrimento no mundo, a possibilidade de a pessoa encontrar a felicidade genuína às vezes parece bastante remota.

A FELICIDADE EM UM MUNDO CONTURBADO

– Howard, preste atenção. Estivemos discutindo a felicidade no nível social. E, nesse nível, as condições externas podem ter algum impacto na felicidade dos membros de determinada sociedade. Precisamos trabalhar para superar os muitos problemas do mundo de hoje. Precisamos nos esforçar para mudar as coisas, mesmo que tenhamos de dar pequenos passos para criar condições sociais que promovam maior felicidade a todos os membros da sociedade. Isso é importante. É o nosso dever. Mas, quando falamos em promover a felicidade, precisamos distinguir dois níveis: o interno e o externo. Precisamos trabalhar para resolver os problemas externos, mas também precisamos encontrar soluções para os internos, em nível individual, para que possamos manter a felicidade nesse mundo conturbado.

– Então vamos conversar sobre o nível individual. Quero saber como podemos encontrar a felicidade em um mundo conturbado – eu disse.

– Está bem – concordou.

– Sabe de uma coisa, Vossa Santidade? Às vezes, quando penso nos problemas que assolam o mundo e nas muitas situações estressantes do dia a dia, fico com a impressão de que seria melhor ignorar tudo isso e ir para um mosteiro ou algo assim. Mas essa pode não ser a solução.

– É verdade – anuiu o Dalai-Lama. – O mundo está cheio de problemas. Mas não precisamos nos retirar do mundo para encontrar a felicidade. – Ele parou para pegar a caneca de chá numa mesinha lateral e continuou. – Isso me faz lembrar que, numa das minhas viagens à Alemanha, um repórter me perguntou se eu achava que o estresse era

◆

251

A ARTE DA FELICIDADE EM UM MUNDO CONTURBADO

uma característica congênita do mundo moderno, da sociedade moderna.

– E o que o senhor respondeu?

– Eu disse que não! Se isso fosse verdade, teríamos de correr para um lugar isolado, sem tevê, sem as conveniências da vida moderna, sem a boa comida! Para mim – continuou –, isso não será nada agradável! O estresse e a ansiedade são estados internos, e as condições são estados externos (que não causam estresse). *O estresse, assim como os outros estados mentais negativos, é determinado pela nossa maneira de responder às situações externas.* Muitas vezes, não sabemos lidar com o mundo em que vivemos.

– Se refletirmos sobre o assunto, chegaremos à conclusão de que o sofrimento não é gerado pelos fatores externos, mas sim pelos fatores internos, como as emoções aflitivas. E, se quisermos eliminar essa angústia interna, teremos de aprender a lidar com as emoções, com o mundo, com as situações negativas etc.

– Só para esclarecer... – interrompi. – Quando diz que devemos "lidar com as emoções", isso significa que devemos controlar as emoções em geral e erradicar as emoções negativas, como a raiva, o ódio, a cobiça, a inveja, a prostração, e assim por diante? Em outras palavras, está se referindo ao treinamento mental?

– Estou – confirmou. – Lembro que já falamos sobre isso. Chegamos à conclusão de que o treinamento mental, ou disciplina interna, como costumo dizer, pode ser uma boa estratégia para o cultivo da felicidade...

Não querendo que ele abandonasse o assunto, eu o interrompi rapidamente.

◆

252

– É verdade. Já falamos a esse respeito. Mas acho que esse é um bom ponto de partida para a conversa de hoje! Alguns anos atrás, em Dharamsala, discutimos os atos de maldade e de violência e chegamos à conclusão de que as emoções negativas estão por trás desses problemas. Bem, nessas discussões falamos sobre o medo, mas não nos aprofundamos em outras emoções negativas em geral. Assim, eu gostaria de voltar a esse assunto, e acredito que hoje seria muito bom fazermos uma revisão geral sobre como superar emoções negativas! Não custa nada retomar esse importante assunto – argumentei. – Além disso, em Dharamsala, estávamos focados no desenvolvimento pessoal. Agora, o contexto é outro. Estamos discutindo também o quadro mais amplo dos fatores sociais.

Com um sorriso que brotava dos seus olhos, talvez porque tivesse ficado feliz com a minha insistência em retomar o assunto, ele aceitou a sugestão e disse:

– Está bem. O treinamento mental consiste no cultivo dos estados mentais positivos e na eliminação dos estados mentais negativos, as emoções destrutivas ou aflitivas. Como vimos, segundo a doutrina budista, os estados mentais positivos são aqueles que levam à felicidade. As emoções negativas ou destrutivas causam aflições, destroem a felicidade mental da pessoa e geram sofrimento. Nós, budistas, acreditamos que as características mentais positivas funcionam como um antídoto para os estados mentais destrutivos ou aflitivos. Quando fortalecemos as emoções positivas, reduzimos a influência e a força das emoções negativas. Então, na prática budista, certas emoções positivas funcionam como um antídoto para as emoções negativas ou aflitivas correspondentes. Por exemplo, a paciência e a tolerância são antídotos para a raiva; a compaixão e a gentileza são antídotos para o ódio; a humildade e a modéstia são antídotos para a inveja e a cobiça etc.

– Ah, mais uma coisa! – acrescentou, depois de uma pausa. – É importante que a disciplina interna seja acompanhada de uma disciplina ou conduta ética. Ao mesmo tempo que precisamos eliminar as emoções negativas, também precisamos lutar para superar os comportamentos destrutivos que as acompanham e que levam à tristeza e ao sofrimento. O desenvolvimento de características mentais positivas deve ser acompanhado de mudanças internas que se traduzam no nosso comportamento, na nossa interação com os outros. Isso é importante.

Talvez um dia o mundo decida adotar o princípio da não violência. Então a estupidez do preconceito e a crueldade do racismo serão coisas do passado; a pobreza e a fome serão erradicadas; os direitos humanos serão respeitados e atingirão todas as pessoas; e as condições sociais promoverão a felicidade e a prosperidade. Talvez um dia. Não sabemos quando esse dia chegará. Mas uma coisa é certa: as mudanças sociais são vagarosas. Assim, somos levados a indagar: o que podemos fazer para manter a felicidade, diante dos problemas do mundo? Naquela manhã, o Dalai-Lama começou a pensar numa resposta. Voltamos ao nível do indivíduo e investigamos uma abordagem interna para a busca da felicidade, do mesmo modo como tínhamos feito em Tucson anos antes. A diferença era que, agora, estávamos focados no contexto mais amplo da sociedade, e as pesquisas, em sua maioria, validavam a abordagem do Dalai-Lama.

Quando ele começou a delinear a sua estratégia geral para lidar com as adversidades e para manter a felicidade, surpreendi-me com os paralelos que podiam ser feitos com as últimas descobertas científicas. Desde a publicação de *A arte da felicidade*, eu vinha acompanhando de perto os estudos sobre a felicidade e as emoções destrutivas, e, quando ele começou a discorrer sobre o assunto, percebi que algumas das principais descobertas científicas nesse campo vertiam uma nova luz sobre a sua abordagem, baseada em princípios e práticas budistas ancestrais.

Ao discutir o fato de que as emoções positivas funcionam como um antídoto para as emoções negativas, o Dalai-Lama reviu alguns dos princípios fundamentais da abordagem budista para a busca da felicidade. Essa abordagem baseia-se na ideia de que, em circunstâncias normais, a felicidade da pessoa é determinada mais pelo seu estado mental do que pelos fatores externos. Além disso, o budismo diz que podemos cultivar conscientemente a felicidade por meio do treinamento mental, transformando as nossas perspectivas e as nossas atitudes. Segundo esse ponto de vista, podemos cultivar a felicidade como se estivéssemos desenvolvendo uma habilidade comum, pelo treinamento e pela prática.

Para realizar o treinamento mental, primeiro devemos identificar as emoções que sentimos no dia a dia e, em seguida, classificá-las como positivas, se conduzirem à felicidade, ou como negativas, se conduzirem ao sofrimento.

Dessa forma, emoções como a compaixão, a gentileza, a tolerância, o perdão, a esperança e outras serão consideradas positivas. Não é somente o budismo que associa essas emoções com a felicidade. Centenas de estudos científicos mostram que as emoções positivas geram efeitos benéficos para a saúde, para os relacionamentos e para o sucesso profissional da pessoa.

Por outro lado, há muitas emoções e estados mentais que conduzem ao sofrimento: a hostilidade, o ódio, a ansiedade, a inveja, a cobiça, a desonestidade, o preconceito, e outras. Essas emoções são chamadas de emoções destrutivas ou aflitivas – às vezes, eu e o Dalai-Lama preferimos usar a palavra *kleshas*, que em sânscrito significa "delírio". Embora os termos "emoções positivas" e "emoções negativas" sejam bastante comuns, essas categorias não se limitam ao que costumamos chamar de emoções verdadeiras – por exemplo, a honestidade, a tolerância e a humildade são consideradas emoções positivas, ao passo que a desonestidade e a falta de disciplina são consideradas emoções negativas. Seja qual for a terminologia que se queira usar, o budismo ensina que as emoções negativas e os seus antídotos são fundamentalmente incompatíveis. As duas coisas não podem ocorrer ao mesmo tempo – as emoções positivas dissipam as negativas, assim como a luz dissipa a escuridão. Quando cultivamos e fortalecemos as emoções positivas, enfraquecemos e diluímos as negativas, como se estivéssemos despejando água fria sobre água quente – quanto mais despejamos água fria, mais reduzimos a temperatura da água.

Surpreendentemente, na última década, ocorreram descobertas científicas que comprovaram a validade desse

A FELICIDADE EM UM MUNDO CONTURBADO

princípio budista. Por exemplo, num experimento seminal, a doutora Barbara Fredrickson, uma importante pesquisadora na área das emoções positivas, e seus colegas da Universidade de Michigan elevaram os índices de estresse e de ansiedade de um grupo de sujeitos de estudo dizendo-lhes que eles tinham apenas alguns minutos para preparar uma palestra que seria avaliada pelos seus pares. Como seria de esperar, os níveis de medo e de ansiedade subiram rapidamente, desencadeando respostas físicas de estresse como a aceleração cardíaca, aumento da pressão arterial, vasoconstricção periférica, tensão muscular etc. Numa segunda etapa, os sujeitos de estudo foram informados do cancelamento da palestra: não teriam de fazer mais nada. Ufa! Os experimentadores os separaram em quatro grupos e introduziram emoções diferentes em cada um deles, exibindo trechos de filmes que evocavam alegria (uma emoção positiva "muito excitante"), serenidade (uma emoção positiva "pouco excitante"), tristeza (uma emoção negativa) e emoções neutras (para o grupo de controle). Os pesquisadores perceberam que o "grupo feliz" recuperava-se com muito mais rapidez dos efeitos da ansiedade do que o grupo de controle. Além disso, os batimentos cardíacos e a pressão arterial desses indivíduos retornavam ao normal em bem menos tempo do que no caso do grupo de controle, ao passo que o "grupo triste" era o que mais demorava a se recuperar, o que levou Fredrickson a propor uma nova teoria sobre o funcionamento das emoções positivas, que ela chamou de hipótese da anulação. Afirmou que *as emoções positivas funcionam como um antídoto para as emoções negativas*!

O Dalai-Lama tinha razão em acreditar que não havia uma ligação direta entre a sociedade moderna e o estresse. Sem dúvida, o mundo atual e as condições da sociedade moderna podem ser muito estressantes. Um fato amplamente reconhecido pelos cientistas é que, do ponto de vista evolutivo, o corpo e o cérebro humanos se desenvolveram para a era pleistocena, e não para a sociedade tecnológica moderna. Evoluímos em pequenos grupos, numa savana, e não em gigantescas metrópoles, onde as pessoas vivem empilhadas umas sobre as outras em prédios enormes, com centenas de metros de altura. Não fomos feitos para esperar no tráfego congestionado, as buzinas soando ao nosso redor, não fomos feitos para trabalhar em cubículos, sendo bombardeados por estímulos visuais a todo instante, enquanto os *e-mails* se acumulam na caixa de entrada e a tevê cospe histórias sobre tragédias naturais e humanas. Assistir ao noticiário por dez minutos é suficiente para deixar qualquer um estressado. Estudos comprovam que até mesmo os sons de fundo do ambiente, dos quais nos desligamos, geram problemas para o nosso sistema nervoso.

Tudo isso gera um quadro crônico de pouca estimulação do sistema de resposta ao estresse. Como resultado, os hormônios de estresse são liberados de maneira desenfreada na corrente sanguínea, e o organismo não sabe o que fazer com isso. Esses hormônios surgiram para gerar uma resposta rápida e decisiva, de um só fôlego; para lidar com predadores e agressores perigosos, e não para se preocupar com exames escolares, com encargos financeiros e com desemprego. O nosso sistema de resposta ao estresse

◆

A FELICIDADE EM UM MUNDO CONTURBADO

surgiu para lutas rápidas com tigres-dentes-de-sabre, e não para longas disputas judiciais a respeito do divórcio. O que é bom para o corpo a curto prazo pode ser prejudicial a longo prazo. A ativação prolongada do sistema de resposta ao estresse e a produção desenfreada de hormônios afetam o funcionamento e a estrutura das células cerebrais, que são fundamentais para a memória, mas também causam uma variedade de problemas de saúde. Além do estresse crônico que permeia a vida moderna, somos obrigados a enfrentar situações adversas que nos deixam irritados, evocando emoções negativas como a raiva e a ansiedade, que geram picos de estresse e reações de luta ou fuga.

Felizmente, como sugere o Dalai-Lama, existe algo que nos permite lidar com o estresse crônico e agudo. Como mostrou o experimento de Fredrickson, as nossas emoções positivas podem agir como um antídoto para os efeitos negativos do estresse. E isso nos leva a uma questão crucial: *será que podemos aprender a controlar as nossas emoções?* Não me refiro a uma sensação positiva criada por filmes, mas sim a um método que nos possibilite ampliar sistematicamente as nossas emoções positivas.

Quando retomamos a conversa, o Dalai-Lama tentou responder a essa pergunta.

Ao discorrer sobre o cultivo do treinamento mental como estratégia para a busca da felicidade, ele disse:

– Outra coisa… Além dos antídotos específicos para as emoções negativas, também há um antídoto geral. Como você deve saber, a tradição budista diz que todas as emo-

◆

259

ções aflitivas têm origem na ignorância, na pouca compreensão da realidade. Assim, o antídoto para a ignorância é a sabedoria, a busca de conhecimento. Ela pode ser vista como um antídoto geral para a raiz de todas as emoções negativas.

– Mais uma coisa – acrescentou. – No budismo, dizemos que as emoções positivas têm uma fundamentação válida, que se baseia na realidade, ao contrário das emoções negativas, que, muitas vezes, baseiam-se em interpretações equivocadas ou em distorções da realidade. Por exemplo, a compaixão surge da conscientização de que a outra pessoa também quer ser feliz e evitar o sofrimento. Isso é uma percepção válida, uma parte da realidade. Por outro lado, emoções como o ódio baseiam-se na ideia de que a pessoa é inteiramente boa ou má, como se isso fizesse parte da sua natureza. Isso é uma distorção da realidade. Se investigarmos melhor, veremos que todos possuem qualidades boas e o potencial para a mudança.

Já familiarizado com esses conceitos, devido ao meu contato com o Dalai-Lama, meneei a cabeça e desviei o rumo da conversa para o que eu considerava uma questão mais pragmática:

– Deixemos de lado as fundamentações válidas e a eliminação permanente de todas as emoções negativas... Creio que o nosso objetivo é desenvolver uma estratégia para lidar com as adversidades e com as situações estressantes do dia a dia, de modo que possamos encontrar a felicidade. Se as emoções positivas são o antídoto, a pergunta mais lógica é: como podemos cultivá-las? Ou seja, como podemos...

Antecipando-se ao resto da pergunta, o Dalai-Lama respondeu:

– *Acho que a nossa atitude e a nossa visão de mundo desempenham importante papel. Uma coisa é certa: a nossa percepção do mundo e a nossa interpretação das circunstâncias e dos fatos da vida podem influenciar a maneira como reagimos ao mundo e aos seus problemas. Isso é a nossa visão de mundo. Acho que ela está associada à nossa capacidade de lidar com os problemas e de manter a felicidade.* Precisamos pensar nisso para ter uma visão de mundo e uma atitude que nos deem forças para seguir em frente.

– Vossa Santidade, acho que estou sempre fazendo as mesmas perguntas... – Dei uma risada. – Mas o senhor deve conhecer um método específico ou concreto para lidar com esses problemas. Por exemplo, como podemos ter uma visão de mundo que nos dê forças?

O Dalai-Lama riu.

– E eu estou sempre repetindo a mesma coisa. A solução é: *"Seja realista!"* Acho que isso de ser realista... Bem, é como um mantra para mim: "Seja realista... Seja realista..." Por exemplo, na luta pela libertação do Tibete, como você deve saber, sempre preguei uma abordagem realista, sempre disse que deveríamos desistir de uma independência absoluta em nome de uma autonomia genuína. Alguns dos meus críticos tibetanos, que insistem na ideia de uma independência absoluta, dizem por aí que odeiam a minha "abordagem realista"!

– *Ainda assim, acho que a base para as atitudes e as visões de mundo de que estamos falando é o pensamento realista, a abordagem realista*. Para isso, precisamos investigar a realidade e ter maior consciência das circunstâncias que nos cercam.

Embora já tivéssemos falado sobre o pensamento realista em diferentes contextos (a última vez fora no contexto das emoções destrutivas), naquela manhã ocorreu-me outro pensamento, uma objeção que, a meu ver, era bastante apropriada.

– Bem, não sei se todos concordariam com isso – objetei. – Creio que algumas pessoas poderiam dizer que, quanto mais consciência temos dos problemas do mundo, maior é a nossa chance de identificar problemas até então desconhecidos. Se adotarmos um pensamento realista e investigarmos determinada questão a fundo, poderemos descobrir que a sociedade possui mais problemas do que soluções. Não sei se isso nos deixaria mais felizes, mais contentes, ou se, pelo contrário, nos deixaria mais impressionados, angustiados e deprimidos. Por exemplo, digamos que eu esteja preocupado com a questão dos armamentos nucleares e decida investigar a "realidade". Se eu descobrir que a região onde moro está repleta de silos, isso não me fará dormir melhor. (Da mesma forma, se eu me "conscientizar" da "realidade" do aquecimento global, ou algo assim, isso provavelmente me deixará mais deprimido do que feliz.)

– Essa também é uma questão de perspectiva – ele disse. – No caso, você deve adotar a perspectiva correta, pois a descoberta dos silos também pode ter o efeito de aumentar a sua sensação de urgência. Você pode se juntar a um grupo ou ser mais ativo politicamente, você pode tomar alguma medida para solucionar o problema.

◆

A FELICIDADE EM UM MUNDO CONTURBADO

– Deixe-me explicar o que quero dizer quando recomendo uma abordagem realista, uma conscientização maior, uma aproximação da realidade. Não estou sugerindo que a pessoa olhe somente para os problemas do mundo, para o lado negativo da situação. Isso é apenas parte da realidade. *Uma abordagem verdadeiramente realista compreende todos os ângulos e todas as facetas da situação*, o que inclui tanto as coisas boas quanto as coisas más, e não apenas as más. A vida é feita de problemas, mas também de momentos bons. *Enxergar a realidade de maneira ampla é fundamental para desenvolvermos uma visão de mundo e uma atitude realistas. Se pararmos para pensar, perceberemos que existem muitas maneiras de se enxergar um problema.* Por exemplo, podemos olhar apenas para as consequências de curto prazo e esquecer as consequências de longo prazo, mas nem sempre isso é recomendável.

– Minha abordagem é mais equilibrada, mais completa, mais realista. Ela envolve modos de pensar flexíveis, que nos permitem abordar uma situação de vários ângulos. *Creio que já dissemos que as emoções destrutivas tendem a distorcer a realidade e a estreitar a perspectiva. Assim, se quisermos superar as emoções negativas, teremos de confrontá-las com perspectivas mais amplas e holísticas.*

– Vossa Santidade, pelo que entendi, parece que existem diferentes modos de enxergar a realidade e que isso pode nos ajudar a lidar com as emoções negativas e os problemas do dia a dia.

– Isso mesmo.

– Pode descrever um desses modos e explicar como ele nos ajudaria a lidar com os problemas?

◆

263

A ARTE DA FELICIDADE EM UM MUNDO CONTURBADO

O Dalai-Lama ficou em silêncio por alguns minutos, então disse:

— Creio que podemos começar com a nossa própria atitude perante os problemas e o sofrimento em geral... Se tivermos uma atitude realista diante dos problemas inevitáveis da vida, seremos capazes de lidar com eles de maneira mais eficiente.

— Mas será que isso não nos deixará mais deprimidos? — perguntei.

— Pelo contrário, com essa atitude, não seremos pegos de surpresa quando surgir um problema. Estaremos mais preparados e poderemos enfrentá-lo diretamente, sem medo. Não precisaremos fingir que ele não existe, não precisaremos fugir dele. Além disso, poderemos focar as nossas energias na busca de uma solução, em vez de dispersá-las com queixas de injustiça, com crises de raiva ou de tristeza, só porque tivemos de passar por determinada situação. Também não culparemos uma pessoa ou uma instituição para, em seguida, bombardeá-los com toda a força da nossa raiva.

— Adotar uma atitude correta com relação ao sofrimento é apenas o primeiro passo. Também precisamos encontrar novas perspectivas, novos ângulos que nos ajudem a lidar com os problemas, mas que sejam baseados na realidade.

Certa manhã, dois homens seguiam de carro para uma importante reunião de negócios, e já estavam bastante atrasados. A caminho da reunião, o pneu furou. Nem é preciso dizer que o passageiro ficou muito irritado, mas, vendo que o motorista permanecia absolutamente calmo e sossegado,

◆

264

tratou imediatamente de trocar o pneu. O passageiro foi ficando mais e mais irritado, porém o motorista continuou trabalhando, ainda completamente despreocupado. Então, por fim, o passageiro não se conteve e perguntou: "Vamos chegar atrasados! Por que é que você está tão calmo?" Então, quase com alegria, o motorista respondeu: "Esse é o terceiro!" Insatisfeito com a resposta, o passageiro pediu-lhe que explicasse, e ele disse: "Muitos anos atrás, quando eu estava começando a dirigir, li uma estatística sobre o número de vezes em que cada motorista teria um dos seus pneus furados. Desde então, decidi esperar pela minha cota justa de pneus furados, que, por sinal, ainda não atingiu a média, e percebi que, onde quer que o pneu furasse, jamais seria num lugar ou momento conveniente. Aceitei isso como um fato normal, como parte do custo de se ter um carro, assim como ter de pagar pela gasolina ou pelo diesel. Esse é apenas um dos pneus da minha cota justa de pneus furados."

Há muito tempo, alguém me contou essa história e, embora a sua origem precisa tenha se apagado gradualmente da minha memória, ela permaneceu comigo. Retorna à minha mente de tempo em tempo, sempre que começo a pensar que os eventos diários estão conspirando contra mim. Ela ilustra bem os princípios que o Dalai-Lama discutiu naquela manhã, na medida em que nos mostra que aceitar a inevitabilidade dos problemas pode nos ajudar a reduzir as nossas inquietações e as nossas emoções negativas. Também nos mostra que adotar uma "visão de mundo realista", baseada numa análise abrangente do problema, pode nos ajudar a lidar com a frustração.

A ARTE DA FELICIDADE EM UM MUNDO CONTURBADO

Passo a passo, o Dalai-Lama foi revelando uma poderosa abordagem que nos permitiria encontrar a felicidade em um mundo conturbado, que nos permitiria lidar com os problemas do cotidiano, sem que tivéssemos de sucumbir à desesperança, ao desânimo, ao medo. Ao dizer que, do ponto de vista do budismo, as emoções positivas funcionam como antídotos específicos para os estados mentais negativos, identificou um remédio universal para todas as enfermidades, um antídoto que eliminaria todas as emoções negativas, cortando-as pela raiz (que é a nossa ignorância fundamental). "Ignorância", nesse contexto, não significa apenas falta de informação. O termo refere-se a um desconhecimento fundamental da verdadeira natureza da realidade, que é conhecido como vazio. A ignorância, nesse sentido, envolve um erro de percepção da realidade, uma lacuna entre a aparência e a existência verdadeira de todas as coisas. Segundo a teoria budista, a percepção correta da natureza final da realidade, a "percepção do vazio", livra a mente de todas as tendências negativas e gera um estado de iluminação, no qual a pessoa se vê livre de todo o sofrimento e do *Samsara*, o eterno ciclo de nascimento, morte e renascimento.

Atingir a Iluminação, porém, não é tarefa fácil. Segundo as Escrituras budistas, podem ser necessárias incontáveis vidas para se alcançar esse estado! Então resta-nos perguntar: qual é a importância disso para aqueles que não praticam o budismo e não querem esperar incontáveis vidas para alcançar a felicidade? Como isso afeta aqueles que lutam para sobreviver em um mundo conturbado e para obter um pouco de felicidade e de paz?

◆

A FELICIDADE EM UM MUNDO CONTURBADO

Segundo a filosofia budista, há duas realidades: a final e a convencional. Como vimos, a realidade final diz respeito ao conceito de vazio, e a percepção correta do vazio é gerada pelas descobertas espirituais. A realidade convencional diz respeito ao dia a dia, ao senso comum, à aceitação de tudo o que parece real. *Assim como há dois tipos de realidade, também há dois tipos de felicidade.* Certa vez, numa das nossas conversas, o Dalai-Lama disse que a iluminação ou libertação era "a forma mais elevada de felicidade", ou seja, a felicidade final. O objetivo da série *A arte da felicidade* é mais modesto, mas nem por isso é simples: atingir a felicidade e a satisfação no dia a dia. Essa é a felicidade convencional.

De posse dessa última informação, podemos retomar as ideias do Dalai-Lama e começar a montar o quebra-cabeça. Como vimos, a estratégia dele para encontrar a felicidade em um mundo conturbado é uma "estratégia realista", que gera uma "visão de mundo realista" e nos permite "investigar a realidade e aumentar os níveis de conscientização das circunstâncias que nos cercam". Nesse contexto, ele está se referindo à realidade convencional. A "abordagem realista" é um remédio universal que nos permite lidar com os problemas e as adversidades do dia a dia cultivando as emoções positivas e eliminando as negativas, que causam sofrimento. Assim, podemos traçar um paralelo entre os dois níveis da realidade. A conscientização da natureza final da realidade, o vazio, conduz à "felicidade final", e a conscientização da realidade convencional do dia a dia conduz à "felicidade convencional". Ambas podem ser vistas como um antídoto geral para as emoções e os

◆

267

A ARTE DA FELICIDADE EM UM MUNDO CONTURBADO

estados mentais negativos. A diferença é que o antídoto final erradica completamente todos os estados mentais negativos, ao passo que o antídoto "convencional" (que é o que está sendo explorado neste livro) apenas reduz as emoções e os estados negativos, para que possamos ter uma vida feliz.

Por fim, fazendo um paralelo entre a estratégia do Dalai-Lama para eliminar as emoções negativas (e alcançar a felicidade) e os últimos estudos acadêmicos sobre a felicidade, podemos mencionar outra teoria científica sobre as emoções positivas. Como vimos, a hipótese da anulação de Fredrickson parece comprovar a ideia de que as emoções positivas funcionam como um antídoto para as emoções negativas. Isso se assemelha ao conceito budista de "antídotos específicos", pelo qual cada emoção positiva funciona como um antídoto para uma emoção negativa específica. Coincidentemente, a doutora Barbara Fredrickson e os seus colegas também desenvolveram uma importante teoria que pode ser comparada ao conceito budista de "antídoto geral" para todas as emoções destrutivas. Sua teoria, o modelo de alargamento e de construção das emoções positivas, também ajuda a explicar por que o método do Dalai-Lama é tão poderoso e eficiente.

Antigamente, as pesquisas cientificas voltadas para o estudo das emoções humanas focavam sobretudo as emoções negativas. Como resultado, os neurocientistas e psicólogos evolutivos desenvolveram teorias coerentes para explicar por que nossos antepassados remotos haviam desenvolvido emoções negativas e de que modo elas tinham agido para possibilitar a sobrevivência deles. Do ponto de

◆

268

vista evolutivo, as emoções negativas fazem sentido. Mas, quando tentamos entender as emoções positivas à luz da evolução, tudo fica mais complicado. Diferentemente das emoções negativas, que geravam tendências de "pensamento-ação" específicas e compeliam a agir em nome da sobrevivência, as emoções positivas não compeliam a fazer nada, talvez dissessem apenas: "Ei! Isso é *bom*. Continue fazendo isso e não mude!" É fácil entender como o prazer físico, que está associado à apreciação da comida e do sexo, desempenha importante papel na sobrevivência e na reprodução da espécie, mas o valor adaptativo das emoções positivas não é tão claro.

O termo *"construção"* da teoria de alargamento e construção diz respeito à ideia de que as emoções negativas foram criadas para nos ajudar a sobreviver em situações de perigo, ao passo que as emoções positivas foram criadas para nos ajudar a construir recursos físicos, intelectuais e sociais em tempos de paz e de segurança. As emoções positivas estão associadas às invenções, às descobertas e às estratégias que visam a acumular recursos e a transformar o meio ambiente. Elas nos ajudam a criar laços sociais que se mostram benéficos no futuro, nas épocas de crise, quando precisamos pedir ajuda a alguém. Diante da evolução do ser humano e do subsequente aumento da sua expectativa de vida, tornou-se vantajoso pensar no futuro e na construção de recursos que seriam aproveitados posteriormente.

Num dos primeiros experimentos que demonstraram o efeito "alargador" das emoções positivas, Fredrickson e os seus colegas dividiram os sujeitos do estudo em grupos e introduziram emoções diferentes em cada grupo, exibindo

A ARTE DA FELICIDADE EM UM MUNDO CONTURBADO

trechos de filmes que evocavam emoções específicas, como a raiva e o medo. Em seguida, avaliaram o efeito dessas emoções na capacidade da pessoa de pensar de maneira ampla ou estreita, enxergando o quadro geral ou focando os detalhes. Fizeram isso de várias maneiras. Num dos experimentos, por exemplo, usaram um "teste de processamento visual global-local" – mostraram aos sujeitos do estudo um diagrama com figuras geométricas que foi definido como o "padrão". Depois, mostraram-lhes outros dois diagramas e lhes pediram para avaliar qual deles era mais parecido com o "padrão". Não havia escolha certa ou errada. Uma das figuras comparativas lembrava a forma geral ou "configuração global" do padrão, a outra lembrava os detalhes ou "elementos locais". Os resultados mostraram que os participantes "felizes" tendiam a enxergar o "quadro geral" e a escolher a imagem que lembrava a forma geral das figuras originais. Já os participantes "neutros" ou "infelizes" demonstravam um modo de pensar mais estreito, focando os pequenos detalhes. Depois desse experimento, Fredrickson e os outros estudiosos conduziram muitos estudos parecidos e obtiveram resultados satisfatórios, comprovando que a diferença de humor afetava o modo de pensar das pessoas.

Outra pesquisadora importante, Alice Isen, da Universidade de Cornell, investigou os efeitos das emoções positivas no pensamento humano por mais de duas décadas e reuniu um expressivo corpo de dados que comprovava os efeitos dilatadores das emoções positivas. Num dos experimentos, ela induziu emoções positivas num grupo de sujeitos do estudo e, em seguida, submeteu-os a um teste de

♦

270

A FELICIDADE EM UM MUNDO CONTURBADO

associação de palavras. Forneceu-lhes uma lista de três palavras, por exemplo, "ceifadeira", "estrangeiro" e "atômico", depois lhes pediu que pensassem numa palavra que se relacionasse com as outras três (resposta: "poder"). Isen descobriu que os sujeitos do estudo "felizes" obtinham resultados muito melhores do que os do grupo de controle. A intenção original do experimento foi analisar os efeitos das emoções positivas na criatividade, mas, diante dos resultados, concluiu-se que elas ampliavam o enfoque da pessoa, ao passo que as emoções negativas o reduziam.

Tendo isso como pano de fundo, se analisarmos novamente a "abordagem realista" do Dalai-Lama, perceberemos que as suas palavras soam familiares! A primeira técnica ou método que ele sugere para o cultivo dessa visão realista é olhar para as situações adversas de maneira mais ampla, de diferentes ângulos, prestando atenção ao "quadro geral" e às consequências de longo prazo, cultivando modos de pensar que nos permitam enxergar de modo diferente etc. É esse tipo de pensamento que os pesquisadores têm atribuído às emoções positivas em experimentos recentes.

Eis, porém, que surge uma dúvida. O experimento deixa claro que as emoções positivas e os sentimentos de felicidade têm o efeito geral de alargar a nossa perspectiva e a nossa visão de mundo. O Dalai-Lama sugere o contrário, que o cultivo de uma visão de mundo mais abrangente, de uma perspectiva mais ampla e realista (por meio da razão, do pensamento analítico, da lógica etc.) tem o efeito de nos ajudar a lidar com os problemas do mundo e a manter a felicidade. Sabemos que as emoções positivas *levam* a

◆

271

A ARTE DA FELICIDADE EM UM MUNDO CONTURBADO

esse tipo de visão de mundo, mas será que o contrário também é verdadeiro? Em outras palavras, será que o cultivo de uma visão de mundo mais ampla, de uma perspectiva mais flexível e multifacetada etc. também leva a *mais* emoções positivas?

A resposta é: *sim*! Estudos realizados por Fredrickson e outros psicólogos mostram que essa é uma via de mão dupla: as emoções positivas geram modos de pensar abrangentes, e os modos de pensar abrangentes geram emoções positivas. Com isso, criamos o que os pesquisadores chamam de "espiral ascendente", ou seja, quanto mais cultivamos os modos de pensar abrangentes, mais geramos emoções positivas e felicidade, o que, por sua vez, conduz a uma visão de mundo mais ampla, e assim por diante.

Sem dúvida, uma perspectiva mais ampla pode nos ajudar a cultivar emoções positivas e lidar com problemas diários de maneira mais eficiente. É claro, há certas emoções ou estados mentais positivos que são particularmente importantes no combate a alguns dos problemas mais sérios e irremediáveis do mundo de hoje: a esperança, o otimismo, a resiliência.

Por esse motivo, na manhã seguinte, tratamos de discutir esses assuntos fundamentais.

Capítulo 11

A ESPERANÇA, O OTIMISMO E A RESILIÊNCIA

A ESPERANÇA

A primavera é a estação da esperança. E, toda primavera, quando os fãs do Chicago Cubs lotam o Wrigley Field para assistir à primeira partida do time na temporada, seus corações se enchem com a mesma convicção: "Este é o nosso ano! Venceremos o campeonato!" E, quando chega o outono e o ar torna-se frio, os dias curtos, e os seus sonhos de vitória caem por terra, os seus corações se enchem com o mesmo pensamento: "Esperaremos até o ano que vem!" E por que é que eles lotam o estádio no ano seguinte, gritando: "Este é o nosso ano!", *mesmo sabendo que o seu time não vence o campeonato desde 1908?* Porque eles têm esperança.

A esperança é um dos recursos internos mais valiosos da humanidade, e era sobre a esperança que iríamos falar agora.

– Vossa Santidade – comecei –, ontem o senhor disse que aceitar os problemas e o sofrimento como parte da vida é algo positivo. Mas eu estava pensando que, apesar dos efeitos benéficos desse tipo de visão realista, devido aos problemas de hoje, as coisas às vezes podem nos parecer um tanto desanimadoras.

– É por isso que precisamos de uma variedade de abordagens – respondeu o Dalai-Lama – e de diferentes modos de enxergar os nossos problemas. Por exemplo, mesmo que estejamos pensando em alguns dos maiores problemas da sociedade, em questões como o meio ambiente, mesmo que estejamos sentindo uma espécie de angústia ou desesperança, se analisarmos a situação com um olhar mais abrangente, veremos que muitos desses problemas são causados pela inteligência humana, ou pelo mau uso dessa inteligência, pois não há valores humanos para contrabalançá-la, ou um bom coração. Por exemplo, a nossa inteligência gerou as tecnologias modernas, mas, sem responsabilidade, elas podem ser desastrosas. Por outro lado, se é verdade que alguns problemas são causados ou gerados pela inteligência humana, então essa mesma inteligência pode ser usada para encontrar soluções, se a vontade estiver sendo guiada pela motivação correta.

◆

– Bem, mesmo que seja possível encontrar soluções, creio que muitas pessoas são desestimuladas pela complexidade dos problemas, e, além disso, as soluções parecem caminhar muito lentamente.

– É por isso que devemos cultivar uma atitude que nos permita manter a esperança. Ela pode fazer muita diferença na maneira como respondemos aos problemas e às dificuldades.

– Certo. Já que a esperança é tão importante, fale mais sobre ela, sobre como podemos cultivá-la.

– É claro... Vejamos... Creio que, de certa forma, podemos dizer que a nossa própria existência depende da esperança. Como discutimos muitas vezes, o desejo primordial de todos os seres humanos é buscar a felicidade e evitar o sofrimento. Podemos perder o sono com os muitos problemas da vida. Mas vamos dormir com a esperança de acordar na manhã seguinte! – Ele deu uma risada, depois continuou. – E, na manhã seguinte, de certa forma, é a esperança que nos motiva a saltar da cama para tocar a nossa vida, a esperança de que encontraremos a felicidade, de que seremos capazes de superar os obstáculos. Além disso, podemos ter outros objetivos mais específicos, e é a esperança que nos dá forças para lutar por esses objetivos. É ela que nos mantém vivos.

Com isso em mente, perguntei:

– Como o senhor mantém a esperança diante dos muitos desafios da questão tibetana, que continua em suspenso?

– Acredito que a abordagem que visa criar uma perspectiva mais ampla pode ser muito útil para a manutenção da esperança no que diz respeito à questão tibetana, pois,

A ARTE DA FELICIDADE EM UM MUNDO CONTURBADO

quanto mais estreitamos a nossa visão, mais a situação nos parece desesperadora. Se adotarmos um enfoque limitado, levando em conta apenas os acontecimentos recentes e a situação atual, chegaremos à conclusão de que lutamos por cinquenta anos, mas os nossos esforços foram em vão.

– Mas, se alargarmos a nossa visão e adotarmos uma perspectiva global, descobriremos que ainda há uma base para a esperança. Afinal de contas, o mundo está mudando, e não há motivos para acreditar que a China seja uma exceção. Apenas duas décadas atrás, quem teria previsto o colapso da União Soviética? Na verdade, a China de hoje é muito diferente daquela de vinte anos atrás. No caso do Tibete, se olharmos apenas para as políticas chinesas do passado, poderemos não encontrar muitos motivos para alimentar esperanças. Mas, se adotarmos uma perspectiva mais ampla, perceberemos que ocorrem mudanças no seio da sociedade chinesa, sobretudo entre o povo, que está começando a mostrar maior interesse pela cultura tibetana e pelo budismo. Mesmo entre os chineses, há um número cada vez maior de pessoas que apoiam a causa do Tibete e simpatizam com os tibetanos. Desse modo, podemos concluir que, quanto mais ampla é a perspectiva, maior é o potencial para a esperança.

– Mesmo no que diz respeito à transferência maciça de chineses para o Tibete, que evoca o medo de que os tibetanos sejam transformados numa minoria inexpressiva no seu próprio país, podemos ver algum potencial para uma mudança política. Podemos imaginar que, sem os incentivos dados pelo governo, a imigração não apenas cessaria, como também muitos chineses que moram no Tibete opta-

◆

276

A FELICIDADE EM UM MUNDO CONTURBADO

riam por retornar para o seu país de origem, onde a altitude e o clima são mais favoráveis. Então, tudo é possível.

Pensando na força interna e na profunda determinação que seriam necessárias para manter a esperança após décadas de derrotas para os chineses, perguntei:

– Além de adotar uma perspectiva mais ampla, o que mais o senhor fez para manter a esperança?

– Essa abordagem tem sido de grande ajuda – respondeu ele –, mas, no meu caso, muitos fatores estão em jogo. Um deles é que busco refúgio nas práticas budistas. Por exemplo, há uma passagem que repito todos os dias, que me sustenta, que me dá forças e me impede de perder a esperança...

– A sua passagem predileta de Shantideva?

– Isso mesmo – confirmou. E, recitando a passagem com animação, como se fosse a primeira vez, disse: *"Enquanto o tempo existir / Enquanto os seres sensíveis existirem / Até lá, que eu também exista / E dissipe as tristezas do mundo."* Esses versos me ajudam a mudar a minha visão de mundo, dando-me uma perspectiva muito mais abrangente, fazendo-me olhar a situação com um enfoque mais amplo. Se enxergarmos determinada situação contra o pano de fundo da eternidade temporal e reconhecermos que as mudanças são inevitáveis e a transitoriedade é uma das características intrínsecas da existência, perceberemos que tudo é possível.

– É claro que essa é essencialmente uma abordagem budista – lembrou-me. – Um dos motivos por que versos como esses de Shantideva repercutem fortemente em mim, quando os recito, é que há todo um sistema de crenças por

277

A ARTE DA FELICIDADE EM UM MUNDO CONTURBADO

trás deles, entre elas, a crença na teoria do renascimento, na eternidade e outras coisas.

– Creio que, em geral, o fato de sermos religiosos ou não pode fazer uma grande diferença na nossa capacidade de lidar com o mundo. E, nesse ponto, acho que cada uma das principais tradições religiosas desempenha importante papel, pois fornece ideias e práticas que dão força interna ao indivíduo e o impedem de sentir desesperança diante dos problemas do mundo. É claro, do ponto de vista secular, o indivíduo pode ter dificuldade em aceitar isso.

– Na verdade, Vossa Santidade, há muitas provas científicas que confirmam as suas ideias, que mostram que a fé aumenta a felicidade da pessoa e a ajuda a lidar com as adversidades e os eventos traumáticos da vida. Esse é um dos assuntos que eu gostaria de explorar a fundo com o senhor, no futuro. Mas, agora, quero me ater às estratégias seculares.

– O senhor disse que os versos de Shantideva lhe dão uma perspectiva mais abrangente ou duradoura, porém há um sistema de crenças budistas por trás deles. Mas acho que, até mesmo do ponto de vista secular, na ausência desse sistema de crenças, a pessoa pode apreciar o valor de uma perspectiva mais abrangente, de longo prazo.

Refleti por um momento.

– Será que não existem outras maneiras de desenvolver um olhar mais abrangente, que não envolvam a crença na eternidade, no renascimento, e assim por diante? Estou tentando pensar em um exemplo específico, que esteja relacionado com a ideia da esperança.

De repente, ocorreu-me um pensamento.

◆

278

A FELICIDADE EM UM MUNDO CONTURBADO

– Já sei! Digamos que a pessoa esteja trabalhando em algo muito difícil, que lhe parcça quase impossível, desesperador, como a cura para uma doença, mas uma doença que pareça não ter cura, de modo que haja pouca esperança de sucesso. Em vez de se deixar abater pela dificuldade, digamos que essa pessoa passe muito tempo pensando: "Sim, esta tarefa é muito difícil, posso não ser capaz de realizá-la. Mas farei uma pequena contribuição, darei um pequeno passo, então outro cientista continuará a partir desse ponto e dará seguimento ao meu trabalho." Se ela encarar a situação dessa maneira, terá esperança de encontrar uma cura. O que me diz? Acha que essa linha de raciocínio pode substituir a ideia do renascimento e da eternidade?

– Sim! Sim! Muito bom! – exclamou o Dalai-Lama. – Esse é um ótimo exemplo. Se analisarmos a história da ciência moderna, veremos que o nosso estágio de desenvolvimento é resultado do trabalho de pessoas de lugares e de gerações diferentes. Uma dessas pessoas dá uma contribuição, então vem outra e constrói em cima disso. Depois outra, e mais outra... Assim, se analisarmos a evolução da ciência no século passado, veremos que ela atingiu um patamar de desenvolvimento com o qual os pioneiros da ciência moderna jamais sonharam!

– Então, Howard, acho que essa é uma ideia complementar. O tipo de raciocínio que você sugeriu pode nos ajudar a criar uma perspectiva de longo prazo que pode ser útil para a manutenção da esperança, sobretudo quando pretendemos enfrentar os vários problemas da sociedade atual ou atingir um objetivo difícil de longo prazo.

◆

A ARTE DA FELICIDADE EM UM MUNDO CONTURBADO

– O senhor consegue pensar em outros fatores ou estratégias que nos ajudem a manter a esperança, outros modos de enxergar o problema que nos deem forças para continuar lutando, sem que tenhamos de sucumbir à desesperança ou ao desespero?

– Certo, outros fatores... – repetiu suavemente. – Sabe, Howard, quando se trata de manter a esperança e a determinação na busca de objetivos nobres, creio que *a pessoa deve ter um entendimento claro do valor do seu objetivo. Isso é o mais importante.* Quando o seu objetivo é nobre e envolve o bem-estar dos outros ou da comunidade em geral, isso lhe dá forças para seguir em frente. Da mesma forma, quando as coisas vão mal, a simples lembrança do valor do seu objetivo pode lhe dar esperança e coragem para continuar lutando. O problema pode ser muito complicado, mas, se a pessoa pensar que as futuras gerações da sua família ou dos seus amigos colherão os benefícios do seu sucesso, isso o ajudará a seguir em frente, sem desistir. Nesse caso, não importa se o seu objetivo pode ser alcançado no tempo de uma vida. Por exemplo, pensemos no Buda ou em Jesus Cristo: as missões que eles se propuseram não se limitaram ao seu tempo de vida.

– Será que essa ideia de "um objetivo nobre" está relacionada com a necessidade de darmos um sentido, um propósito para nossa vida?

– Acho que sim – concordou o Dalai-Lama. – Embora eu esteja querendo enfatizar a necessidade de apreciarmos o valor dos objetivos que queremos perseguir, também devo dizer que, quando um indivíduo tem um propósito para a sua existência que transcende os problemas pessoais, isso lhe dá forças para superar as adversidades e os contratempos. Assim, se o seu objetivo estiver ligado a um propósito maior, isso poderá fortalecer a sua determinação.

Para a maioria das pessoas que analisa a atual situação do Tibete, o sonho do Dalai-Lama de conquistar autonomia e liberdade genuínas para o seu povo, mesmo sem alcançar a independência absoluta, parece impossível. A liderança chinesa não dará meia-volta de repente, não mudará os seus planos de diluir a população tibetana até que ela se torne uma minoria no seu próprio país.

Ainda assim, nos últimos cinquenta anos, o Dalai-Lama tem trabalhado incansavelmente para garantir mais liberdades e direitos humanos para o povo do Tibete, educando as pessoas e fazendo apelos sempre que possível. E, por cinquenta anos, ele não fez mais do que fracassar. A cada passo, não importa o que faça ou onde esteja, sempre que a sua presença em algum lugar é divulgada internacionalmente, o governo chinês emite protestos formais e queixas, faz o possível para pressionar e intimidar aqueles com quem ele se encontra. Isso tem acontecido de maneira sistemática, com uma monotonia impiedosa e enlouquecedora, há cinquenta anos, mas ele continua esperançoso.

O Dalai-Lama obviamente tinha dominado a arte da esperança e, na conversa que tivemos naquela manhã, explicou-se como fazer isso. Usando a situação do Tibete como exemplo, revelou-me que a sua "abordagem realista" podia ser usada para o cultivo da esperança. A estratégia ou técnica geral que discutimos naquela semana consistia na adoção de uma perspectiva mais ampla e multifacetada para a análise da situação. Como dissemos, essa estratégia possui uma série de usos no que diz respeito ao cultivo de emoções positivas como a esperança e também nos ajuda a superar as emoções negativas e a lidar com as dificuldades da vida em geral. Na literatura científica, ela é chamada de reenquadramento ou reapreciação.

Ao mostrar como aplicar esse método à questão do Tibete, o Dalai-Lama iniciou uma análise mais abrangente da situação, levando em conta duas dimensões: o tempo e o espaço. A adoção de um enquadramento temporal mais amplo permitia-lhe enxergar a situação não apenas do ponto de vista das condições e circunstâncias locais, mas também do ponto de vista mais abrangente do mundo e das mudanças globais.

No decorrer da conversa, o Dalai-Lama revelou outras maneiras de lidar com os problemas em função de uma perspectiva mais "ampla e realista". Mencionou uma das mais importantes técnicas de reenquadramento ou reapreciação de situações ou problemas adversos: a busca de um propósito elevado. Como ele diz, quando o nosso objetivo está "ligado a um propósito maior", isso nos dá forças e determinação para vencer quaisquer obstáculos.

Dissemos anteriormente que as emoções positivas podem nos ajudar a lidar com a adversidade, pois funcionam como um antídoto para as reações de estresse associadas a emoções como a ansiedade e a raiva. Sintetizando as descobertas científicas que foram realizadas nessa área, Barbara Fredrickson afirmou: "Quando estamos sob a influência de emoções positivas, lidamos com a adversidade

A FELICIDADE EM UM MUNDO CONTURBADO

de maneira mais eficiente, na medida em que percebemos que os problemas possuem aspectos positivos e adotamos perspectivas mais amplas para observá-los." Analisando as próprias descobertas, bem como as de outros cientistas, ela concluiu: "Encontrar um significado positivo pode ser a melhor forma de cultivar mais emoções positivas em tempos de crise."

Tradicionalmente, a maneira mais comum de encontrar significado é através da fé religiosa ou espiritual. Durante a conversa, o Dalai-Lama confessou que as suas crenças e as suas práticas budistas o ajudavam a lidar com a adversidade. Quando encontramos significados positivos na adversidade, não apenas multiplicamos as emoções positivas em geral, como também fortalecemos aquela sobre a qual estamos falando: a esperança. A emoção positiva que resulta da fé é provavelmente a maior fonte de esperança que jamais existiu. Inúmeras pessoas vão buscar forças, inspiração e coragem nela.

É inegável que ter um propósito na vida é uma das maneiras mais seguras de alcançar a felicidade em geral. Além do mais, isso nos ajuda a manter a esperança, ampara-nos nos momentos de adversidade, sofrimento e tragédia. Como vimos, a fé religiosa dá um significado para a nossa vida, mas esse significado ou propósito também pode ser obtido de outras maneiras. O Dalai-Lama diz que, quando enfrentamos adversidades ou obstáculos, podemos aumentar os nossos níveis de esperança e nos fortalecer para seguir em frente se pensamos no valor ou benefício maior do nosso objetivo, se refletimos sobre a sua importância e sobre os efeitos benéficos que ele pode ter no

◆

bem-estar dos outros. Esse método pode ser utilizado tanto por pessoas religiosas quanto por pessoas não religiosas.

Com base em seus próprios estudos e em estudos realizados por outros cientistas, Fredrickson afirmou: "Mesmo que não tenhamos uma religião, poderemos encontrar um propósito para a nossa vida se passarmos a enxergar as adversidades de modo positivo, introduzindo valores positivos no dia a dia e buscando objetivos realistas." Quando retomamos a conversa, percebi que os conselhos práticos do Dalai-Lama casavam-se perfeitamente com as teorias científicas modernas que se debruçavam sobre a importância dos objetivos realistas.

Criando objetivos realistas

– Vossa Santidade – continuei –, acho que os seus conselhos nos permitirão lidar com os problemas sem que sejamos completamente dominados por eles. Mas eu gostaria que o senhor falasse sobre os outros fatores que podem nos ajudar a buscar os nossos objetivos, dando-nos forças para enfrentar os obstáculos da vida.

– Ah, sim. Outra coisa. Dissemos anteriormente que uma visão de mundo realista pode vir a ser útil... Pois bem, acho que, quando buscamos determinado objetivo, precisamos verificar se ele é realista, se podemos alcançá-lo ou não. O fato de estarmos bem preparados logo no início pode fazer a diferença. Como diz Shantideva, no *Guide to the Bodhisattva Way of Life* [*Guia do estilo de vida do Bodhisattva*], antes de embarcar numa aventura, é preciso

A FELICIDADE EM UM MUNDO CONTURBADO

saber se ela é possível. Não devemos nos jogar de cabeça nas coisas. Acho que a simples conscientização de que o nosso objetivo é possível pode nos ajudar a fortalecer as nossas esperanças e a nossa determinação.

Desviando a minha atenção para o gravador, distraí--me e perdi o rumo da conversa.

– Vossa Santidade, estou um pouco confuso. O senhor disse que um dos fatores que nos ajudam a manter a esperança é a determinação com que buscamos os nossos objetivos. Essa determinação baseia-se no mérito desses objetivos e não importa se poderemos alcançá-los no espaço de uma vida ou não. Mas agora o senhor está dizendo que precisamos ter um objetivo realista, prático, possível. Parece que há certa...

Antes que eu pudesse completar o raciocínio, ele respondeu:

– Howard, estamos falando de duas coisas distintas: uma coisa é o nível global, outra coisa é o nível individual. Assim, no nível global, quando deparamos com problemas sociais, ainda que os nossos objetivos não possam ser alcançados no espaço de uma vida ou de uma geração, creio que vale a pena persegui-los. Mas, no que diz respeito às necessidades pessoais do indivíduo, os seus objetivos devem ser práticos e possíveis. Não há contradição. São dois contextos diferentes.

Depois desse esclarecimento, continuou:

– É evidente que, se quisermos desenvolver uma visão de mundo realista, teremos de fazer mais do que simplesmente verificar se os nossos objetivos são possíveis ou não. Teremos de investigar ativamente as dificuldades que

◆

285

A ARTE DA FELICIDADE EM UM MUNDO CONTURBADO

poderão surgir durante a busca desses objetivos. Se logo no início tivermos um entendimento claro de que alguns objetivos podem ser mais difíceis de alcançar do que outros e se descobrirmos que o nosso objetivo é difícil, sabemos que encontraremos percalços no caminho. Assim, quando depararmos com as adversidades, estaremos mais preparados para enfrentá-las. Além disso, correremos menos risco de perder a esperança. Por outro lado, se ignorarmos problemas que inevitavelmente surgirão logo de início, quando depararmos com um obstáculo, por menor que seja, perderemos as esperanças e reagiremos de maneira inadequada.

Para o Dalai-Lama, a esperança é algo que nos permite lutar contra os obstáculos e os reveses da vida, que nos dá forças para buscar soluções para os nossos problemas. Neste aspecto, as suas opiniões se harmonizam com o pensamento científico. Devido ao seu imenso valor, a esperança tem despertado o interesse de muitos estudiosos do campo da psicologia positiva. Os pesquisadores, em sua maioria, classificam-na como uma emoção positiva. Alguns consideram que ela é um processo cognitivo ou um tipo de traço de personalidade. Mas, seja qual for a sua classificação, o fato é que a esperança ajuda a pessoa a lidar com as aflições do mundo. Além disso, por ser uma emoção positiva, contribui diretamente para a felicidade pessoal. Como se não bastasse, estudos revelam que está associada a uma variedade de benefícios para a saúde física e mental da pessoa. Ela melhora o desempenho acadêmico e esportivo

◆

A FELICIDADE EM UM MUNDO CONTURBADO

dos alunos, e adultos esperançosos constroem relacionamentos mais fortes e são mais bem-sucedidos na vida.

Em vista de todos esses benefícios, não é de espantar que, nas últimas décadas, tenham surgido muitas teorias sobre a esperança. Algumas dessas teorias ficaram famosas, mas a maioria foi descartada. Um psicólogo em particular, Charles Richard Snyder, da Universidade do Kansas, notabilizou-se pela importante contribuição que fez ao estudo da esperança. Antes da teoria de Snyder, ela era vista como um desejo indiferenciado, como uma sensação de que a pessoa seria capaz de alcançar os seus objetivos. Mas Snyder acreditava que a esperança era um processo mental prático, composto de duas partes: o pensamento *estratégico* e o pensamento *pragmático*. O pensamento estratégico compreendia a elaboração de planos específicos para o alcance de determinado objetivo; o pensamento pragmático compreendia a motivação para agir em função desses planos. Snyder acreditava que esses dois tipos de pensamento deveriam estar presentes, reforçando-se mutuamente, para que a pessoa mantivesse a esperança.

Se analisarmos a estratégia do Dalai-Lama para o cultivo da esperança pelo viés da teoria de Snyder, perceberemos que o seu método influencia tanto o pensamento estratégico quanto o pensamento pragmático. Para que este último pensamento seja bem-sucedido, é preciso que a pessoa esteja motivada a alcançar o seu objetivo, a sair da inércia e continuar lutando, mesmo que seja difícil. O Dalai-Lama diz que, quando a esperança enfraquece, a pessoa pode renovar suas forças se reflete deliberadamente sobre a importância do seu objetivo, uma vez que "isso lhe dá a determinação necessária para persegui-lo". Esse método fortalece o pensamento pragmático, a motivação e a determinação da pessoa.

O Dalai-Lama diz que devemos pensar nos nossos limites quando nos propomos perseguir determinado objetivo, antecipando eventuais obstáculos, a fim de fortalecer o pensamento pragmático. O pensamento estratégico compreende a percepção de que existe um caminho prático e direto que conduz ao alcance dos nossos objetivos. Podemos dizer que a "abordagem realista" do Dalai-Lama, que visa à busca de objetivos realistas, tende a alimentar o pensamento estratégico e, em consequência, a esperança. Embora tenhamos o costume de associar as pessoas esperançosas com o otimismo cego e com as falsas esperanças, a realidade é muito diferente: estudos mostram que as pessoas esperançosas são mais realistas.

O pensamento estratégico também produz a sensação de que somos capazes de criar novas maneiras de alcançar nossos objetivos apesar dos obstáculos, a sensação de que sempre poderemos encontrar soluções para nossos problemas e elaborar planos para alcançar nossos objetivos. Assim, quanto maior nossa criatividade, maior será nossa capacidade para solucionar os problemas e maior será a nossa autoconfiança no que diz respeito à superação das dificuldades e à busca dos objetivos. A abordagem do Dalai-Lama pode reforçar esse aspecto do pensamento estratégico. Como vimos, a sua abordagem realista, que visa lidar com os problemas, implica a adoção de um enfoque mais amplo. Isso intensifica as emoções positivas, que, por sua vez, alargam o pensamento, resultando numa espiral

A FELICIDADE EM UM MUNDO CONTURBADO

ascendente na qual os modos de pensar mais abrangentes e as emoções positivas se reforçam mutuamente.

Muitos estudos mostram que a multiplicação das emoções positivas gerada por essa espiral ascendente está associada a uma estrutura mental mais ampla que ajuda a pessoa a enxergar os problemas de maneira inusitada, "alargando" o seu escopo de ação e mostrando-lhe novos modos de agir, novas "estratégias" para atingir o seu objetivo. Um experimento ilustra bem esse princípio. Nele, o pesquisador coloca uma caixa com velas, palitos de fósforo e algumas tachinhas em cima de uma mesa. Em seguida, pede ao sujeito do estudo que prenda as velas na parede de modo que elas não deixem pingar cera derretida em cima da mesa ou no chão. Para solucionar o problema, ele deve esvaziar a caixa, prendê-la na parede e usá-la como um castiçal para segurar as velas. Isso requer um modo de pensar "mais abrangente", que o faça enxergar a caixa de maneira inusitada, e não apenas como um recipiente. Estudos mostram que, quando os sujeitos de estudo são induzidos a sentir emoções positivas antes do experimento, isso aumenta as suas chances de solucionar o problema. Assim, o incremento da criatividade que resulta dessa técnica fortalece o pensamento estratégico – ao revelar novas "estratégias" para a busca de objetivos –, o que, por sua vez, fortalece a esperança, mesmo diante de condições adversas.

Parecia haver uma harmonia entre a visão do Dalai-Lama e as teorias científicas mais recentes, uma harmonia que se ampliava à medida que ele discorria sobre a esperança.

◆

O OTIMISMO

– Outro fator importante que nos ajuda a manter a esperança é a atitude otimista – continuou o Dalai-Lama. – Aqueles que se mostram pessimistas logo de início estão fadados ao insucesso, pois sua atitude é: "Ah, nada vai dar certo."

– O senhor se considera uma pessoa otimista, apesar dos sofrimentos do povo tibetano e dos problemas do mundo? – perguntei.

– É claro! – confirmou o Dalai-Lama, dando uma risadinha.

– Vossa Santidade, o senhor diz que devemos olhar para as situações de maneira realista. Mas, às vezes, a realidade pode ser bastante desesperadora. O otimismo, nesse caso, não seria uma tolice? Não seria contrário à realidade? – perguntei.

– Não necessariamente – respondeu. – Ser otimista não significa ignorar a realidade da situação. Significa adotar, como regra geral, uma atitude positiva, significa manter-se motivado para solucionar eventuais problemas, significa reconhecer que toda situação possui aspectos bons e maus... A pessoa otimista não enxerga apenas os problemas e os aspectos negativos. Ele também enxerga os aspectos positivos e os possíveis benefícios, analisando a situação à procura de resultados positivos.

– Dê-me exemplos de como a pessoa pode enxergar um problema em função de resultados benéficos ou positivos.

– Exemplos, exemplos, exemplos! – Ele riu jovialmente. – Howard, você quer sempre mais exemplos!

A FELICIDADE EM UM MUNDO CONTURBADO

Devido à sua manifesta boa vontade que transparecia em suas risadas, livres de afetação e de malícia, eu jamais conseguia me ofender com as suas gentis censuras. Com efeito, aquilo me fazia sorrir, quase tolamente. Além do mais, ele estava certo. Mesmo assim, colocando-me numa posição defensiva, falei:

– Bem, os exemplos me ajudam a entender os muitos princípios e as técnicas que o senhor me ensina. Além disso...

Não precisei terminar.

– Certo – replicou em tom apaziguador. – Mais exemplos...

Quando o Dalai-Lama abriu a boca para falar, sobreveio-lhe de repente um acesso de tosse. Ele estivera na Europa semanas antes, de onde voltou com dor de garganta e uma tosse intermitente. Embora Sua Santidade tivesse bons médicos à sua disposição, que já haviam lhe receitado antibióticos, não pude deixar de me preocupar com a persistência dos sintomas. Por outro lado, eu sabia que apenas as doenças mais debilitantes faziam-no desistir do cronograma repleto de aulas.

Enfiando a mão no bolso, ofereci-lhe uma pastilha para a garganta.

– Obrigado – agradeceu, e, quando foi colocar a pastilha na boca, começou a rir. – Já tenho um exemplo! Veja, estou com uma dorzinha de garganta, um pequeno problema. Isso é ruim, é negativo. Mas, se investigarmos a fundo, veremos que sempre há outras perspectivas. Examinemos a situação de um ângulo diferente, de um ângulo positivo... Essa tosse me trouxe uma coisa boa: uma balinha oferecida por um amigo! Um momento de solidariedade. Não é tão ruim assim. Apesar desse problema, ainda há coisas boas em minha vida. Só tenho de me lembrar disso.

– Vimos que os pontos de vista restritos podem agravar a desesperança e as outras emoções negativas, causando-nos grande sofrimento. Se nos preocuparmos demais com o nosso bem-estar, estreitando a nossa visão, isso poderá nos trazer limitações e problemas, fazendo o sofrimento parecer maior do que realmente é. Assim, no caso da minha dor de garganta, ela não chega a ser um problema... Mas, se eu estreitar o meu foco e pensar: "Ah, mas que problema terrível é essa dor de garganta! Essa tosse é tão chata! Por que estou sofrendo assim?", criarei um problema real. Se estreitarmos a nossa visão, dando importância apenas aos problemas e às tragédias, seremos completamente dominados por eles, ainda que sejam contornáveis.

– Mas isso pode ser evitado. O alargamento do ponto de vista funciona como um antídoto para esse tipo de estreitamento, e há várias maneiras de conseguir isso. Uma delas é pensar na situação daqueles que são menos privilegiados. Isso pode fazer a diferença, pelo menos no que diz respeito à maneira como lidamos com os problemas pessoais, ajuda-nos a colocar as coisas numa perspectiva mais realista. Por exemplo, se a pessoa estiver com dor de garganta, poderá lembrar que muitas pessoas no mundo têm problemas mais sérios, sentem aflições reais, e, comparada com isso, a sua dorzinha de garganta não é nada. E, se ela adotar uma perspectiva mais duradoura, de longo prazo, perceberá que, sim, isso é um pouco aborrecido, mas é temporário e vai passar.

◆

A FELICIDADE EM UM MUNDO CONTURBADO

– Além do mais, como dissemos anteriormente, se a pessoa aceitar que os problemas e o sofrimento fazem parte da vida e são inevitáveis e adotar uma perspectiva diferente, perceberá que, enquanto tiver um corpo – disse batendo num dos braços com a outra mão –, estará sujeita às dores de garganta. Essa é a realidade.

– *Tudo* isso é a realidade! Assim, diante de uma crise, se a pessoa olhar para a situação sem perder de vista o panorama geral, chegará à seguinte conclusão: "Sim, o meu problema permanece. Sim, é algo bastante indesejável. Mas é apenas parte da minha vida, uma parte bem pequena, por sinal." E esse tipo de pensamento fará que ela lide melhor com a situação e com os problemas em geral.

– Acho que o exemplo da dor de garganta ilustra bem como devemos usar o método dos ângulos positivos – comentei. – Assim, ao criar novas maneiras de enxergar os problemas...

Empolgado, Sua Santidade inclinou-se para a frente como se tivesse sido impelido por uma onda de entusiasmo e falou:

– Outro exemplo... Podemos lembrar que não estamos sozinhos na luta contra a adversidade. Quando lidamos com um problema, às vezes temos a impressão de que fomos selecionados para sofrer, como se o mundo tivesse encolhido, deixando-nos sozinhos ou isolados. Este é um tipo de estreitamento do ponto de vista. Se lembrarmos que outras pessoas já passaram ou estão passando por problemas parecidos, e pedirmos ajuda a elas, isso poderá ajudar.

– *Seja qual for* o problema que estejamos enfrentando, todos fazemos parte de uma sociedade ou comunidade.

A ARTE DA FELICIDADE EM UM MUNDO CONTURBADO

Não vivemos como eremitas numa caverna. Assim, podemos ampliar o nosso ponto de vista nos conscientizando de que somos membros de uma sociedade. Se cultivarmos essa ideia, perceberemos que podemos recorrer à comunidade nos períodos de crise. Se procurarmos, encontraremos proteção, consolo e auxílio no seio da coletividade. Sempre haverá pessoas ou instituições dispostas a nos ajudar. Não estamos isolados ou sozinhos. É por isso que digo que pode haver muitos tipos diferentes de conscientização.

– *Aí* estão os seus exemplos! – Ele riu e disse a frase com um gesto de mão quase teatral, como se fosse um mágico tirando um coelho da cartola.

Seus argumentos eram interessantes, tinham um profundo apelo e revelavam-se admiráveis quando comparados com as teorias e as descobertas científicas. Mas havia uma questão que ainda precisava ser discutida.

– Sabe de uma coisa? – falei. – Acho que concordo plenamente com essa ideia de que determinadas atitudes ou pontos de vista podem nos ajudar a lidar com a adversidade e com os problemas da vida. Como sempre, as suas sugestões apelam para o bom-senso. Mas não sei se somos capazes de adotar uma perspectiva mais ampla quando estamos diante de uma crise ou de um problema. O senhor mesmo disse que, quando sentimos emoções fortes como a raiva e a ansiedade, a nossa perspectiva parece encolher. Então me parece que, em momentos como esses, podemos não ser *capazes* de adotar uma perspectiva mais ampla, de analisar ou investigar a realidade da situação holisticamente, buscando diferentes ângulos.

◆

294

– Tem razão, Howard – concordou. – Precisamos pensar nisso com antecedência, para que possamos nos familiarizar com esses modos de pensar. Precisamos refletir sobre essas atitudes, reforçando-as mentalmente e incorporando-as na nossa visão de mundo. Assim, quando surgir um problema, essas atitudes e essa perspectiva holística brotarão naturalmente.

O Dalai-Lama olhou para o relógio, e percebi que a reunião estava perto de terminar.

– Sei que o nosso tempo está acabando, mas o senhor não gostaria de fazer um último comentário sobre os métodos que podem nos ajudar a lidar com os problemas da vida?

– Está bem – anuiu. – Precisamos ter uma variedade de estratégias para lidar com o ambiente em que vivemos e com os problemas cotidianos. Por exemplo, se o nosso ambiente estiver sendo bombardeado, uma análise mais ampla da situação ou um olhar a partir de outros ângulos da situação pode não ser a melhor estratégia. – Deu uma breve risadinha. – Nesse caso, é preferível correr para um abrigo!

– Outra coisa... Embora estejamos explorando um método interno para o cultivo de atitudes realistas, acho que as nossas experiências externas também determinam a maneira como lidamos com os problemas.

– Vossa Santidade pode explicar melhor como as nossas experiências externas nos ajudam a lidar com a adversidade e com os problemas, regulando as nossas emoções etc.?

– Posso. Mas por hoje basta. Continuaremos amanhã.

◆

A ARTE DA FELICIDADE EM UM MUNDO CONTURBADO

Algum tempo atrás, num seminário a respeito da série de *A arte da felicidade*, propus aos ouvintes um exercício de reavaliação positiva de circunstâncias adversas. Pedi que escolhessem uma experiência adversa, um período atribulado ou de sofrimento em suas vidas, algo que tivesse ficado no passado. Depois solicitei que reavaliassem a experiência, buscando ângulos diferentes, listando resultados positivos ou benéficos que tivessem emergido dela direta ou indiretamente.

Sugeri que levassem em conta as seguintes perguntas: Aprendi alguma coisa sobre mim mesmo, sobre as outras pessoas, sobre a vida? Conheci alguma pessoa que seja muito importante para mim? Cresci? Experimentei alguma mudança que, de outra forma, não teria ocorrido? Surgiram para mim novas perspectivas, novas oportunidades?

Eu havia reduzido o tempo de palestra para dar a cada um deles a oportunidade de compartilhar as suas experiências com as outras pessoas. Assim, na segunda etapa do exercício, pedi que relatassem as suas experiências para o grupo. Todos sentados em círculo, começamos com o primeiro ouvinte, Joseph, um homem na faixa dos 60 anos de idade, bem-vestido, articulado, de aspecto inteligente e profissional.

— Eu simplesmente não sei o que dizer — começou Joseph. — Foi fácil pensar numa época de sofrimento: minha filha morreu de leucemia quatro anos atrás. Pensei muito, mas não vi nada de bom em sua morte. Não houve nenhum benefício, nenhum aprendizado, nenhuma mudança positiva... Houve apenas dor. Foi uma tragédia em todos os sen-

◆

296

A FELICIDADE EM UM MUNDO CONTURBADO

tidos. – O tom de sua voz não mostrava nem raiva nem confronto; os seus olhos e o seu semblante transmitiam cansaço e uma espécie de vazio (talvez algum resquício de tristeza e amargura). Estava claro que ele amava a filha. Joseph só teve filhos aos 50 e poucos anos, e pensava que não estaria vivo para conhecer os netos, mas nunca imaginara que uma de suas filhas morreria antes dele.

Reconhecendo que, às vezes, o sofrimento e a tragédia são tão grandes que a pessoa não consegue enxergar o evento de outra forma, vários membros do grupo ofereceram palavras de compreensão e de simpatia, e demos prosseguimento ao exercício. Embora eu tivesse sugerido que as pessoas começassem com os problemas mais mundanos e corriqueiros para depois discutir os mais graves, naquela tarde muitas delas também quiseram falar sobre os maiores desafios das suas vidas – histórias comoventes de câncer, de mortes, de bancarrotas, e assim por diante –, cada qual revelando os aspectos positivos das suas experiências, segundo o princípio de que "Deus fecha uma porta e abre um cento". Depois que a última pessoa compartilhou a sua história com o grupo, Joseph ergueu a mão e pediu para falar algumas palavras.

– Quer saber? – começou – Eu gostaria de voltar atrás no que disse. Ouvi as histórias dessas pessoas e refleti melhor. Parece que, no final das contas, a morte da minha filha trouxe-me duas coisas positivas. A primeira foi que a experiência deixou-me mais forte...

– De que maneira? – perguntei.

– A morte da minha filha foi a pior coisa que poderia ter acontecido na minha vida. O fato de eu ter sobrevivido

◆

297

a isso deu-me uma espécie de força interna. Agora, sinto que posso enfrentar *qualquer coisa*. Nada mais há a temer, porque sei que, por mais que eu sofra, sobrevivi a uma coisa muito pior.

– E tem mais: a morte dela me fez dar mais valor à minha filha caçula, Chloe. Fez eu perceber quanto ela é preciosa. Por consequência, acho que sou um pai melhor para ela. Então, essa é mais uma mudança positiva.

Dando prosseguimento às nossas discussões, o Dalai--Lama falou sobre outro sentimento que poderia nos ajudar a lidar com os problemas e a encontrar a felicidade em um mundo conturbado: o *otimismo*. Como ele sugere, existe estreita ligação entre o otimismo e a esperança. As pessoas otimistas têm mais chances de manter a esperança em épocas de dificuldade. Os pesquisadores, em sua maioria, categorizam o otimismo como uma emoção positiva, que pertence à família da esperança, na medida em que as duas emoções evidenciam uma expectativa positiva do "futuro". O otimismo é uma das emoções positivas mais bem documentadas pela ciência. Estudos mostram que ele pode nos ajudar a lidar com todo tipo de problemas e adversidades, desde pequenos traumas até mortes e tragédias. Assim como acontece com as outras emoções positivas, ele produz uma variedade de efeitos benéficos para o nosso bem--estar físico, mental e social, entre os quais podemos destacar a saúde, a longevidade e o sucesso conjugal, acadêmico e profissional.

O método do Dalai-Lama para o cultivo do otimismo compreende as mesmas técnicas gerais utilizadas para o cultivo da esperança: a adoção de uma perspectiva mais ampla, de ângulos diferentes etc. Nessa última conversa, no entanto, ele incrementou a sua abordagem, ao dizer que o método também compreende a busca de aspectos positivos em situações potencialmente negativas. Essa técnica costuma ser chamada de reenquadramento, *reavaliação positiva* ou análise de benefícios.

Para entender por que essa técnica é tão eficiente, precisamos retornar à premissa do Dalai-Lama: *"A nossa percepção do mundo e a nossa interpretação das circunstâncias e dos fatos da vida podem influenciar a maneira como reagimos ao mundo e aos seus problemas. [...] Acho que isso está associado à nossa capacidade de lidar com os problemas e de manter a felicidade."* Estudos mostram que o otimismo é determinado principalmente pela maneira como a pessoa percebe e interpreta as circunstâncias e os eventos negativos da sua vida, os problemas, os fracassos, os contratempos. Quando algo de ruim acontece, as pessoas tendem a perguntar: Por quê? E a maneira como respondem a essa pergunta determina o tipo de reação que terão diante do evento negativo.

Alguns dos estudos mais importantes realizados nessa área são da autoria do doutor Martin Seligman, um dos maiores especialistas em otimismo, que começou a se interessar pelo assunto no início da carreira, na Universidade da Pensilvânia. Seligman diz que a diferença entre as pessoas otimistas e as pessimistas é o seu "estilo explicativo", a maneira como explicam as coisas ruins que acontecem nas suas vidas. Segundo pesquisas realizadas por Seligman e outros, o "estilo explicativo" possui duas dimensões principais: a *permanência* e a *penetrabilidade*. As pessoas pes-

A ARTE DA FELICIDADE EM UM MUNDO CONTURBADO

simistas tendem a explicar as situações negativas em função de causas ou condições negativas duradouras, que *afetam outras áreas da vida*, prejudicando-as em tudo. Já as pessoas otimistas, quando deparam com fracassos ou infortúnios, atribuem essas coisas a fatores temporários, que dizem respeito apenas ao caso em questão. Assim, quando a pessoa pessimista experimenta algum tipo de fracasso, como tirar uma nota ruim numa prova, ela atribui isso à sua natural falta de inteligência ou à sua incompetência acadêmica e diz: "Provavelmente serei reprovado nessa matéria!" A pessoa otimista, por outro lado, atribui isso ao fato de não ter estudado bastante e diz: "Fui mal nesta prova. Mas isso não significa que o fato se repetirá indefinidamente." Ela vê o problema apenas como um contratempo passageiro e como um incentivo para se esforçar mais no futuro.

Uma vez que o otimismo e o pessimismo são determinados principalmente pelo estilo explicativo, os psicólogos contemporâneos acreditam que o otimismo possa ser aprendido. Podemos aprender a mudar as nossas respostas emocionais se modificamos a nossa percepção ou interpretação de determinada situação ou fato. A principal técnica para o cultivo do otimismo é a *técnica cognitiva*, cuja validade é comprovada pela ciência: primeiro, identificamos os pensamentos, as suposições e as crenças pessimistas; e depois os refutamos, procurando explicações alternativas que sejam mais otimistas.

Podemos ver que, nesse aspecto, a abordagem do Dalai-Lama harmoniza-se com as técnicas que são amplamente praticadas pela psicologia ocidental. O que ele chama

A FELICIDADE EM UM MUNDO CONTURBADO

de "o cultivo de uma visão de mundo ou perspectiva mais realista" é o que os psicólogos chamam de "técnicas cognitivas". As duas abordagens implicam uma reavaliação positiva. A capacidade da pessoa de reenquadrar e reavaliar as suas experiências negativas, adotando um ponto de vista mais amplo e ângulos diferentes, é fundamental para a construção da resiliência, da esperança, do otimismo e de uma vasta gama de emoções positivas. Podemos limitar esse método à sua essência e reduzi-lo a uma única pergunta: "De que outra maneira posso enxergar essa situação?" Essa técnica possui vasta gama de empregos. Podemos responder às situações adversas de muitas maneiras. Por exemplo, podemos responder com medo, raiva, inveja, angústia, depressão. Todas essas emoções negativas são prejudiciais à nossa felicidade. Esse método pode ser utilizado em quaisquer situações que deem ensejo às emoções negativas. Ele nos ajuda a lidar de maneira eficiente com situações problemáticas, na medida em que nos permite superar as emoções negativas e aumentar os nossos níveis gerais de bem-estar.

Quando falamos em olhar para as adversidades e para os problemas de maneira mais positiva, identificando aspectos positivos numa situação negativa, muitos objetam: "Essa estratégia não seria igual à técnica do 'pensamento positivo', na qual a pessoa pensa apenas em coisas positivas, sempre 'olhando o lado bom da vida', mas, ao mesmo tempo, ignora ou rejeita os aspectos negativos da realidade? Não seria um polianismo, uma ilusão?"

Assim com acontece com outros traços psicológicos, as pessoas podem apresentar diferentes níveis de otimismo e, quando este se exacerba, pode se tornar algo irreal e perigoso, na medida em que subestimamos os riscos, exageramos as nossas habilidades e culpamos os outros pelos nossos problemas, mesmo quando somos nós os "culpados". Além disso, estudos mostram que as pessoas otimistas tendem a filtrar a informação de maneira tendenciosa, enviando as informações positivas para o cérebro e bloqueando as negativas. Esses estudos dão a entender que as pessoas levemente deprimidas ou tristes percebem a realidade mais corretamente.

É nesse ponto que os *insights* do Dalai-Lama são fundamentais. Como vimos, a sua abordagem constrói-se sobre uma base de "pensamentos realistas". Ao determinar que a percepção e a interpretação das situações sejam baseadas na realidade, a sua "abordagem realista" possui um mecanismo que elimina os perigos do otimismo irreal e exacerbado.

À primeira vista, podemos achar que algumas situações não possuem aspectos positivos. Mas, se seguirmos o exemplo de Joseph, o pai que perdeu a filha, e conduzirmos uma investigação profunda, perceberemos que sempre será possível enxergar os problemas de maneira positiva, sem que isso comprometa a realidade. Afinal de contas, devido à natureza relativa das coisas, sempre existirão muitas maneiras de olhar para um objeto. E, assim, podemos optar por dar mais atenção aos aspectos positivos das nossas experiências e cultivar uma visão de mundo fundamentada na gratidão pelas coisas boas da vida sem que isso implique a negação da realidade. Como não somos capazes de prever o futuro, não sabemos o que vai acontecer,

◆

A FELICIDADE EM UM MUNDO CONTURBADO

podemos optar pela adoção de uma visão de mundo otimista que condiga com a realidade. E, mesmo que a realidade da situação seja extremamente negativa, *ainda assim* podemos enxergar os obstáculos como desafios, dirigindo o nosso foco para a resolução dos problemas, para a busca dos nossos objetivos e para quaisquer oportunidades que tragam mudanças benéficas.

Curiosamente, estudos revelam que a maioria das pessoas otimistas se encaixaria na descrição do Dalai-Lama do "otimista realista". Apesar da percepção comum de que os otimistas tendem a se refugiar em mundos imaginários mais do que os pessimistas, e a constatação de que as pessoas levemente deprimidas veem a realidade de maneira mais clara, há muitas provas que refutam essa visão, que mostram que os pessimistas tendem a se iludir mais do que os otimistas.

De fato, pesquisas revelam que os otimistas lidam melhor com a adversidade e são menos estressados do que os pessimistas. Estudos realizados com a intenção de identificar eventuais diferenças entre os dois estilos explicativos mostram que as pessoas otimistas, em geral, são mais ativas no que diz respeito à resolução de problemas e não desistem diante dos obstáculos, ao passo que as pessoas pessimistas tendem a evitar a situação e fingir que o problema não existe. Os otimistas também foram considerados mais flexíveis no que diz respeito à resolução dos problemas, capazes de reavaliar a situação no meio do processo e se adequar à realidade. E, quando a situação escapa ao controle e se mostra insolúvel, os otimistas, em geral, procuram aceitar a realidade dos fatos, mas não se conformam como

◆

303

A ARTE DA FELICIDADE EM UM MUNDO CONTURBADO

estoicos; pelo contrário, buscam aceitar a realidade e integrá-la à sua visão de mundo. Em seguida, utilizam técnicas cognitivas para enxergar a situação negativa da melhor maneira possível e aprender alguma coisa com a adversidade.

O otimismo, assim como todas as emoções positivas, é um estado mental multifacetado, e a capacidade da pessoa para o otimismo é determinada pela sua constituição básica, pela sua criação, pela sua experiência de vida, pela sua habilidade natural para regular as próprias emoções. Mas uma coisa é certa: seja qual for a sua constituição natural e as suas experiências de vida, a pessoa sempre poderá cultivar o otimismo, por meio do seu empenho e da reformulação básica da sua visão de mundo, como salienta o Dalai-Lama.

A RESILIÊNCIA

O Dalai-Lama possui uma história de vida notável, marcada por inesperados e violentos reveses do destino. Ele está acostumado com o sofrimento, a decepção, o fracasso.

Até os 2 anos, viveu com os pais numa aldeia tibetana formada de cerca de vinte famílias, longe da capital, Lassa. Na propriedade humilde, plantava-se trigo-vermelho, cevada e batata. Ele dormia todas as noites junto ao fogão a lenha, na cozinha. Durante o dia, engatinhava pelo quintal entre as galinhas e os *dzomos* (um cruzamento de iaque com vaca).

Quando fez 10 anos, o pequeno Lhamo Döndrub já tinha se tornado Jetsun Jamphel Ngawang Lobsang Yeshe

A FELICIDADE EM UM MUNDO CONTURBADO

Tenzin Gyatso, o governante supremo do antigo Tibete, amado e reverenciado por todos. Além de desempenhar o tradicional papel de um rei, era visto como a décima quarta encarnação do Dalai-Lama. Numa tradição que remontava ao século XIV, ele era a corporificação de Chenrizig, o deus da compaixão, que preside o Tibete. Com 10 anos, já havia se iniciado no budismo. Sempre que saía do magnífico Potala, o palácio de inverno dos Dalai-Lamas, o pequeno Tenzin Gyatso se via cercado por enorme séquito de criados. Nas procissões, era levado num palanquim amarelo, conduzido por oito carregadores ricamente vestidos. A cidade inteira corria para vê-lo passar, e as pessoas caíam de joelhos reverentemente, com os olhos cheios de lágrimas enquanto se curvavam sobre o chão.

Aos 15 anos, foi empossado oficialmente como governante-mor, embora não estivesse preparado para o que iria acontecer. Assumiu o governo de um país que estava à beira de declarar guerra à nação mais populosa do planeta, cujas tropas comunistas já faziam incursões ao Tibete, levando sofrimento a todo o povo. Mas isso não era nada comparado com o que estava por vir.

Aos 24 anos, foi obrigado a fugir disfarçado da pátria amada. Empreendeu uma tortuosa viagem pelo Himalaia que durou semanas. Chegou à Índia exausto, febril e com disenteria, no dorso de um *dzomo*, todo molhado devido à chuva gelada. Tendo deixado quase tudo para trás, chegou praticamente de mãos vazias.

No dia 10 de março de 2008, um grupo de monges tibetanos iniciou um protesto pacífico contra as décadas de tirania e de opressão do governo chinês. Era o quadragésimo

305

nono aniversário do levante fracassado que resultara no exílio do Dalai-Lama no norte da Índia. Iniciados em Lassa, os protestos começaram a pipocar em todo o país e até mesmo em algumas províncias chinesas que possuíam grandes populações tibetanas. Dois dias mais tarde, o mundo assistiria ao pior episódio de violência, revolta e opressão dos últimos vinte anos no Tibete. As tropas chinesas reagiram rápida e contundentemente aos protestos. Ocorreram prisões em massa, mortes e o que pode ser chamado de uma paralisação do Tibete... O Dalai-Lama fez um apelo para que os dois lados acabassem com a violência. Durante o período mais conturbado da crise, tentou defender a paz, enviando cartas abertas tanto para os tibetanos quanto para os chineses, para que eles se entendessem e abandonassem a violência, mostrando compaixão até mesmo pelo inimigo.

Em resposta ao pedido dos líderes mundiais, os oficiais chineses marcaram uma reunião com os emissários do Dalai-Lama para discutir o problema e tentar encontrar uma solução pacífica. Em outras circunstâncias, teriam simplesmente ignorado esse tipo de apelo, mas desejavam manter uma boa imagem antes dos jogos olímpicos de Pequim.

Encontrei-me com o Dalai-Lama em novembro de 2008 para discutir a situação. Tendo perdido a fé na liderança chinesa e na sua capacidade de negociação, ele estava desesperado e sem ideias e, por isso, naquela semana, pedira aos tibetanos de todo o mundo que viessem a Dharamsala para uma espécie de referendo sobre o seu Caminho do Meio – ou um fórum para discutir novas ideias. Antes que eu descreva a reação do Dalai-Lama a esses eventos, creio

A FELICIDADE EM UM MUNDO CONTURBADO

que é importante contextualizá-los. Portanto, farei um breve resumo do que aconteceu no Tibete no último século.

Em 1959, o Dalai-Lama refugiou-se no norte da Índia com cerca de outros 100 mil tibetanos, depois de um levante malsucedido contra a invasão e a ocupação das forças chinesas na região. Os anos se passaram, trazendo intermináveis sofrimentos para o povo tibetano. Nas primeiras décadas do conflito, muitos foram presos, torturados, privados de comida ou mortos. Milhares de monastérios foram demolidos, e o governo chinês promoveu uma campanha para erradicar a prática e o espírito do budismo no Tibete. Hoje, a religião, a cultura, a língua e a identidade tibetanas encontram-se praticamente extintas, devido ao que se chamou de "genocídio cultural". Outra coisa que preocupa é a política de reassentamento do governo chinês, que consiste em transferir grande parte da população de origem *han* para o Tibete, com o intuito de transformar o povo tibetano numa minoria em seu próprio país, assim como fez com a Mongólia Central, onde os habitantes nativos constituem agora apenas 20 por cento do total da população.

Por cinquenta anos, o Dalai-Lama tentou negociar com as autoridades chinesas, a fim de encontrar uma solução pacífica para o conflito. Só entre os anos de 2002 e 2008, os emissários tibetanos se encontraram oito vezes com os oficiais chineses. Durante o exílio, Sua Santidade desenvolveu a abordagem do Caminho do Meio e o Plano de Paz de Cinco Pontos, no qual abria mão da independência absoluta em nome de autonomia, de direitos humanos e de liberdade para o seu povo. Mas nenhum desses encontros

◆

307

A ARTE DA FELICIDADE EM UM MUNDO CONTURBADO

caminhou no sentido da aceitação dos planos ou de uma negociação séria. O encontro definitivo ocorreu em 2008, depois do levante de março e da retaliação chinesa. Os chineses mostraram que não estavam dispostos a negociar. A causa, além de não avançar, regrediu, e eles retomaram a posição que haviam defendido vinte anos antes, fazendo imposições impossíveis ao Dalai-Lama, como a exigência de que ele admitisse formalmente que o Tibete sempre fizera parte da China, antes de prosseguir com o diálogo – algo que, além de ser falso, estava no cerne da disputa.

Assim, depois de cinquenta anos de esforços contínuos, o Dalai-Lama e os outros por fim perceberam que não tinham feito nenhum progresso com o governo chinês. É claro, houve muitas evidências disso no passado.

Nos últimos anos, os oficiais chineses elevaram a sua retórica contra o Dalai-Lama a níveis nunca vistos antes. Chamavam-no de "separatista", de "criminoso", de "traidor", teciam uma série de calúnias e mentiras deslavadas que seriam incômodas (pelo menos para aqueles que não o conhecem), se não fossem cômicas. A minha favorita é: "Um lobo em vestes de monge, um demônio com rosto de homem e coração de besta!" – uma pequena pérola criada pelo chefe do Partido Comunista da Região Autônoma do Tibete.

Além disso, os chineses também intensificaram a sua campanha para difamar e marginalizar o Dalai-Lama. Durante a última crise financeira mundial, a China usou a sua influência econômica para intimidar e pressionar os líderes mundiais, os políticos, as pessoas proeminentes e as organizações, a fim de que repudiassem o Dalai-Lama. Quando

◆

308

A FELICIDADE EM UM MUNDO CONTURBADO

o então presidente da França Nicolas Sarkozy se encontrou com o Dalai-Lama em 2008, por exemplo, a China fez a sua retaliação ausentando-se de uma importante reunião de cúpula com a União Europeia que fora marcada para tratar de questões cruciais pertinentes à crise financeira. Com efeito, em março de 2009, o ministro das relações exteriores chinês, Yang Jiechi, ousou dizer que o ato de isolar o Dalai-Lama deveria ser considerado um dos "princípios básicos da diplomacia internacional [com a China]".

Depois do fracasso da reunião de 2008, ficou claro para muitas pessoas que a China estava apenas postergando a solução do conflito, esperando que o Dalai-Lama morresse para substituí-lo por uma marionete. É claro que isso não era nenhuma surpresa. Também houve evidências disso no passado.

De fato, os chineses pareciam estar se preparando para fazer isso. Por vezes, as suas atitudes beiravam o absurdo ou então o extrapolavam, adentrando o território das bizarrices. Em 2007, por exemplo, o governo comunista chinês, que é ostensivamente ateu e antirreligioso, aprovou um corpo de leis singular: as Medidas Reguladoras da Reencarnação (MRR), criadas pela Administração Estatal de Assuntos Religiosos (AEAR). Essas leis davam ao governo o controle absoluto sobre a reencarnação! É isso mesmo! Segundo elas, somente o governo podia autorizar a reencarnação de um lama! O governo, portanto, tinha o direito de vetar a reencarnação de um lama após a sua morte! As leis diziam que o governo detinha poder absoluto sobre a reencarnação de importantes lamas budistas, e nenhuma organização ou indivíduo estrangeiro poderia interferir na seleção dos lamas reencarnados. Elas também exigiam que todos os lamas tibetanos nascessem dentro dos limites da República Popular da China (RPC), e não no estrangeiro! Muito conveniente! Segundo a tradição budista tibetana, cada Dalai-Lama é a reencarnação do outro que o antecedeu, sendo escolhido por meio de tradições e de rituais antigos, nos quais se procura identificar o jovem Dalai-Lama reencarnado após a morte do velho – pelo menos era assim até a aprovação dessas leis.

Tendo isso como pano de fundo, encontrei-me com o Dalai-Lama em sua casa, em 2008. Após muitas décadas de tentativas fracassadas, procurando encontrar soluções pacíficas para o conflito, os eventos de 2008 pareciam ter cobrado um preço alto dele. Quando comecei a questioná-lo sobre os levantes de março e a subsequente retaliação chinesa, a expressão perturbada do seu semblante e o cansaço presente na sua voz transmitiram um desânimo que eu jamais havia visto nele ao longo dos 25 anos da nossa amizade.

– Depois da crise de março, senti-me um pouco desesperançado – falou. E, então, como se estivesse procurando as palavras certas, parou para refletir e continuou, com um tom de voz mais suave e relaxado. – Tive a impressão de estar revivendo o dia 10 de março de 1959. – Novamente se calou e ficou ali sentado por um tempo, pensando. – Nessa época, o povo tibetano também confiava em mim, também depositava as suas esperanças em mim, mas não pude fazer nada. Fiquei muito, muito triste, muito triste mesmo.

Quando começamos a conversar, a sua aparência abatida deixou-me preocupado. Falamos por mais de duas horas

A FELICIDADE EM UM MUNDO CONTURBADO

sobre os eventos no Tibete e sobre a sua longa história de fracasso com relação ao conflito. Com o passar do tempo, no entanto, testemunhei um processo maravilhoso. Embora ele estivesse desestimulado e preocupado, quando lhe perguntei se tinha perdido as esperanças, a sua resposta foi um contundente não. Empolgado com a pergunta, ele explicou que os seus objetivos – isto é, os objetivos do povo tibetano, pois ele estava agindo em nome deles – poderiam ser alcançados sem o uso da violência. Ele disse que os eventos de 2008 tinham lhe tirado as esperanças de que o governo e os seus líderes fossem capazes de chegar a um acordo, pelo menos provisoriamente. Mas declarou também que tinha muita fé no povo chinês, e era isto que lhe permitia manter a esperança. Ele sabia que um número cada vez maior de escritores, acadêmicos e intelectuais chineses vinha mostrando interesse e simpatia pela causa do Tibete. As várias mudanças ocorridas na política geral da liderança chinesa indicavam que o seu domínio estava chegando ao fim. Também mencionou outros argumentos que se apoiavam tanto no bom-senso quanto na pesquisa científica. Disse, por exemplo, que a preocupação do governo em gerar riquezas e as suas práticas capitalistas mais cedo ou mais tarde resultariam no enriquecimento de grande parcela da população. Assim, quando o povo atingisse um padrão de vida mínimo, questões como a liberdade e a democracia começariam a se tornar relevantes. Consequentemente, ocorreriam mudanças. Era inevitável.

Os seus argumentos apoiavam-se no bom-senso e na realidade, e não em ilusões. E, com o desenrolar da conversa, testemunhei uma incrível transformação: triste e aca-

311

A ARTE DA FELICIDADE EM UM MUNDO CONTURBADO

brunhado no começo, o Dalai-Lama foi ficando mais confiante e otimista à medida que eu o questionava e ele me dava as suas razões. Pude perceber claramente a sua força e a sua determinação internas, o seu ânimo erguer-se diante de mim, de modo que, no final da reunião, ele já não apresentava sinais de desesperança ou medo, embora continuasse preocupado.

No final do dia, percebi que eu tinha testemunhado uma manifestação de resiliência.

Continuando a discussão no dia seguinte, falei:

– Vossa Santidade, ontem, pouco antes de nos despedirmos, o senhor disse que as nossas experiências externas podem desempenhar importante papel na maneira como lidamos com a adversidade...

– É verdade – concordou.

– Pode explicar melhor?

– Está bem. Quando se trata de desenvolver uma fortaleza interna que nos ajude a suportar os momentos difíceis, aquilo de que realmente precisamos é a resiliência, a capacidade de enfrentar as adversidades sem que isso implique a perda da esperança e do autocontrole. Nossas experiências podem ser importantes na construção da resiliência. Acho que, em muitos casos, aqueles que já enfrentaram dificuldades no passado lidam melhor com os problemas e com a adversidade no presente. Podemos tomar como exemplo os europeus, que testemunharam duas guerras mundiais travadas no seu próprio território. Por causa dessa experiência negativa, quando eles deparam

◆

312

A FELICIDADE EM UM MUNDO CONTURBADO

com crises sérias, embora respeitem a sua gravidade, a sua resposta é algo como: "Já vimos isso antes, já passamos por isso e sobrevivemos." Por outro lado, em sociedades que nunca passaram por esse tipo de experiência, a resiliência das pessoas pode ser mais fraca. Muitas vezes, elas veem o sofrimento como algo insuportável, que extrapola os limites da imaginação, e a sua reação é exagerada.

– Esse princípio, a capacidade do sofrimento de ajudar na construção da resiliência, opera, é claro, tanto no nível individual quanto no social. Por exemplo, vemos isso com muita frequência entre jovens que cresceram em famílias abastadas, que foram criados em ambientes agradáveis, sem jamais ter experimentado a tragédia, o sofrimento ou a adversidade. Como tudo lhes é oferecido, eles pensam: "Sou saudável, sou rico, terei tudo de que precisar", como quem não espera enfrentar problemas na vida. Isso é uma ilusão, é irreal. Assim, quando eles deparam com um problema ou uma dificuldade, ficam completamente perplexos.

– Por outro lado, se tomarmos como exemplo as pessoas que levaram vida muito sofrida, veremos que elas têm mais resiliência. Essa resiliência construída pelas tragédias cria uma espécie de estabilidade ou atitude que ajuda a pessoa a lidar com as adversidades e o sofrimento. Assim, quando ela depara com novas tragédias ou situações adversas, há maior aceitação da sua parte, o que lhe permite não se afligir. Há uma fortaleza interna e uma paz mental que a ajudam a lidar com os problemas.

– Vossa Santidade, acho que o senhor levanta uma questão muito interessante no que diz respeito ao papel que o sofrimento desempenha na construção da resiliência.

◆

313

A ARTE DA FELICIDADE EM UM MUNDO CONTURBADO

Mas quando se trata de procurar métodos que ajudem a pessoa a construir resiliência, ou técnicas que possam ser utilizadas ou praticadas, não sei se isso é muito útil. Afinal de contas, por mais que isso ajude na construção da resiliência, não iremos ao encontro do sofrimento – retruquei.

O Dalai-Lama balançou a cabeça negativamente.

– Não precisamos ir ao encontro do sofrimento, o próprio sofrimento se encarrega de nos encontrar. Sempre haverá problemas, assim é a vida. E esse não é um processo que a pessoa tenha de praticar ativamente, ele ocorre de maneira natural, por conta própria.

– Mas, antes, quando falamos sobre o cultivo de uma visão de mundo ou atitude realista com relação ao sofrimento e à adversidade, o senhor disse que isso requer um aprendizado ativo, uma investigação, uma análise, uma conscientização e…

– Porém agora estamos falando de outra coisa – ressaltou. – Nesse caso, o sofrimento pode ser visto como uma série de obstáculos inevitáveis. E, de certa forma, esses obstáculos são contrários às nossas tentativas de alcançar a felicidade, de encontrar fontes confiáveis de felicidade e de bem-aventurança. É essa oposição que nos fortalece. Essa lei da oposição faz parte da natureza. Por exemplo, se a pessoa quiser fortalecer o corpo, precisará de resistência para construir músculos mais fortes, precisará de uma força oposta. Dissemos anteriormente que as forças opostas são necessárias para manter o equilíbrio corporal e que as oposições e os desafios podem gerar novas ideias, crescimento etc. Um processo semelhante ocorre no caso da construção da resiliência.

◆

314

A FELICIDADE EM UM MUNDO CONTURBADO

– Seja como for – concluiu –, é a partir desse ponto de vista que passamos a enxergar os obstáculos da vida de modo positivo, ao considerar os efeitos benéficos que resultam desse tipo de situação, como o dilatamento da resiliência e da fortaleza interna.

O Dalai-Lama fez uma pequena pausa antes de continuar.

– Isso me faz lembrar um princípio espiritual tibetano chamado *lojong*, ou "treinamento mental". Segundo esse princípio, as pessoas mais desenvolvidas espiritualmente não apenas resistem às adversidades, como também as transformam criativamente em oportunidades.

– E como podemos fazer isso?

– Nesse caso, a abordagem tradicional consiste na adoção de um ponto de vista mais amplo. Por exemplo, se a pessoa contrair uma doença, poderá se deixar abater pela experiência, pensando: "Por que eu?", ou poderá usá-la como base para uma análise mais profunda das coisas que realmente são importantes para ela. Quando a pessoa depara com uma situação desse tipo, a experiência negativa lhe dá a oportunidade de rever os seus conceitos e, em muitos casos, ela percebe que as coisas que lhe pareciam graves são de fato corriqueiras. Além disso, a adversidade também pode funcionar como um estímulo para que ela sinta compaixão pelos outros.

Recordando um incidente que aconteceu alguns anos antes, falei:

– Vossa Santidade, isso me faz lembrar a época em que o senhor ficou doente. Foi quando cancelaram a cerimônia de Kalachakra. Ouvi dizer que o senhor teve um sério problema gastrointestinal, mas não conheço os detalhes. Lem-

315

bra-se de ter utilizado alguma dessas técnicas? Pode me contar o que aconteceu?

– Posso. Eu tinha chegado a Bodhgaya com alguns dias de antecedência, para me preparar para a cerimônia de Kalachakra. Aproveitei a oportunidade para fazer uma peregrinação a Rajgir e a Nalanda. No caminho de volta, passamos por Patna, e comecei a sentir uma dor bem aqui – falou, apontando para o abdome. – Então a dor se agravou, ficou muito forte, tão forte que comecei a suar. Eu não conseguia dormir, não conseguia me esticar para deitar, tinha de ficar curvado em, em...

– Em posição fetal?

– Isso, em posição fetal. Então, estávamos passando por Patna, que fica em Bihar, um estado muito pobre, talvez o mais pobre da Índia. Nele há muitos indigentes. Reparei nas crianças, meninos e meninas descalços, indo para a escola, levando as suas mochilas, ou catando esterco de vaca para queimar como combustível. Então vi um menino que devia ter cerca de 10 anos, talvez menos. Tinha aparelhos de metal nas duas pernas, acho que devido à pólio, e apoiava-se em muletas. Ele estava ali na rua e parecia não ter ninguém para cuidar dele. Então, não muito longe dali, vi um homem idoso deitado numa... numa espécie de tenda velha ou barraco. Estava deitado, dormindo. Os cabelos desgrenhados, a barba desalinhada, as roupas velhas, tudo isso mostrava que ninguém cuidava dele. Foi então que senti algo, uma espécie de desesperança, de impotência, como se eu não pudesse fazer nada para ajudar todas aquelas pessoas. O Estado deveria cuidar delas. Há muita gente disposta a ajudar, mas também existe muita corrupção em

Bihar, de modo que as condições lá continuam precárias. É muito triste.

– Naquele momento, eu estava sentindo uma dor aguda no abdome, mas, em vez de voltar a minha atenção para ela, pensei naquelas pobres pessoas, sobretudo no menino e no velho, e fiquei profundamente preocupado com elas. Pensei em quanto eu era feliz por ter pessoas que cuidavam de mim e me consolavam, enquanto aqueles dois, que eram seres humanos como eu, não tinham ninguém... Isso me ajudou a esquecer a doença e a dor... E aprendi uma nova lição sobre a compaixão e os seus benefícios.

A voz do Dalai-Lama foi sumindo aos poucos. Então, de repente, ele deu uma gargalhada.

– Embora eu estivesse preocupado com aqueles dois, quem se beneficiou disso fui eu, pois senti menos dor.

– Por fim – concluiu –, cancelaram o Kalachakra e remarcaram para outro dia. Fui para o hospital em Mumbai, fiz alguns testes e foi constatado que eu estava com uma infecção intestinal. Depois de tomar antibióticos e remédios tibetanos, recuperei-me completamente.

O Dalai-Lama parou de falar, o olhar perdido ao longe, envolto em reflexões. Pensando na sua história de vida conturbada, indaguei-me a respeito da natureza das suas reflexões, e perguntei:

– Uma vez que a vida é cheia de altos e baixos, diga-me: Qual foi o período mais difícil e infeliz da sua vida, no nível pessoal? Quais foram as dificuldades pelas quais o senhor passou durante a infância?

A minha pergunta pareceu despertá-lo do devaneio, mas ele fez mais uma pausa e, para a minha surpresa, começou a rir.

– No que diz respeito à minha infância, creio que o meu professor, Ling Rinpoche, censurava-me demais, e isso era terrível. Às vezes, quando ele me repreendia, eu ficava tão arrasado que corria para o colo da minha mãe! E ela me dava uns pedacinhos de pão e me consolava. – Riu de novo. – Não devemos levar muito a sério as experiências da infância... – De repente, mais sombrio, continuou. – Mas acho que o momento mais difícil da minha vida foi a noite em que deixei Lassa e fugi do Tibete. Tudo parecia tão incerto. Em termos pessoais, creio que até mesmo a minha vida corria perigo. E a vida da nação tibetana estava em suspenso. Foi um momento de grande incerteza, de dúvida, de tristeza...

– Também há outro momento, quando Ling Rinpoche faleceu... Ou melhor, não quando ele faleceu, mas quando eu soube que tinha sofrido um infarto... Outro professor meu tinha falecido no dia anterior. Então recebi a notícia da sua morte e do infarto de Ling Rinpoche ao mesmo tempo, numa mesma mensagem – ele fez mais uma pausa e disse num tom suave e comovido: – Foi um momento muito triste.

– Olhando para trás, até que ponto o senhor acha que essas experiências fortaleceram a sua resiliência? – perguntei.

– Bem, Howard, não posso dizer que sou uma das pessoas mais resilientes do mundo. Mas, por outro lado, também não estou no extremo oposto, mostrando-me vul-

A FELICIDADE EM UM MUNDO CONTURBADO

nerável a tudo o que acontece. Mas acho que essas experiências tiveram, sim, algum efeito.

– No meu caso, se eu tivesse vivido no Tibete, morado em Potala e em Norbulingka, livre de problemas e de desconfortos, talvez eu fosse um Dalai-Lama muito diferente do que sou hoje. É claro que as práticas espirituais também foram importantes. Mas, além delas, sempre tive de lidar com situações complicadas da realidade da vida. Por isso, de certa forma, eu poderia dizer que existem duas oportunidades para a prática da meditação. Uma delas é a contemplação religiosa, que ocorre durante as práticas espirituais diárias. A outra é a vida, a vida cotidiana, que nos obriga a passar por todo tipo de adversidade e de desafio para que possamos mudar e crescer com a experiência.

Quando parecia ter concluído os seus comentários, outra ideia veio-lhe à cabeça, e o Dalai-Lama acrescentou:

– Sabe de uma coisa? Com relação ao sofrimento, há uma imagem em particular do Buda que considero muito inspiradora. Refiro-me a uma estátua na qual ele aparece quase como um esqueleto, representando a fase em que se submeteu à disciplina e ao sofrimento. O original encontra-se no Museu de Lahore, no Paquistão. Tenho um pôster em casa. Para mim, essa imagem representa a ideia de que foi pelo sofrimento e pelo esforço constante que o Buda despertou completamente. Sempre que a vejo, sinto-me profundamente comovido e fortalecido.

– Vossa Santidade, enquanto o senhor falava sobre "as adversidades e os desafios", como se os dois termos fossem equivalentes, ocorreu-me uma ideia. Pelo que entendi, os nossos problemas são como desafios que, superados,

◆

319

A ARTE DA FELICIDADE EM UM MUNDO CONTURBADO

têm o efeito de nos deixar mais fortes e resilientes, mais aptos a lidar com as dificuldades da vida.

– Exato.

– Isso me faz lembrar uma série de experimentos que foram realizados com o intuito de investigar a resiliência e os fatores que aumentam a capacidade da pessoa de resistir às adversidades ou crises...

Então contei-lhe sobre o experimento realizado por Barbara Fredrickson e os seus colegas, que tinha levado à hipótese da anulação. No experimento, como foi relatado anteriormente, os pesquisadores introduziram sentimentos de estresse e de ansiedade num grupo de sujeitos de estudo, dizendo-lhes que eles tinham apenas alguns minutos para preparar uma palestra. Depois, cancelaram a palestra e verificaram os seus níveis de resiliência, medindo o tempo que levavam para se recuperar do estresse – no caso, medindo o tempo necessário para que os seus batimentos cardíacos e a sua pressão sanguínea retornassem ao normal. Descrevi a primeira série de experimentos, que provavam que as emoções positivas aumentavam a resiliência e aceleravam o processo de recuperação da pessoa. Então lhe falei sobre outro fator que também poderia contribuir para a construção de resiliência.

– Durante o experimento – continuei –, constatou-se que os sujeitos do estudo apresentavam os mesmo níveis de estresse, mas não se recuperavam com a mesma velocidade. Alguns eram naturalmente mais resilientes do que os outros. Por esse motivo, os experimentadores decidiram dividi-los em dois grupos. Um dos grupos foi instruído *a enxergar o exercício de modo positivo, como um desafio a*

◆

A FELICIDADE EM UM MUNDO CONTURBADO

superar, reconhecendo a sua própria competência para realizar o desafio. O segundo grupo foi instruído a enxergar a palestra mais como *uma ameaça,* pois disseram que ela seria analisada por especialistas e usada para prever o futuro sucesso dos sujeitos de estudo.

– Os pesquisadores chegaram à conclusão de que isso não fazia diferença para as pessoas que apresentavam altos níveis de resiliência, pois, como antes, elas se recuperavam rapidamente. Mas essa mudança era significativa para o grupo que apresentava baixos níveis de resiliência. Aqueles que viam a palestra como um desafio recuperavam-se em muito menos tempo do que aqueles que continuavam a vê-la como uma ameaça. Acho que esse experimento exemplifica a ideia de que a nossa visão de mundo e o nosso ponto de vista podem afetar a maneira como lidamos com os problemas. Nesse caso, acho que o efeito foi drástico, foi físico.

– É verdade. É um bom exemplo – concordou o Dalai-Lama.

A vida é incerta. A história pessoal do Dalai-Lama comprova isso – um pobre aldeão, aos 2 anos de idade, tornou-se governante de uma antiga nação, aos 15; fez oposição ao presidente Mao, aos 19; e exilou-se, amado pelo povo e respeitado pela comunidade budista, embora ignorado pelo resto do mundo, aos 30. Para muitos, a sua história teria terminado aqui, como a de um líder deposto, como o último imperador da China. Mas, no caso do Dalai-Lama, ele se tornou um cidadão do mundo, um grande mestre espiritual, ganhador do Prêmio Nobel da Paz e defensor da não violência, da paz mundial, dos direitos humanos e da harmonia entre as diferentes religiões. Embora negue ser a pessoa mais resiliente do mundo, está claro que a resiliência desempenhou importante papel na sua capacidade de lidar com as muitas mudanças e adversidades da vida.

O Dalai-Lama acrescentou um precioso item às ferramentas que nos permitem lidar com as mudanças e as adversidades da vida: a *resiliência*. O conceito de resiliência está associado ao cultivo da esperança e do otimismo, na medida em que as três coisas nos ajudam a suportar as dificuldades e as situações estressantes do dia a dia. No entanto, diferentemente da esperança e do otimismo, a resiliência é um conceito mais amplo, que corresponde à soma dos recursos internos. É a capacidade da pessoa de se recuperar das adversidades, das experiências traumáticas, do sofrimento e da perda. Além disso, ela nos ajuda a lidar com os problemas da vida e a seguir em frente, prepara-nos para as situações estressantes do dia a dia e para as mudanças do mundo.

Há muitos fatores que influenciam os níveis de resiliência da pessoa. Por exemplo, construir bons relacionamentos, ter uma visão de mundo otimista, manter as coisas em perspectiva, traçar objetivos e tentar alcançá-los, ser autoconfiante e regular as próprias emoções, tudo isso tem sido associado à resiliência.

As pessoas se diferenciam quanto às estratégias ou traços característicos específicos em que se baseiam para lidar com a adversidade. Estudos sobre a resiliência mostram que algumas pessoas tendem a lidar com as situações

◆

A FELICIDADE EM UM MUNDO CONTURBADO

estressantes do dia a dia e as adversidades de maneira "repressiva", ignorando-as. Por outro lado, verificou-se que, em geral, aqueles que demonstram "autoconfiança" lidam melhor com os eventos traumáticos. Essa característica está associada às pessoas que apresentam uma autoestima particularmente bem desenvolvida e uma tendência a enxergar a si mesmas do melhor modo possível. Embora isso lhes dê mais confiança para lidar com os eventos traumáticos, há quem possa considerá-las arrogantes ou aborrecidas.

Quando se trata de analisar a abordagem do Dalai-Lama para construir resiliência, podemos começar pela sua premissa inicial de que a nossa visão de mundo, ou seja, o nosso modo de enxergar os problemas, desempenha importante papel na maneira como lidamos com a adversidade. Essa visão é sustentada por muitas pesquisas científicas. Retomando de modo breve as descobertas mais recentes, os psicólogos Anthony Ong e Cindy S. Bergeman, da Universidade de Notre Dame, ambos especialistas no campo da resiliência humana, ressaltam que "as diferentes maneiras de lidar com o estresse resultam de diferentes visões de mundo, ou seja, de diferentes maneiras de analisar e interpretar as experiências da vida". No experimento que relatei ao Dalai-Lama, vemos claramente que a percepção do problema pode afetar a velocidade com que nos recuperamos dos efeitos do estresse. No caso, a maneira como os sujeitos do estudo enxergavam o problema – quer como um desafio, quer como uma ameaça – determinava a sua capacidade de lidar com a situação.

E, o que é mais importante, o experimento também mostra que podemos *modificar* conscientemente a maneira

A ARTE DA FELICIDADE EM UM MUNDO CONTURBADO

como percebemos as situações ameaçadoras. No caso, os experimentadores só tiveram de pedir aos sujeitos de estudo com baixos níveis de resiliência que olhassem para a tarefa como um desafio, em vez de uma ameaça! Olhar para a situação como um desafio, em vez de uma ameaça, constitui um exemplo de *reavaliação positiva* – a mesma técnica que sugerimos anteriormente para o cultivo da esperança e do otimismo. Essa técnica nos permite enxergar as situações e os eventos negativos de maneira mais ampla e harmoniza-se com a estratégia principal do Dalai-Lama para o cultivo de uma visão mais realista.

Muitos estudos confirmam que, quando analisamos um problema de maneira mais ampla, expandimos a nossa resiliência. Podemos fazer isso por meio da reavaliação positiva, procurando um significado positivo, um propósito maior ou efeitos benéficos que estejam associados à adversidade, seja a curto ou a longo prazo. A reavaliação positiva também pode incluir um reenquadramento da situação negativa, no qual extraímos lições da adversidade e procuramos os efeitos benéficos que resultam dela, direta ou indiretamente. As técnicas cognitivas descritas anteriormente também podem ser úteis nesse aspecto.

Esses métodos de reavaliação positiva, que envolvem a adoção de um ponto de vista mais amplo, são iguais às técnicas para o cultivo da esperança e do otimismo que discutimos anteriormente. De fato, essas técnicas não são úteis apenas para o cultivo da esperança e do otimismo. Elas também podem ser usadas para regular as emoções em geral, para reduzir as emoções negativas e aumentar as positivas. Quando se trata de procurar fatores que ajudem

◆

A FELICIDADE EM UM MUNDO CONTURBADO

a construir resiliência, tanto a esperança quanto o otimismo podem ser importantes – quanto mais esperançoso e otimista for a pessoa, mais resiliente será. Mas a esperança e o otimismo não são as únicas emoções positivas que contribuem para a criação de resiliência. Pesquisas mostram que quaisquer emoções ou estados mentais positivos (a serenidade, a alegria, a jovialidade, o contentamento, a felicidade em geral etc.) podem ajudar a aumentar a resiliência.

Uma das pesquisadoras que estudaram a ligação entre as emoções positivas e a resiliência foi Barbara Fredrickson. Num de seus estudos, Fredrickson e os seus colegas mediram os níveis de resiliência de um grupo de estudantes da Universidade de Michigan, meses antes dos ataques de 11 de setembro. O procedimento foi realizado novamente depois da tragédia. É claro que, depois desse terrível acontecimento, verificou-se que quase todos estavam tristes, furiosos ou assustados. Tanto as pessoas resilientes quanto as não resilientes exibiam sintomas de emoções negativas, como a tristeza. No entanto, as mais resilientes também apresentavam emoções positivas. Embora estivessem tristes e zangados, conseguiam lidar bem com a situação e, além das emoções negativas, manifestavam gratidão pelas coisas boas que possuíam, extraindo lições da crise e mostrando-se otimistas em geral. As pessoas resilientes são capazes de sentir emoções positivas mesmo diante de eventos estressantes. No caso do experimento, os sentimentos positivos pareceram amortecer os efeitos negativos do trauma, ajudando os sujeitos de estudo a lidar melhor com a crise e a diminuir a sua vulnerabilidade à depressão. Os pesquisadores verificaram que as pessoas resilientes

A ARTE DA FELICIDADE EM UM MUNDO CONTURBADO

tendiam a "emergir da angústia mais satisfeitos com a vida, mais otimistas e mais tranquilos – e também mais fortes – do que antes".

Diante dos muitos benefícios que resultam das emoções positivas, entre os quais podemos destacar o aumento da resiliência e da capacidade de lidar com os problemas do mundo, devemos ser gratos pelas estratégias efetivas que ampliam os nossos estados mentais positivos. Embora a reavaliação positiva e a adoção de uma perspectiva mais ampla sejam os principais métodos para o cultivo de emoções positivas, também existem outras estratégias que nos permitem dilatar esses estados mentais. Sabemos que técnicas formais de meditação e relaxamento podem ampliar emoções positivas como a serenidade, a tranquilidade etc. O uso do humor também é eficaz. Muitos estudos mostram que ele pode nos ajudar a lidar com os problemas cotidianos. Não acho que seja por acaso que o Dalai-Lama consiga lidar com os problemas de maneira invejável e, ao mesmo tempo, ser reconhecido pelo seu senso de humor e pela facilidade com que dá uma boa gargalhada.

Procurando uma abordagem que nos permitisse manter a felicidade diante dos muitos problemas do mundo de hoje, identificamos múltiplos fatores que podem afetar a maneira como lidamos com a adversidade: a esperança, o otimismo, a resiliência, as emoções positivas em geral, o dilatamento da perspectiva, a reavaliação positiva, a busca de um significado etc. Às vezes, parece que há tantos fatores em jogo que precisamos tomar nota num bloquinho!

Num estudo realizado no ano de 2004, Michele M. Tugade, da Universidade de Boston, e Barbara Fredrickson

A FELICIDADE EM UM MUNDO CONTURBADO

descreveram a relação entre alguns desses fatores, baseando-se no trabalho de outros pesquisadores, bem como nas próprias descobertas: "Os efeitos benéficos associados à maneira como lidamos com a adversidade resultam, em muitos casos, dos efeitos alargadores das emoções positivas, que aumentam as chances de encontrarmos um aspecto positivo em circunstâncias desagradáveis... As emoções positivas nos ajudam a encontrar aspectos positivos, o que, por sua vez, gera mais emoções positivas. Assim, a busca de significados positivos contribui para o alargamento da estrutura mental da pessoa, o que leva à construção de recursos psicológicos como a resiliência. Esse ciclo funciona como uma espécie de "espiral ascendente" que aumenta o bem-estar emocional da pessoa."

Como assim? Se investigarmos a ligação entre esses vários fatores, descobriremos uma intrincada rede de interconectividade que às vezes pode parecer confusa. Qualquer um desses fatores, ao que parece, pode ativar todos os outros, numa relação recíproca. Por exemplo, a adoção de um ponto de vista mais amplo pode ajudar a aumentar a esperança, e, quanto maior é a esperança, mais fácil é enxergar o problema de um ponto de vista mais amplo. Pegue um par qualquer desses fatores, e você verá que eles se reforçam mutuamente. Felizmente, é fácil simplificar essa complexa rede de interconectividade. Olhar os problemas e as adversidades de um ponto de vista mais amplo pode nos ajudar a enxergar a situação de diferentes ângulos positivos. Além disso, a esperança, o otimismo e as outras emoções positivas aumentam a nossa capacidade de manter a felicidade diante dos problemas da vida.

◆

327

Capítulo 12

A FELICIDADE INTERIOR, A FELICIDADE EXTERIOR E A CONFIANÇA

Iniciamos a conversa da manhã seguinte com uma questão que, a meu ver, continuava em suspenso.

– Vossa Santidade, ontem o senhor disse que olhar para os problemas com uma visão mais ampla pode nos dar forças para lidar com a adversidade, manter a esperança, o otimismo etc. Quando discutimos as diferentes abordagens para a adoção de um ponto de vista mais amplo, o senhor disse que devemos nos conscientizar de que fazemos parte de uma comunidade maior. Afinal de contas, temos uma ligação com os outros, não vivemos isolados.

A FELICIDADE EM UM MUNDO CONTURBADO

– É verdade – ele disse.

– Isso me faz lembrar as nossas primeiras conversas em Dharamsala. Lembro que, numa delas, o senhor disse que parecia haver uma falta de espírito comunitário nas sociedades modernas, um crescente sentimento de alienação, e que esse era um dos principais fatores que dificultavam atingir a felicidade social. Mas acho que a estratégia que discutimos ontem, que visa gerar consolo, resiliência e confiança por meio de uma ligação com a sociedade, não funcionaria muito bem se a pessoa estivesse se sentindo isolada ou separada da comunidade. E isso nos leva de volta à questão da falta de espírito comunitário.

– Na nossa última série de conversas em Dharamsala, iniciamos uma discussão sobre a violência e o conflito na sociedade de hoje, mas não chegamos a uma conclusão a respeito da comunidade. O senhor mencionou várias medidas que podemos tomar para fortalecer o espírito comunitário: podemos refletir sobre os laços comunitários, identificar as características que compartilhamos com outras pessoas, juntar-nos a um grupo ou fazer amigos. Mas acho que não discutimos como formar laços num nível mais profundo, mais fundamental.

Ele refletiu por um momento antes de responder:

– Acho que o sentimento de comunidade está associado à questão da confiança.

– Como assim? – perguntei.

– Ora, a falta de espírito comunitário pode ter muitas causas diferentes, e sempre há muitos fatores que podem contribuir para um problema. Mas acho que a falta de comunhão, o isolamento e a alienação devem-se, em parte, à

A ARTE DA FELICIDADE EM UM MUNDO CONTURBADO

desconfiança que temos em relação aos outros. Ao mesmo tempo, a falta de ligação entre as pessoas, a falta de contato entre os membros da comunidade ou sociedade, a falta de espírito comunitário geram condições que podem levar ao sentimento de desconfiança. Então, essa é uma via de mão dupla.

Haviam passado alguns anos desde a nossa última série de conversas na Índia. Neste ínterim, eu estudara profundamente a felicidade num contexto social mais amplo. Ao investigar a ideia do Dalai-Lama de que a falta de espírito comunitário afetava negativamente a felicidade social, encontrei alguns dados que relacionavam a questão da confiança tanto com o espírito comunitário quanto com a felicidade. Munido de estudos científicos que comprovavam a ideia dele, quis trazer à tona a questão da confiança.

Ávido por compartilhar essa informação com o Dalai-Lama, continuei:

– Vossa Santidade, depois que nos despedimos em Dharamsala, fiz uma pequena pesquisa sobre esse assunto. Acho curioso que o senhor tenha identificado a confiança e o espírito comunitário como fatores essenciais para a promoção da felicidade no nível social. Num dos estudos que li, a Pesquisa Mundial de Valores, um grupo de cientistas sociais debruçou-se sobre diferentes países e determinou os níveis médios de felicidade dos seus habitantes. Depois, identificou seis fatores que, do seu ponto de vista, seriam responsáveis pela variação dos níveis de felicidade entre um país e outro. A quantidade de pessoas que estavam vinculadas a organizações sociais e, portanto, a outras

A FELICIDADE EM UM MUNDO CONTURBADO

pessoas, era um desses fatores. Outro fator era a porcentagem da população que dizia confiar nos outros*.

– Além disso, um estudo da Universidade de Cambridge, na Inglaterra, analisou os resultados de uma ampla pesquisa censitária realizada junto a dezenas de milhares de pessoas em muitas regiões da Europa e constatou que as regiões com os níveis mais altos de felicidade eram aquelas que apresentavam os maiores índices de confiança no governo, nas leis e na população em geral. As provas parecem inequívocas. Não importa a origem dos estudos, a Escandinávia sempre figura entre os países mais felizes. Se investigarmos as características peculiares do povo escandinavo, perceberemos que ele possui forte espírito comunitário e alimenta um sentimento de confiança. Num desses estudos, os pesquisadores perguntaram a crianças entre 11 e 15 anos de idade: "Você acha que os seus colegas de turma, em geral, são gentis e atenciosos?" A grande maioria respondeu que sim, e acho que isso é uma boa maneira de medir a confiança da população. Assim, os dados científicos parecem comprovar as suas observações. O sentimento de confiança pode afetar os níveis gerais de felicidade da pessoa.

O Dalai-Lama pareceu se interessar pelas descobertas e se inclinou para a frente, atento.

---

* Segundo a Pesquisa Mundial de Valores, que estudou os níveis de felicidade em cinquenta países diferentes, os seis fatores mencionados são: o divórcio, o desemprego, a confiança, a afiliação a organizações sociais (não religiosas), a qualidade do governo e a crença em Deus. Segundo a pesquisa, esses seis fatores seriam capazes de explicar aproximadamente 80 por cento da variação dos níveis de felicidade entre um país e outro.

A ARTE DA FELICIDADE EM UM MUNDO CONTURBADO

– É verdade. A confiança pode contribuir para a felicidade do indivíduo – falou. – A desconfiança gera medo e ansiedade, ao passo que a confiança cria estados mentais de paz e de felicidade. Mas ela também pode ser importante para outros níveis. Num nível mais amplo, além de nos ajudar a construir um espírito comunitário mais forte e a superar a solidão e a alienação, a confiança também pode nos ajudar a enfrentar os muitos problemas que discutimos anteriormente. Por exemplo, algum tempo atrás, discutimos a importância de encontrar soluções para os conflitos por meio do diálogo, em vez da violência, o espírito do diálogo. Isso é fundamental. E, nesse aspecto, a confiança desempenha importante papel... Para que o diálogo seja bem-sucedido, é necessário que se tente construir um sentimento de confiança entre as duas partes. Portanto – repetiu –, está claro que a confiança é importante para muitos níveis.

Nos primeiros capítulos deste livro, o Dalai-Lama disse que a comunidade tibetana era um exemplo de população com forte espírito comunitário, o que muitas vezes falta à sociedade ocidental contemporânea. Olhando para trás, para a minha primeira visita a Dharamsala, lar do Dalai-Lama e de uma próspera comunidade tibetana exilada, vejo que o exemplo se justifica. Há muitos indícios de que lá existe uma vida comunitária ativa tanto entre a comunidade monástica quanto entre a comunidade leiga. Existe um apoio praticamente absoluto às instituições locais (como a Aldeia de Crianças Tibetanas), às organizações que preservam a cultura e a arte tradicional do Tibete e às irmandades que se voltam para a prática do budismo. No entanto, o espírito comunitário não se manifesta apenas nessas

♦

A FELICIDADE EM UM MUNDO CONTURBADO

instituições. Ele reflete em cada rosto, toda vez que se ouve a risada de uma criança que brinca na rua ou que se vê o sorriso dos vizinhos que param para conversar na frente de casa; reflete-se na devoção dos velhos que giram as rodas de oração e nos cantos monótonos dos monges, ao longe. Podemos sentir o espírito comunitário dos tibetanos quase como se ele fosse carregado pelo aroma sutil do incenso que flutua pelo ar, uma fragrância fresca e amadeirada de junípero e ervas himalaicas queimadas.

Também me lembro da primeira vez em que me juntei a um grande número de tibetanos. Isso aconteceu numa série de aulas ministradas pelo Dalai-Lama na cidade de Bodgaya, no nordeste da Índia, o local sagrado onde o príncipe Siddharta Gautama sentou-se para meditar sob uma árvore há 2 mil e 500 anos, alcançando a iluminação e tornando-se o Buda. Ainda hoje podemos ver a Árvore Bodhi, que supostamente descende da árvore sob a qual o Buda se sentou. Também há um complexo de templos, com muitos *chortens* (*stupas*) e santuários, situado em torno do Templo de Mahabodhi, com as suas balaustradas de pedra ricamente esculpidas e as suas torres piramidais talhadas que se erguem majestosamente.

Os tibetanos vieram aos milhares, de todas as partes da Índia e do Nepal e, em alguns casos, até mesmo do próprio Tibete. Criou-se uma atmosfera festiva que se traduzia nas muitas bandeirolas coloridas que pendiam das árvores, balançando suavemente ao vento. Senti como se estivesse mergulhando de modo profundo no espírito comunitário tibetano. Famílias espalharam mantos de lã sobre o chão para assistir às aulas, e um pequeno detalhe chamou-me a atenção, um detalhe sem importância, mas que, por alguma razão, pareceu-me um sinal comovente da coesão da comunidade: muitas crianças pequenas desfrutavam do sentimento comunal; algumas, que ainda estavam aprendendo a caminhar, cambaleavam hesitantes e caíam sobre estranhos sorridentes e acolhedores. As crianças de mais idade saíam para brincar sozinhas, mas não manifestavam essa urgência de se afastar dos pais como acontece com as crianças norte-americanas. Os pais vigiavam os filhos a todo momento, com o canto dos olhos, despreocupados, graças ao sentimento de segurança que o grupo proporcionava, sem os receios que amedrontam os pais norte-americanos quando veem os filhos misturados a um aglomerado de estranhos.

Por algum motivo, quando vi aquelas crianças brincando no meio da multidão, senti uma espécie de nostalgia e me pus a divagar sobre isso... Afinal de contas, eu e aquelas crianças não tínhamos nada em comum. Elas tinham sido educadas numa terra estrangeira, segundo costumes estrangeiros. Então me ocorreu que a nostalgia devia-se à sensação de segurança e de confiança que permeava o evento.

Houve um tempo em que essa sensação de segurança e de confiança também existia na sociedade norte-americana. Quando eu era pequeno, durante as férias escolares, meus pais colocavam eu e os meus irmãos no carro e iam para Venice, na Califórnia, onde alugávamos um apartamento perto da praia para passar o verão. Naquele tempo, Venice era um bairro pobre, e os seus principais atrativos eram a praia e os apartamentos baratos. Chamada de "Apalaches à beira-mar" pela imprensa local, Venice misturava

A FELICIDADE EM UM MUNDO CONTURBADO

simpáticos judeus idosos, que vinham do Leste Europeu para passar os seus últimos dias conversando em bancos perfilados ao longo da praia, e de membros dos movimentos juvenis de contracultura, como os *beatniks* da década de 1950 e os *hippies* da década de 1960. Eu e os meus irmãos seguíamos uma rotina: depois do café da manhã, saíamos para a rua e passávamos o dia na praia, no píer ou no calçadão; só retornávamos na hora do jantar. Com 7 ou 8 anos de idade, eu podia passar o dia inteiro sozinho, supervisionado apenas pelo meu irmão, que era um ano e meio mais velho do que eu. Fazíamos uma infinidade de coisas: pescávamos no píer de Santa Mônica, comíamos enroladinhos de salsicha até cansar, visitávamos as lojas de suvenir, cobiçávamos os tesouros que não podíamos comprar e, às vezes, passávamos o dia no Pacific Ocean Park, um parque de diversões que ficava num píer largo que se projetava sobre o mar.

Hoje, se um pai deixar o seu filho de 8 anos perambular pelas ruas sem a companhia de um adulto será denunciado para o serviço de proteção à criança. Mas naquele tempo isso era comum. Devido ao medo que se apossou das sociedades ocidentais de hoje, aos 7 anos de idade, a criança certamente já ouviu falar que "não deve conversar com estranhos". Ouvi dizer que esse conselho está ultrapassado e que foi substituído pelos exercícios de paralisação, que, aparentemente, têm o objetivo de preparar os alunos para eventuais tiroteios. Eles aprendem que devem encontrar um esconderijo e permanecer em silêncio, absolutamente imóveis. Proteção, segurança e precaução são as palavras de ordem. As crianças já não têm liberdade para

◆

335

A ARTE DA FELICIDADE EM UM MUNDO CONTURBADO

subir na bicicleta e circular pela vizinhança. Agora, antes de subir na bicicleta, têm de colocar capacetes, joelheiras, munhequeiras e cotoveleiras. E os pais devem colocar as bicicletas na picape e levá-las para uma área própria para se andar de bicicleta. As visitas dos coleguinhas de escola são pré-agendadas pelos pais, que agem como assessores dos seus presidentes de empresas mirins.

Uma vez que as crianças norte-americanas são condicionadas a desconfiar das pessoas que não pertencem ao seu círculo imediato, isso levanta questões muito sérias a respeito da possibilidade de reverter essa tendência. Mas eu queria saber a opinião do Dalai-Lama sobre o assunto.

– Infelizmente – retomei a conversa –, parece que o nível de confiança das pessoas vem diminuindo cada vez mais em muitas sociedades atuais. Por exemplo, na Grã-Bretanha e nos Estados Unidos, foi feita uma pesquisa na qual se perguntou às pessoas: "Na sua opinião, as pessoas, em geral, são confiáveis ou devemos sempre ter um pé atrás com relação a elas?" Constatou-se que o número de pessoas que confiam nas outras caiu 50 por cento desde a década de 1950, um resultado impressionante.

– Sabe de uma coisa, Vossa Santidade? Aqui estamos nós de novo em Tucson, muitos anos após a nossa primeira série de conversas no Arizona. Isso me faz lembrar a época em que morei aqui para cursar os quatro anos da faculdade de Medicina. Lembro que, na minha casa, que ficava de frente para o *campus*, eu tinha o hábito de deixar a porta destrancada, dia e noite. Acho que estou confiando menos nas pessoas, pois hoje jamais deixaria a minha casa destrancada.

◆

336

A FELICIDADE EM UM MUNDO CONTURBADO

– Howard, não sei se isso é apenas uma questão de confiar nas pessoas – falou com um tom de voz levemente zombeteiro. – Talvez você não tivesse nada para ser roubado naquela época!

– Pensando melhor – confessei –, acho que era esse o caso. É, o senhor está certo – acrescentei, lembrando-me da vida espartana que levava então.

– Temos de ser práticos – continuou o Dalai-Lama. – Se as suas atuais condições de vida exigem que você tranque as portas, isso é prudência. Agir de maneira imprudente só porque você acredita que os seres humanos são bons, só porque você se sente conectado aos membros da sua comunidade e confia neles, é irreal. Você pode ser uma pessoa boa e gentil sem deixar de ser realista.

– Essa história de trancas me faz lembrar o vale do Spiti, no norte da Índia. No passado, os aldeões não tinham o hábito de trancar as portas. Não havia trancas. Os viajantes simplesmente entravam e se acomodavam. Ninguém reclamava.

Por um momento, as suas palavras trouxeram uma poderosa imagem à minha cabeça: uma comunidade sem trancas, um mundo de absoluta confiança, no qual os seres humanos poderiam manifestar a sua bondade interior. Mas essa imagem dissipou-se rapidamente, em vista da realidade atual do mundo.

– Isso ainda acontece? – perguntei.

– Acho que as coisas mudaram – respondeu. – Mas não sei dizer ao certo.

– Mudaram em que sentido? Está se referindo aos níveis de confiança e ao uso de trancas?

◆

337

– Estou...

– A que o senhor atribui esse fato? O que gerou o declínio da confiança?

– Acho que, antes, havia menos visitantes – respondeu. – Muitos deles permaneciam nas suas comunidades. Mas agora é diferente. Temos mais turistas, há mais operários construindo estradas...

– Ainda assim, Vossa Santidade, acho que o senhor levanta uma questão importante, que parece constituir uma característica da sociedade moderna. Refiro-me ao fato de que há cada vez mais estrangeiros nas comunidades. Isso tem que ver com o que foi discutido em Dharamsala: o fato de que há mais mobilidade na sociedade industrial moderna faz as pessoas mudarem de um lugar para outro com maior frequência, e essa confluência de estrangeiros pode gerar desconfiança e estresse.

– Por exemplo, deparei recentemente com um estudo interessante sobre a criação de um novo complexo residencial na Grã-Bretanha. Os edifícios possuíam muitos andares. Depois que a obra foi concluída e as pessoas mudaram para os apartamentos, alguém notou que os moradores do térreo começaram a apresentar elevados índices de doenças mentais.

– Os responsáveis pelo projeto do edifício decidiram fazer uma experimentação. Construíram muralhas nos caminhos que corriam ao longo das janelas do térreo, a fim de reduzir o número de estranhos que passavam por ali. Além disso, redesenharam a estrutura dos edifícios, para que os moradores, quando fossem olhar pela janela, tivessem mais chances de ver um vizinho ou uma figura conhe-

A FELICIDADE EM UM MUNDO CONTURBADO

cida. Só com essa mudança, ocorreu uma redução de 24 por cento nas doenças mentais.

– Mas o problema é que não podemos sair por aí construindo muralhas na sociedade, com um monte de tijolos e cimento. O que o senhor sugere que façamos para contrabalancear a desconfiança, essa força destrutiva?

Refletiu por um momento e respondeu:

– Creio que muitos fatores podem ser levados em consideração. Sem dúvida, as doenças mentais são determinadas pelos traços de personalidade e pela estrutura psicológica de cada indivíduo. Mas, em geral, acho que, no Ocidente, as pessoas querem resolver todos os seus problemas e alcançar a felicidade por meios externos. Talvez isso as deixe mais sensíveis para mudanças no ambiente externo, não sei.

– Mas o nosso objetivo é encontrar métodos que nos permitam construir recursos internos, para que não tenhamos de construir muralhas externas – ressaltou o Dalai-Lama.

– Exatamente! – falei. Fiquei feliz por ele ter trazido à tona a ideia dos métodos internos. – Então, como fazemos para evitar o declínio da confiança?

– Isso pode ser complicado. Há muitos fatores envolvidos. Talvez tenhamos de usar várias abordagens, em níveis diferentes. Mas certas coisas podem nos ajudar a construir confiança, como manter contato com outras pessoas e conhecê-las melhor. Acho que algumas das abordagens para o cultivo do diálogo, que discutimos anteriormente, podem ser úteis para a construção da confiança.

– Mas, nos casos em que há grande confluência de estrangeiros para determinada comunidade, como acontece no vale do Spiti, onde os aldeões estão colocando trancas nas portas, e as pessoas não têm oportunidade de se conhecer...

– Howard, só porque essas comunidades estão tomando mais precauções, isso não significa que tenha havido um decréscimo nos seus níveis de confiança. Por exemplo, digamos que numa aldeia vivam cem pessoas e que os aldeões confiem em 99 por cento delas, mas desconfiem de uma única pessoa. Nesse caso, eles obviamente tomarão precauções. Mas nem por isso devemos suspeitar de todo o mundo.

– Mais uma vez, acho que tudo se resume à adoção de uma visão de mundo realista. Podemos tomar precauções para nos proteger, porque sabemos que há uma pequena porcentagem de pessoas mal-intencionadas. Porém, se olharmos para a situação de maneira mais abrangente, perceberemos que as pessoas, em sua maioria, são decentes. Se mantivermos uma atitude realista e não exagerarmos a gravidade do problema, nossa visão sobre a natureza humana continuará a mesma e não precisaremos suspeitar de todos os novos integrantes da comunidade.

O mundo dá voltas. Nos bairros residenciais, as pessoas já não permitem que seus filhos perambulem livremente pelas ruas, no verão. Os psiquiatras residentes em Phoenix e os aldeões tibetanos do vale do Spiti, no Himalaia, já não deixam as suas portas destrancadas à noite. O que podemos fazer? Será que precisamos ignorar os perigos do mundo para retornar a uma época mais inocente, para restaurar a confiança, para restabelecer o espírito comunitário?

◆

Quando fiz a pergunta fundamental ao Dalai-Lama – como podemos cultivar a confiança? –, a sua resposta, de início, deixou-me frustrado. Ele disse que deveríamos seguir as mesmas estratégias que já tinham sido discutidas inúmeras vezes. Precisamos de várias abordagens (evasivo!), de contato pessoal (aborrecido!), de uma visão de mundo mais realista (Deus me ajude!). Será que ele não tinha nada de novo para acrescentar? Numa conversa, ele dissera que os seus amigos tibetanos se irritavam com o fato de ele usar sempre a expressão "abordagem realista". Eu ainda não tinha chegado a esse ponto, mas era uma possibilidade.

Só algum tempo depois analisei com mais cuidado a visão do Dalai-Lama e a sua abordagem para o cultivo da esperança, do otimismo, da resiliência e da confiança. Segundo ele, tudo se resumia à adoção de uma "visão de mundo realista". Na época, eu já sabia que as suas ideias se harmonizavam com as descobertas científicas. Ainda assim, precisei refletir um pouco mais sobre a relação entre as suas palavras e os estudos científicos para começar a enxergar toda a profundidade da sua abordagem. O que, à primeira vista, parecera um clichê – a sua "visão de mundo realista" – era na verdade uma ideia falsamente simples, que continha muitas camadas de sabedoria e de *insights*. Era quase como um código secreto. Embora tivesse a forma de uma expressão secular bastante comum, mascarava uma variedade de princípios e de práticas budistas profundas. Os termos simples que ele utilizava, como "conscientização" e "visão de mundo realista", representavam uma variedade de estratégias efetivas que tinham o intuito de

A ARTE DA FELICIDADE EM UM MUNDO CONTURBADO

aumentar a nossa felicidade e de nos ajudar a lidar com o mundo – estratégias que se baseavam em princípios fundamentais do budismo e que eram legitimadas pela ciência moderna. Como vimos, a sua "abordagem realista" corresponde ao que os psicólogos chamam de reavaliação positiva, reenquadramento, análise de benefícios, busca de significados positivos, técnicas cognitivas, técnicas cognitivo-comportamentais etc., cuja eficácia é comprovada por grande número de estudos científicos.

Admito que fiquei decepcionado quando o Dalai-Lama insinuou que a sua abordagem realista funcionaria como uma técnica universal para o cultivo de todas e quaisquer emoções positivas. Não me incomodei a princípio, mas, quando chegamos à questão da confiança e vi que ele continuava falando sobre a mesma técnica, percebi que eu estava pronto para um método novo. No entanto, quando analisei os dados científicos, a abordagem do Dalai-Lama começou a fazer sentido e tudo se encaixou com perfeição. Por exemplo, o Dalai-Lama iniciou aquela semana com uma lição sobre a abordagem realista (o "ponto de vista mais amplo", esse tipo de coisa), depois falou sobre a esperança e o otimismo e, por fim, discorreu sobre a resiliência e a confiança. Isso não foi por acaso – o nosso objetivo era explorar diferentes maneiras de lidar com um mundo conturbado e de manter a felicidade. Embora os estudos mostrem que todas as emoções positivas funcionam como um antídoto para as emoções negativas e para o estresse, contribuindo para o aumento da felicidade pessoal, há um grupo específico de emoções positivas que são particularmente eficientes no combate à adversidade, aos

A FELICIDADE EM UM MUNDO CONTURBADO

obstáculos, aos problemas externos etc. Que emoções são essas? A esperança, o otimismo, a resiliência e, sim, a confiança! Alguns pesquisadores incluem a fé e a autoconfiança nesse grupo. É claro, nem todos classificam as emoções positivas da mesma maneira – de fato, os estudiosos divergem muito entre si, mas, pelo menos existe uma base comum. Essas emoções são agrupadas numa mesma categoria por psicólogos positivos, como o doutor Martin Seligman, na medida em que compartilham a mesma orientação "futura", do tipo que envolve expectativas positivas. Por exemplo, o objeto da esperança costuma ser a projeção de algum objetivo específico no futuro, ao passo que o otimismo compreende uma expectativa positiva geral dos resultados futuros. No caso da confiança, o objeto da expectativa positiva é o ser humano em geral.

Quando adotamos um "ponto de vista mais amplo", começamos a entender por que o Dalai-Lama recomenda essa mesma estratégia para o cultivo da esperança, do otimismo, da resiliência e da confiança, uma vez que essas emoções pertencem à mesma família. Como vimos, os estudos mostram que as emoções positivas e as técnicas discutidas pelo Dalai-Lama podem se reforçar mutuamente. Por conseguinte, a adoção de uma estratégia universal eficiente pode nos ajudar a multiplicar as emoções positivas e a lidar com os problemas do mundo.

Agora que reconhecemos que o Dalai-Lama não sugeriu a sua "abordagem realista" por falta de imaginação, podemos rever as suas ideias a respeito do cultivo da confiança.

A abordagem do Dalai-Lama nos permite manter um sentimento geral de confiança nos outros, o que, por sua vez, cria uma espécie de abertura, que carrega em si o potencial para uma ligação, para um vínculo. Quando estendemos a mão para outro ser humano e formamos esse tipo de ligação, isso se torna a base para o espírito comunitário. Mas resta-nos perguntar: como fazemos para manter esse sentimento de confiança? A abordagem do Dalai-Lama baseia-se num comprometimento com a realidade e numa aceitação irrestrita dessa realidade. No caso da confiança, por exemplo, a sua abordagem começa com um profundo entendimento da natureza humana e com o reconhecimento de que os seres humanos, em sua maioria, são bons e decentes – pessoas que querem ser felizes e amadas e que não querem sofrer. Assim como você.

Ao mesmo tempo, há o entendimento de que algumas pessoas são mal-intencionadas e querem ferir outros seres humanos. Na interseção dessas duas posições divergentes, temos o bom-senso e a razão. Com essa mentalidade, podemos acreditar nas pessoas, acreditar que elas serão fiéis à sua natureza. Algumas são boas na maior parte do tempo, outras são más, e todos somos uma mistura de bondade e de maldade. Isso significa que a maioria das pessoas que ainda iremos encontrar será boa e não abusará da nossa confiança, ao passo que uma pequena minoria será má e abusará da nossa confiança. Mas a abordagem do Dalai-Lama nos permite tomar medidas preventivas contra os abusos e fazer o que for preciso para nos proteger, sem que isso implique a perda do nosso sentimento geral de confiança e a distorção dos nossos pontos de vista, da nossa visão de mundo e das nossas atitudes.

A CONFLUÊNCIA DA FELICIDADE PESSOAL
E DA FELICIDADE SOCIAL

– Vossa Santidade, enquanto o senhor discorria sobre os efeitos benéficos da confiança, ocorreu-me um ponto importante. Nesta semana, discutimos os fatores que podem nos ajudar a lidar internamente com as tribulações e a encontrar a felicidade. Em conversas passadas, falamos sobre os vários problemas externos da sociedade e do mundo e exploramos estratégias para superá-los. Mas acho que a sua abordagem "mata dois coelhos com uma só cajadada", na medida em que gera felicidade interna e felicidade externa ao mesmo tempo. O senhor disse, há pouco, que a confiança pode contribuir para a felicidade pessoal e, ao mesmo tempo, pode ser um fator importante para a solução de alguns dos problemas do mundo. Uma confiança maior poderia nos ajudar a fortalecer o nosso espírito comunitário e funcionaria como um importante facilitador de diálogos no processo de resolução de conflitos.

– É claro – disse o Dalai-Lama, como se essa fosse a observação mais natural e óbvia do mundo, embora eu ainda estivesse amadurecendo a ideia.

– Parece que os outros fatores mentais positivos que discutimos também funcionam dessa maneira. Emoções positivas como a esperança, o otimismo, a resiliência etc., afetam diretamente a felicidade da pessoa. Além disso, fortalecem o seu espírito para que ele possa continuar lutando por um mundo melhor. No seu caso, por exemplo, a esperança e o otimismo são os fatores que lhe dão forças para continuar lutando pelos direitos humanos e por uma autonomia maior do Tibete, apesar dos cinquenta anos de insucesso.

– Sem dúvida – repetiu.

Senti uma onda de entusiasmo percorrer o meu corpo quando a variedade de tópicos desconexos que tínhamos discutido até então começou a se fundir, formando um sistema unificado que englobava tanto a felicidade interna quanto a felicidade externa. A busca da felicidade interna e a da felicidade social já não me pareciam duas coisas separadas e desconexas. Não havia fatos novos ou informações surpreendentes, mas as informações conhecidas pareceram se encaixar melhor.

– É nesse ponto de interseção que a felicidade interna e a felicidade externa se encontram. Se pararmos para pensar, veremos que esse princípio não se limita apenas à esperança, ao otimismo e à confiança. *Todas* as emoções positivas e a felicidade em geral possuem essa característica, esse potencial para promover a felicidade interna e a felicidade externa. Isso me faz lembrar os estudos que mostram que as pessoas felizes são mais altruístas, mais prestativas, mais caridosas. Nesse sentido, a felicidade interna e a preocupação com o mundo parecem se fundir.

– E isso também funciona do modo inverso – lembrou-me ele. – De fato, as pessoas felizes são as mais caridosas, mas, como costumo dizer, ajudar os outros é a melhor maneira de ajudar a si mesmo e de buscar a felicidade. Somos nós que recebemos o benefício.

– Acho que, agora, podemos enxergar o cultivo das emoções positivas como algo que afeta diretamente nossa felicidade pessoal e nos ajuda a superar os problemas

A FELICIDADE EM UM MUNDO CONTURBADO

sociais (de maneira direta ou indireta), contribuindo para um mundo melhor.

Sorrindo, o Dalai-Lama simplesmente concordou com a cabeça.

Nessa conversa, trouxemos à tona uma questão importante. Identificamos a interseção entre o mundo interno e o mundo externo e revelamos uma abordagem capaz de gerar felicidade interna e felicidade social ao mesmo tempo. Acrescentamos uma nova dimensão à confiança, mostrando que ela também pode afetar os níveis sociais mais amplos. Como vimos anteriormente, os estudos revelam que o nível de confiança de uma sociedade é determinado pelo seu nível de felicidade. A confiança também produz efeitos benéficos específicos que estão associados à resolução dos problemas sociais – a confiança intergrupal pode ajudar a reduzir a suspeita e o medo, produzir uma sociedade mais pacífica. Além disso, ela ajuda a reduzir o preconceito, a discriminação e o conflito. E, quando ocorrem conflitos, a confiança diminui as chances de haver violência.

Algumas das descobertas mais fascinantes e revolucionárias desses estudos revelam que as emoções positivas podem transformar tanto o mundo externo quanto o mundo interno. De fato, a ciência parece comprovar a ideia de que os estados mentais positivos não apenas ajudam a *resolver* os problemas do mundo, como também os *transformam* ativamente.

AS EMOÇÕES POSITIVAS COMO UM ANTÍDOTO PARA OS PROBLEMAS SOCIAIS

Finalmente, começamos a vislumbrar uma abordagem mais ampla para o cultivo da felicidade em um mundo conturbado, que inclui a expansão tanto da felicidade pessoal quanto da felicidade social. Uma vez que as emoções positivas contribuem diretamente para a felicidade pessoal, sugiro que investiguemos o seu potencial para a resolução dos problemas sociais.

Quando começamos a discutir a felicidade humana no contexto das tribulações sociais, um dos primeiros problemas identificados pelo Dalai-Lama foi a crescente falta de conectividade nas sociedades de hoje. Até agora, no que diz respeito aos laços sociais, focalizamos o potencial desses laços para expandir os nossos níveis gerais de felicidade. Os laços sociais geram maior felicidade, e a felicidade e as emoções positivas geram melhores laços sociais. Novos estudos comprovam que a felicidade e os estados mentais positivos tornam as pessoas mais sociáveis e amistosas. Se introduzirmos um estado de felicidade num indivíduo, isso aumentará as suas chances de iniciar uma conversa com um estranho. E, quando ele se conectar com estranhos ou amigos, isso fará que ele queira lhes contar vivências pessoais e formar laços profundos com outras pessoas. Mudanças desse tipo sem dúvida nos ajudariam a seguir os conselhos do Dalai-Lama e aumentariam as nossas chances de nos unir a organizações ou grupos sociais.

A FELICIDADE EM UM MUNDO CONTURBADO

AS EMOÇÕES POSITIVAS NO DIÁLOGO E NA RESOLUÇÃO DE CONFLITOS

Durante as nossas conversas, o Dalai-Lama disse que a guerra e a violência eram maneiras ultrapassadas de lidar com os conflitos e pressagiou um novo estágio de evolução cultural, no qual o diálogo substituiria a violência como forma de resolver conflitos. Mas ele também destacou uma série de obstáculos que devem ser superados para que o diálogo seja bem-sucedido. Precisamos nos livrar dos ressentimentos passados e dos velhos pontos de vista; precisamos olhar para as questões controversas com uma nova atitude, com criatividade e originalidade; precisamos expandir nossos horizontes e usar nossa imaginação para poder enxergar o ponto de vista do outro partido; precisamos cultivar estruturas de pensamento que sejam integrativas e nos permitam encontrar áreas de interesse comum, nas quais os dois lados satisfaçam as suas necessidades mais básicas.

Bem, vejamos... Precisamos de um modo de pensar que seja menos rígido e egoísta, que seja mais flexível e criativo, que integre pontos de vista divergentes e encontre pontos convergentes, que olhe para as situações sob perspectivas diferentes, que esteja aberto para novas informações... hum...

É, essa é uma boa descrição dos tipos de pensamento que costumam ser associados às emoções positivas em estudos científicos. Com efeito, as emoções positivas criam um modo de pensar que é ideal para os diálogos que visam à resolução de conflitos.

◆

349

A ARTE DA FELICIDADE EM UM MUNDO CONTURBADO

Assim como as emoções negativas geram modos de pensar estreitos, as emoções positivas geram modos de pensar mais amplos e específicos, associados às áreas do cérebro responsáveis pelo raciocínio elevado, e esses modos de pensar se adaptam quase perfeitamente às situações de conflito que envolvem dois ou mais partidos: as emoções positivas dilatam o pensamento integrativo, em que a pessoa analisa uma vasta gama de fatos relacionados e os integra de maneira eficiente, com o intuito de chegar a uma nova solução. Além disso, os estados mentais positivos produzem estruturas de pensamento mais flexíveis e elásticas que nos permitem olhar para um problema de ângulos diferentes. Por fim, as emoções positivas nos tornam mais receptivos a novas informações e a novas maneiras de enxergar uma situação, e esse tipo de atitude viabiliza uma abertura para os pontos de vista alheios, um ingrediente importante para o sucesso dos diálogos que visam resolver conflitos.

Descrevemos anteriormente uma série de estudos que demonstram que as emoções positivas podem produzir mudanças no nosso pensamento, o que, por sua vez, nos ajuda a enxergar o "quadro geral", a pensar criativamente e a encontrar novas maneiras de alcançar nossos objetivos – e esses modos de pensar são úteis para a resolução de conflitos através do diálogo. Muitos outros estudos documentam os efeitos benéficos dos estados mentais positivos. Alice Isen e seus colegas da Universidade de Cornell realizaram estudos a respeito da influência da felicidade nos modos de pensar e, após vinte anos de pesquisas, constataram que, quando as pessoas se sentem bem, seu pensa-

◆

350

A FELICIDADE EM UM MUNDO CONTURBADO

mento torna-se mais criativo, mais integrativo, mais flexível a novas informações.

Num desses estudos, os pesquisadores selecionaram um grupo de médicos como sujeito de estudo. Introduziram estados mentais positivos em alguns deles, mostraram-lhes o histórico de um paciente e estudos sobre possíveis diagnósticos e os instruíram a "pensar em voz alta", enquanto analisavam o caso para encontrar o diagnóstico correto (que era uma doença hepática). Mais tarde, debruçando-se sobre os resultados, os pesquisadores verificaram que os médicos "felizes" destacavam-se positivamente em termos de pensamento analítico, de raciocínio e de capacidade de diagnóstico. Eles processavam a informação com mais rapidez, não se prendendo às ideias iniciais, nem encerrando o diagnóstico prematuramente. A tendência a pensar de maneira flexível, a não se precipitar num diagnóstico prematuro, a manter a flexibilidade e maior abertura etc. é o tipo de coisa que seria útil em situações de negociação de conflitos. Em outro experimento, Isen e os seus colegas constataram que os negociadores "felizes" tinham mais chances de encontrar soluções integrativas para conflitos complexos.

O cultivo de emoções positivas pode gerar novos modos de pensar, facilitando o diálogo e criando maior potencial para a resolução de conflitos. Talvez um dia a visão do Dalai-Lama se concretize: a visão de um futuro melhor, não violento – não como utopia, livre de conflitos e de violência, mas como realidade na qual o diálogo seja a abordagem usual, e não a exceção, e apresente uma perspectiva de sucesso.

◆

351

Capítulo 13

AS EMOÇÕES POSITIVAS
E A CONSTRUÇÃO DE
UM NOVO MUNDO

A MANEIRA COMO NOS RELACIONAMOS
UNS COM OS OUTROS

Parecia que estávamos caminhando a passos largos, estabelecendo ligações entre o mundo interno e os problemas mais amplos da sociedade. O Dalai-Lama também parecia empolgado. Mas, ouvindo os ruídos do lado de fora da suíte de hotel, percebi que o nosso tempo estava acabando.

– Vossa Santidade, discutimos detalhadamente a questão da confiança, e o senhor teceu ligações entre ela e o

A FELICIDADE EM UM MUNDO CONTURBADO

espírito comunitário, de modo que parece que retornamos à discussão que tivemos em Dharamsala, quando o senhor disse que a falta de confiança afrouxava os laços sociais da comunidade e que o isolamento social e o declínio do espírito comunitário levavam à falta de confiança.

– Em Dharamsala, tentando descobrir as causas da falta de confiança e do declínio da comunidade, identifiquei o crescimento da mobilidade social como um fator importante. Mas o senhor objetou dizendo que o crescimento da mobilidade não implicava necessariamente o desgaste da confiança e do espírito comunitário. Como disse, há muitos fatores que são responsáveis por esse tipo de problema. Pode identificar uma causa subjacente que seja comum tanto ao desgaste da confiança quanto ao declínio do espírito comunitário, ou um fator que conecte as duas coisas?

Ele pensou antes de responder:

– Isso nos leva de volta à questão que discutimos quando investigamos esse assunto pela primeira vez. Tudo se resume à maneira como nos relacionamos uns com os outros: fazemos isso em função das nossas semelhanças ou das nossas diferenças?

– Vossa Santidade – eu disse, cuidadoso, não querendo que ele colocasse a minha pergunta na categoria das perguntas tolas –, só para esclarecer, uma vez que a base dos relacionamentos é um fator importante, discorra brevemente sobre as distinções que fundamentam grande parte dos relacionamentos interpessoais.

Dessa vez não implicou com a minha pergunta e respondeu:

◆

353

– Está bem. As pessoas baseiam os seus relacionamentos em muitas coisas, como o histórico da família, a situação financeira, o nível de escolaridade, a etnia, o idioma e assim por diante.

– Mas hoje tendemos a basear os nossos relacionamentos nas diferenças. Damos muita importância a isso, talvez por causa dos valores sociais que enfatizam a aquisição da riqueza. Preocupamo-nos excessivamente com os nossos rendimentos, com os nossos bens, com o nosso *status*. De fato, ouvi falar que muitas pessoas não gostam de dizer quanto ganham, pois isso é visto como um sinal de quanto valem como seres humanos. Mas o maior problema com esse tipo de abordagem é que acabamos nos relacionando com o dinheiro das pessoas, com o seu poder, com o seu *status*, e ignoramos as suas qualidades intrínsecas. Criamos relacionamentos que se baseiam naquilo que esperamos ganhar da outra pessoa. E, quando ocorre uma reviravolta financeira, o relacionamento cai por terra.

– Quando damos muita importância a fatores como o antecedentes da família, situação financeira, *status* social, carreira profissional etc. e menosprezamos a nossa humanidade básica, o resultado é que focalizamos as nossas diferenças e nos distanciamos das pessoas. E isso, é claro, gera todo tipo de problema, inclusive a falta de confiança.

– Sabe, Vossa Santidade, quando discutimos pela primeira vez a questão do espírito comunitário, chegamos à conclusão de que esse tipo de coisa também gera uma mentalidade do nós contra eles...

Antecipando-se ao meu raciocínio, o Dalai-Lama me interrompeu:

◆

A FELICIDADE EM UM MUNDO CONTURBADO

– É verdade. Mas não podemos esquecer que há muitos níveis de "comunidade", que são construídos em função de fatores variados, como as relações de vizinhança, as afinidades religiosas, as semelhanças culturais, os interesses comuns etc. Isso é importante. De certa forma, esse nível foca mais nas *características externas*. Mas também existe um nível mais profundo, no qual nos relacionamos uns com os outros em função de *características internas* fundamentais. Refiro-me às características que todos compartilhamos como seres humanos.

– Nesse nível profundo, criamos laços de afinidade em função dessas características humanas fundamentais. *Não importa os fatores que sirvam de base para o espírito comunitário e para os relacionamentos interpessoais; se conseguirmos manter um sentimento de ligação com as outras pessoas, tomando por base a nossa humanidade comum, evitaremos uma série de problemas.*

– Vossa Santidade, parece que agora estamos falando de uma questão que extrapola o espírito comunitário, o fortalecimento dos laços comunitários e a confiança. Pelo que entendi, parece que a resposta para todos os problemas que discutimos anteriormente, como a violência, o racismo etc., reside na maneira como nos relacionamos uns com os outros. Acho que, em última análise, tudo se resume a isso.

– É verdade, é verdade! – exclamou o Dalai-Lama, meneando a cabeça vigorosamente.

– Isso evidencia uma questão que vem me incomodando desde que começamos a explorar a mudança de orientação do eu para o nós. Lembro que, numa de nossas con-

A ARTE DA FELICIDADE EM UM MUNDO CONTURBADO

versas, o senhor discorreu brevemente sobre a importância de nos relacionarmos uns com os outros nesse nível humano básico. Mas como fazer isso? Conhece alguma técnica de meditação ou método que facilite o relacionamento nesse nível fundamental?

Depois que fiz a pergunta, olhei para o relógio e vi que faltavam apenas cinco minutos para o fim da reunião. Então me preparei para a resposta que certamente se seguiria.

O Dalai-Lama também olhou para o relógio e respondeu, sorrindo:

– Howard, essa questão é complexa demais para ser explorada em apenas cinco minutos! Deixemos isso para depois.

Na conversa que tivemos naquela manhã, o Dalai-Lama identificou a causa do declínio da confiança e do espírito comunitário no mundo de hoje: o fato de nos relacionarmos mais em função das nossas diferenças do que em função das nossas semelhanças. Mas como podemos atingir um estado mental que nos possibilite ao mesmo tempo preservar a nossa identidade, a nossa integridade pessoal, e formar laços com os outros seres humanos, quase como se fôssemos uma coisa só? No nível grupal, como podemos expandir a nossa identidade e incorporar os outros grupos ao nós coletivo?

Neste livro, discutimos o papel que as emoções positivas desempenham na resolução dos problemas sociais. Inúmeras pesquisas feitas nos campos da psicologia positiva e da neurociência revelam que as emoções positivas

A FELICIDADE EM UM MUNDO CONTURBADO

promovem relacionamentos que se baseiam mais em aspectos agregadores do que em aspectos desagregadores. Essas emoções provocam mudanças no nosso modo de pensar que nos permitem enxergar as semelhanças que existem entre nós e os outros. As emoções positivas tendem a expandir os limites da nossa identidade, que deixam de ser uma muralha impenetrável e se tornam uma membrana permeável.

Experimentos científicos comprovam que as emoções positivas causam uma mudança direta na nossa orientação básica, que passa do eu para o nós. Isso acontece tanto no nível interpessoal quanto no nível intergrupal. No nível interpessoal, por exemplo, em determinado experimento os pesquisadores pediram aos sujeitos de estudo que falassem sobre os seus relacionamentos pessoais. Depois de uma pausa, introduziram um estado mental de felicidade nesses indivíduos e pediram que continuassem falando. No final do experimento, constataram que as pessoas "felizes" usavam mais a palavra "nós" e menos a palavra "eu" ao discutir os seus relacionamentos!

Resultados semelhantes foram encontrados no nível grupal. Nesse caso, os efeitos benéficos das emoções positivas resultam de mudanças específicas no modo de pensar que costumam ser atribuídas a elas. Uma dessas mudanças é que passamos a enxergar as coisas de maneira mais "inclusiva", reagrupando categorias separadas e colocando-as numa única categoria mais ampla e receptiva. Isso também diminui a nossa tendência a dividir as coisas em categorias. Num experimento, por exemplo, os sujeitos de estudo receberam quatorze fragmentos coloridos e foram instruídos

A ARTE DA FELICIDADE EM UM MUNDO CONTURBADO

a dividi-los em grupos segundo a cor – as pessoas mais felizes criaram menos categorias do que as pessoas com humor neutro ou negativo.

As pessoas que cultivam emoções positivas têm maior sensação de interconectividade, percebem correlações mais facilmente e tendem a expandir os limites tradicionais das categorias. Num experimento de associação de palavras, constatou-se que as pessoas que manifestavam emoções positivas enxergavam melhor a ligação entre as palavras "elevador" e "camelo" – reconhecendo que elas pertenciam à categoria dos "transportes" (uma vez que ambos servem de transporte ao ser humano).

Por mais que a categorização de fragmentos coloridos e a associação de palavras sejam irrelevantes para os problemas sociais do mundo de hoje, elas são profundamente significativas, pois, ao que tudo indica, os diferentes modos de pensar que estão associados aos estados mentais de felicidade também se aplicam à categorização social. Experimentos comprovam que as pessoas felizes são mais inclusivas com relação às diferentes *categorias sociais*, percebem mais facilmente as relações de interconectividade entre as pessoas e os grupos e tendem a focar menos nas diferenças entre grupos sociais, fazendo menos distinções entre o grupo interno e o grupo externo e entre os diferentes tipos de grupos externos. Em outras palavras, esse tipo de pensamento não apenas reforça as semelhanças entre o grupo interno e os grupos externos, como também as semelhanças entre os diferentes grupos externos.

Em um nível prático, estudos mostram que a introdução de emoções positivas ajuda a pessoa a enxergar os

A FELICIDADE EM UM MUNDO CONTURBADO

laços que a ligam aos grupos externos, reforça a identidade do grupo interno e reduz os preconceitos e os conflitos intergrupais. Quando muitos grupos tentam realizar uma atividade em conjunto, por exemplo, aqueles que manifestam emoções positivas mostram-se mais aptos a enxergar o eles como parte de um grande e inclusivo nós, ou seja, revelam-se mais aptos a enxergar cada um dos grupos como parte de um todo maior e mais abrangente. Isso faz que seja maior a quantidade de pessoas com que o indivíduo se dispõe a trabalhar, criando maior grau de cooperação entre os grupos.

AS EMOÇÕES POSITIVAS E O PRECONCEITO

As mudanças no modo de pensar que são provocadas pelas emoções positivas também constituem o tipo de pensamento que faria a pessoa enxergar membros de grupos externos como parte da categoria "seres humanos", em vez de separá-los rigidamente de acordo com a sua raça, nacionalidade e *status* social. Isso poderia ajudar a reduzir o preconceito e as suas consequências negativas, como a discriminação, o racismo, o conflito e a violência. *De fato, estudos mostram que as pessoas felizes enxergam membros de grupos externos com menos preconceito e ódio.*

Num experimento, Barbara Fredrickson e colegas demonstraram o efeito da felicidade no fenômeno do preconceito racial reflexivo (PRR). Este é um fenômeno psicológico amplamente conhecido e documentado pela ciência, que tem sido estudado há décadas. O PRR diz que as pessoas têm mais facilidade para reconhecer os rostos de membros da própria raça – a síndrome do "eles são todos iguais". Muitos cientistas atribuem esse fenômeno à predisposição negativa que nos faz processar as outras raças de maneira diferente.

Para entender a origem do PRR, precisamos analisar brevemente o que ocorre dentro do cérebro quando olhamos para rostos humanos. A região do cérebro responsável pelo reconhecimento facial é chamada de área fusiforme da face, ou AFF. Ela é ativada quando olhamos para rostos de membros da nossa própria raça. Estudos de mapeamento cerebral mostram que, quando olhamos para rostos de membros de raças diferentes, a atividade do AFF sofre forte queda. Por quê? Dissemos anteriormente que as nossas predisposições instintivas com relação aos grupos externos (como as outras raças) estão associadas à ativação de uma área do cérebro que se chama amígdala cerebelosa. Quando as amígdalas são ativadas, elas enviam sinais para reduzir a atividade do AFF e a sua capacidade de diferenciar traços fisionômicos singulares.

No experimento de Fredrickson, os pesquisadores exibiram imagens de rostos brancos e negros para um grupo de sujeitos de estudo. Esses objetos de estudo exibiam PRR e, quando foram testados, tiveram maior facilidade para reconhecer os rostos brancos dos que os rostos negros (o experimento focou-se em indivíduos brancos, mas o PRR é comum a todas as raças). Esse processo é automático, é claro, e as pessoas, em geral, não sabem quando estão sob a influência do PRR. *Os experimentadores introduziram emoções positivas nos objetos de estudo, depois*

*realizaram um novo teste e constataram que as emoções
positivas tinham eliminado o preconceito racial reflexivo!*
Os objetos de estudo reconheceram os rostos brancos da
mesma maneira, porém a sua dificuldade para reconhecer
os rostos negros desapareceu – ou seja, *devido às emoções
positivas, eles passaram a enxergar os rostos brancos e os
rostos negros da mesma maneira, como um "eles" genérico,*
pelo menos durante o teste.

Um aspecto interessante desse experimento é que, em
circunstâncias normais, quando não ocorre o PRR, o cérebro tende a reconhecer o rosto de maneira "holística" –
como uma unidade completa, em vez de um conjunto de
partes. Como dissemos, um dos efeitos gerais das emoções
positivas é que ela aumenta a capacidade da pessoa de
enxergar as coisas holisticamente, englobando o "quadro
geral". É provável que essa capacidade de enxergar as coisas holisticamente ajude as emoções positivas a reduzir o
PRR. Especula-se que, quando o PRR ocorre, os rostos de
indivíduos de outras raças sejam processados como objetos
inanimados, e não como rostos humanos. Assim, a imagem
que é arquivada na memória é distorcida pelos estereótipos raciais da pessoa – um rosto negro, por exemplo, pode
ser lembrado com tons mais escuros, e seus traços faciais
podem ser registrados de modo a reforçar os estereótipos
raciais. Por outro lado, quando estamos sob a influência de
emoções positivas, o PRR desaparece, e os membros das
outras raças são vistos como indivíduos singulares, como
seres humanos complexos, e não como estereótipos raciais
unidimensionais.

AS EMOÇÕES POSITIVAS COMO UMA ESTRATÉGIA PARA A MUDANÇA SOCIAL

Procuramos defender a ideia de que as emoções positivas funcionam como um antídoto para muitos dos problemas sociais de hoje. Como o Dalai-Lama costuma dizer, precisamos ter uma variedade de métodos e de soluções ao nosso dispor. Não existe uma panaceia, uma cura universal para todos os males. *Mas a ciência revela que o cultivo das emoções positivas contribui diretamente tanto para a felicidade individual quanto para a felicidade social, construindo novos modos de pensar e de agir que podem reduzir alguns dos problemas atuais.*

Não é preciso dizer que o maior desafio para essa estratégia é determinar como podemos gerar emoções positivas em larga escala. Nos seus experimentos, os pesquisadores conseguiram reproduzir emoções produtivas de curta duração, ao exibir trechos de filmes de comédia, distribuir balas e colocar dinheiro em cabines telefônicas para que os sujeitos de estudo as encontrassem. Mas aumentar os níveis gerais de felicidade de toda uma nação é muito mais complicado. Felizmente, as pesquisas mostram que há métodos que nos permitem produzir uma felicidade mais duradoura. Por exemplo, a abordagem do Dalai-Lama, que prega mudanças na visão de mundo da pessoa, é bastante eficaz. O seu método para aumentar a esperança e o otimismo, que compreende a adoção de um enfoque mais amplo, a reavaliação positiva etc. é muito mais abrangente e pode ser usado por qualquer um que queira eliminar emoções negativas e cultivar emoções positivas em geral.

◆

A FELICIDADE EM UM MUNDO CONTURBADO

Também existem outros métodos atestados pela ciência que têm o efeito de aumentar as emoções positivas. Entre eles, podemos destacar a meditação, a prática do agradecimento e o exercício físico. O problema é que não podemos obrigar as pessoas a mudar a sua maneira de pensar e de agir, ainda que tenhamos a intenção de aumentar a sua felicidade e a dos seus familiares e de contribuir para uma sociedade mais feliz, livre do preconceito, do ódio, do conflito e da violência etc.

Mas o cultivo das emoções positivas é um método bastante promissor, que poderá nos ajudar a combater os problemas sociais do mundo, se nos empenharmos em educar as pessoas, como sugere o Dalai-Lama, por meio das diferentes mídias. Precisamos divulgar os benefícios das emoções positivas e as estratégias práticas que permitem à pessoa atingir os estados mentais de felicidade. Essa abordagem pode ser muito mais rápida e eficiente do que os outros tipos de programas de conscientização e de reeducação que têm o intuito de reduzir o preconceito, o racismo e a violência. Digo isso porque é muito mais fácil convencer as pessoas a adotarem práticas que lhes trarão felicidade e bem-estar do que implementar programas específicos para reduzir os vários problemas sociais do mundo de hoje.

Além do mais, o cultivo da felicidade e das emoções positivas produz um "efeito colateral" específico que o torna ideal para a realização de mudanças sociais e para a construção de um mundo melhor. Estudos mostram que a expansão da felicidade e das emoções positivas torna a pessoa mais altruísta, mais caridosa, mais disposta a estender a mão para ajudar o próximo. Assim como acontece com outros aspectos das emoções positivas, isso tenderia a mudar a sociedade de maneira mais rápida do que se tentássemos resolver cada um dos problemas do mundo de maneira separada, utilizando métodos para mudar o comportamento de um membro da sociedade por vez.

Outra vantagem é que o cultivo das emoções positivas gera mudanças no modo de pensar e de agir que aumentam a felicidade. Ao contrário do que acontece com os programas de educação e de conscientização, as mudanças produzidas pelo cultivo das emoções positivas ganham força, crescem como bolas de neve e se tornam mais poderosas com o passar do tempo.

Além disso, *as emoções positivas são contagiantes*. Embora a pessoa tenha de fazer um esforço para mudar a sua visão de mundo e para expandir as suas emoções positivas e os seus níveis gerais de felicidade, o simples contato com indivíduos felizes pode aumentar (até certo grau) os níveis de felicidade das outras pessoas.

Numa de nossas conversas, o Dalai-Lama disse: "A criação de uma sociedade mais pacífica e feliz passa necessariamente pelo nível da pessoa e, daí, expande-se para a família, a vizinhança, a comunidade, e assim por diante."

As suas palavras tornam-se ainda mais significativas à luz de alguns estudos que se voltaram para a natureza contagiante das emoções e que mostram que a felicidade pessoal pode *literalmente* expandir-se "para a família, a vizinhança, a comunidade, e assim por diante".

A natureza contagiante das emoções já é conhecida faz algum tempo e foi comprovada por pesquisas que mostram que, quando vemos outras pessoas expressarem as

◆

364

suas emoções, tendemos a experimentá-las de modo indireto. Ao investigar os mecanismos cerebrais responsáveis por esse fenômeno, alguns neurocientistas chegaram à conclusão de que os "neurônios-espelho" podem ser os causadores disso. O neurônio-espelho é uma célula cerebral que se ativa quando realizamos uma ação ou vemos outra pessoa realizar essa ação. Acredita-se que isso nos ajude a entrar em sintonia com os estados mentais das outras pessoas, desempenhando importante papel na construção da identificação.

Num surpreendente estudo publicado pelo *British Medical Journal*, em janeiro de 2009, pesquisadores da Universidade da Califórnia/San Diego e da Universidade de Harvard descobriram que a natureza contagiante da felicidade possui efeitos muito mais profundos, amplos e duradouros do que se poderia imaginar, espalhando-se pelas redes sociais como um vírus. Descobriram também que as redes sociais que são compostas de pessoas felizes podem aumentar drasticamente as chances de a pessoa ser feliz.

Quando estamos felizes, aumentam em 34 por cento as chances de o nosso vizinho ficar feliz e em 35 por cento as chances de um amigo ficar feliz, se ele morar a menos de um quilômetro de distância! Os pesquisadores descobriram que o grau de contágio é determinado pelo tipo de relacionamento das pessoas e pela distância geográfica que as separa. Mas, em média, calcula-se que cada pessoa feliz que faça parte da nossa rede social represente um aumento de 9 por cento nas chances de sermos felizes. E isso é uma via de mão dupla: o fato de termos familiares ou amigos felizes na nossa rede social aumenta as chances de sermos felizes. Os pesquisadores também descobriram que a felicidade se espalha pelas redes sociais em até "três níveis de separação". A nossa felicidade pode afetar não apenas o nosso amigo, mas também o amigo do nosso amigo e até mesmo o amigo do amigo do nosso amigo, que possivelmente será um desconhecido. Além do longo alcance do efeito de transmissão, a sua durabilidade é muito mais forte do que se costumava pensar. Os pesquisadores dizem que *os efeitos do contágio podem durar até um ano*! À medida que a felicidade e as emoções positivas vão se espalhando pelas redes sociais, pelas comunidades e pelas sociedades, os benefícios sociais vão se fixando junto aos benefícios pessoais.

O papel que a felicidade e as emoções positivas desempenham na promoção de mudanças sociais e na construção de um mundo melhor vai além das simples questões discutidas aqui. Por exemplo, Ronald Inglehart, professor do Centro de Estudos Políticos da Universidade de Michigan, conduziu estudos que mostram que, se aumentarmos os níveis gerais de felicidade de uma nação, haverá maior busca pela liberdade e pela democracia. Assim, parece que os benefícios da felicidade e das emoções positivas não têm paralelo. Em vez de dizer que a felicidade é um luxo egoísta e hedônico, podemos argumentar que, se quisermos melhorar as condições de vida das outras pessoas e construir um mundo melhor, *deveremos* buscar a felicidade a qualquer custo.

AS EMOÇÕES POSITIVAS, O CÉREBRO,
A ESPERANÇA E O FUTURO

Essencialmente, quando investigamos os graves problemas do mundo de hoje, podemos atribuir a origem de todas as tribulações sociais ao coração e à mente dos seres humanos. Quando se trata de determinar o nosso potencial para superar problemas desse tipo, pelo menos pelo prisma da ciência, é importante considerar o substrato biológico das emoções e do modo de pensar humanos: o cérebro. Esse é o órgão que nos faz perceber todas essas supostas distinções e diferenças entre as pessoas, é o órgão responsável pela hostilidade, pelo medo e pela agressividade, que nos levam a agir de maneira violenta, cruel e tola, ferindo os nossos semelhantes.

Vimos que o cérebro humano evoluiu principalmente durante a era pleistocena, atingindo a sua atual estrutura anatômica há cerca de 100 mil anos. Ele se adaptou aos problemas que os nossos antepassados remotos enfrentavam no dia a dia. No entanto, como destacou o Dalai-Lama, o mundo moderno é muito diferente do mundo dos nossos antepassados e, por esse motivo, ceder a impulsos que seriam considerados úteis e benéficos naquela época poderia causar a nossa própria destruição nos dias de hoje. Embora esses impulsos tenham protegido os primeiros seres humanos dos perigos reais, as pessoas hoje respondem de maneira semelhante a ameaças que se baseiam na imaginação e nas projeções mentais.

Resta-nos perguntar: Se os seres humanos modernos do século XXI andam por aí com cérebros primitivos, cére-

◆

367

bros cuja data de validade venceu há 100 mil anos, o que será de nós? Afinal de contas, uma vez que possuímos a capacidade tecnológica para destruir toda a vida do planeta, será que realmente podemos nos dar ao luxo de ficar jogando xadrez pelos próximos 100 mil ou 1 milhão de anos, esperando que as forças evolutivas nos alcancem e adaptem o nosso cérebro às condições modernas?

Felizmente, *não* estamos condenados. É verdade que o cérebro contém circuitos que foram criados para solucionar problemas do mundo primitivo, da época aparentemente interminável em que fomos caçadores e coletores, mas eles também possuem vasta gama de recursos que pode ser usada para modificar e moldar o nosso modo de pensar e de responder ao mundo que nos cerca. Com efeito, temos recursos praticamente intocados e ilimitados ao nosso dispor. Apesar dos circuitos cerebrais primitivos que criam predisposições que nos *compelem* a agir de certa maneira, não somos obrigados a fazer isso. É verdade que temos tendência à raiva, ao ódio, ao preconceito, aos medos exagerados, mas também temos tendência à gentileza, à compaixão, à tolerância e ao altruísmo. É verdade que somos influenciados pelas emoções primitivas do sistema límbico, mas também somos influenciados pela região mais elevada do neocórtex, com a sua capacidade para a razão, o pensamento analítico, a criatividade e as funções cerebrais mais evoluídas. E podemos escolher as reações que queremos cultivar e fortalecer.

A todo instante, novas conexões – ou *sinapses* – são formadas nas células nervosas em resposta a um novo aprendizado, a uma nova experiência. Com efeito, *1 milhão*

A FELICIDADE EM UM MUNDO CONTURBADO

de novas conexões são formadas *a cada segundo*! Podemos desenvolver novos circuitos, estabelecer novas conexões entre as fibras nervosas cerebrais e transformar a própria estrutura e o funcionamento do cérebro. Essa maravilhosa característica do cérebro é chamada de plasticidade neural. Devido aos avanços da neurociência, sabemos que o cérebro não é um órgão irrevogavelmente imutável. Podemos estabelecer novas programações a fim de encontrar novas maneiras de responder às situações e de enxergar o mundo.

São essas características cerebrais que nos permitem encontrar soluções não violentas para os conflitos e novos modos de interagir com os nossos semelhantes. Elas são responsáveis pela premissa fundamental da série *A arte da felicidade*: o fato de que podemos treinar a mente para sermos felizes, genuinamente felizes, para sermos mais gentis e compassivos.

Só precisamos querer e praticar um pouco. No que diz respeito ao equipamento neural que recebemos ao nascer, o caminho para um mundo mais pacífico – no qual as pessoas sejam felizes tanto no nível individual quanto no nível social – reside em nós. Então há motivos para o otimismo e até mesmo para a celebração. A visão do Dalai-Lama de um mundo dominado pela bondade em vez da crueldade, onde os conflitos humanos são resolvidos predominantemente por meio do diálogo, em vez da violência, é verdadeiramente possível.

◆

Capítulo 14

ENCONTRANDO A NOSSA HUMANIDADE COMUM

—Vossa Santidade, o senhor partirá amanhã rumo à próxima cidade da sua turnê, e não o acompanharei desta vez, de modo que esta será a nossa última reunião por enquanto. Mas faz tempo que quero lhe perguntar sobre a questão de um método específico que nos ajude a estabelecer um sentimento profundo de ligação com as outras pessoas. É claro, ontem não tivemos tempo para conversar sobre isso. Quero ter certeza de que começaremos a reunião de hoje abordando essa questão.

– Está bem – disse o Dalai-Lama.

– Certo. Então, recapitulando: ontem chegamos à conclusão de que os problemas sociais, de uma forma ou de

A FELICIDADE EM UM MUNDO CONTURBADO

outra, estão associados à capacidade da pessoa de se relacionar com as outras pessoas num nível profundo, num nível humano básico, enxergando-as como semelhantes. Esse assunto é tão importante que eu gostaria de discuti-lo com o senhor ainda hoje, de maneira exaustiva, para que possamos encontrar uma abordagem prática para o cultivo desse tipo de ligação com as pessoas, mesmo que elas pareçam completamente diferentes.

— Nesse caso, talvez possamos utilizar uma das abordagens tradicionais do budismo para lidar com os problemas. Refiro-me à analogia com a cura de uma doença. Primeiro, procuramos entender o problema; depois, examinamos as suas causas e os fatores determinantes; questionamos a existência ou não de uma cura; e, por fim, havendo uma cura, aplicamos o remédio necessário.

— Gostei! – respondi, entusiasmado. – Então, usando esse modelo, Vossa Santidade, os problemas que discutimos anteriormente podem ser considerados graves doenças sociais. Entre elas, poderíamos citar a falta de espírito comunitário, o crescimento da alienação e do isolamento, a falta de confiança, o preconceito, o conflito, a violência etc. Não é isso? – perguntei.

— É, sim – anuiu o Dalai-Lama.

Como aquela era a última conversa da nossa série de encontros, perguntei-lhe:

— Para recapitular, as causas dessas doenças seriam as emoções destrutivas, os modos de pensar distorcidos, o condicionamento ambiental e, num nível mais básico, a nossa tendência a dividir os grupos de pessoas em termos de "nós" e "eles". Algumas dessas doenças aparecem quando um grupo gera preconceitos contra o outro, discriminando-o. É isso? – perguntei.

– É – confirmou o Dalai-Lama novamente, e então acrescentou: – Talvez o individualismo exacerbado, que nos faz crer que somos autossuficientes, e a falsa sensação de superioridade também possam ser incluídos nessa categoria. Mas, é claro, quando lidamos com problemas desse tipo, descobrimos que há muitas causas diferentes, muitos fatores envolvidos.

– Agora, dando prosseguimento à analogia com a medicina, quais são os remédios que podemos usar? – perguntei.

– Como sempre digo – respondeu o Dalai-Lama –, para lidar com os problemas humanos, precisamos de grande variedade de abordagens, em muitos níveis. Por exemplo, falamos sobre a importância do *pensamento realista*, no qual analisamos qualquer situação ou problema com base num entendimento claro da realidade. E acho que *o contato pessoal é outro fator decisivo* para a solução de problemas como a violência. O contato pessoal e o diálogo são fundamentais para a resolução pacífica de conflitos. Além do mais, o contato pessoal também cria uma base para o espírito comunitário. Esse tipo de coisa sempre ajuda. Então, de certa forma, creio que já discutimos muitos dos remédios específicos para os problemas mais comuns.

– É verdade – confirmei. – Acho que, agora, resta-nos descobrir um remédio universal para todos os problemas globais ou sociais. Continuando com o modelo da analogia médica, digamos que haja uma cura para todos esses problemas. Digamos que a capacidade de nos ligarmos a outras pessoas num nível profundo, cultivando um sentimento

A FELICIDADE EM UM MUNDO CONTURBADO

de afinidade num nível humano básico e enxergando todos os seres humanos como irmãos e irmãs, funcione como um poderoso remédio para prevenir e remediar todos esses problemas. Nesse caso, de que maneira aplicaríamos esse remédio? – perguntei.

– Bem, para criar um sentimento de ligação com as outras pessoas, precisamos promover mudanças fundamentais tanto na nossa visão de mundo quanto na maneira como nos relacionamos com elas – respondeu.

– Certo, mas acho que a minha dúvida é mais específica: se realmente quisermos mudar o nosso enfoque e desenvolver um verdadeiro sentimento de ligação com os outros, com todos os seres humanos, por onde começamos?

– Novamente, tudo se resume à conscientização.

Eu sorri.

– É claro, a conscientização! Parece que tudo se resume a isso! Lembro que, em Dharamsala, o senhor disse algo sobre a necessidade de nos conscientizarmos da nossa humanidade comum. Tendo em vista a importância dessa ideia para a empatia e a compaixão (sobre a qual eu gostaria de lhe falar mais tarde), peço que o senhor discorra detalhadamente sobre o objeto dessa conscientização, identificando fatores ou ideias concretas que sirvam como objeto para essa conscientização, para que possamos transformar a nossa visão de mundo e cultivar um sentimento de ligação com todos os seres humanos.

Esperando que ele dissesse que tudo dependia das circunstâncias, do contexto, da pessoa etc., surpreendi-me com a sua resposta.

◆

373

A ARTE DA FELICIDADE EM UM MUNDO CONTURBADO

– Há três fatores sobre os quais devemos refletir – respondeu, decidido. – O primeiro diz respeito à *nossa natureza social*; o segundo, à *nossa interdependência*; e o terceiro, à *nossa humanidade comum*.

CONTEMPLANDO A NOSSA NATUREZA SOCIAL

– Vossa Santidade – respondi –, isso me parece uma ótima ideia. Digamos que, para solucionar os nossos problemas sociais e pessoais, tenhamos de desenvolver maior conscientização dessas três coisas. Peço que o senhor fale mais detalhadamente sobre os tipos de questão que podem ser levantados com relação a esses três fatos essenciais.

– Como eu disse, acho que a primeira coisa que precisamos fazer é reconhecer que os seres humanos são basicamente animais sociais. Precisamos cultivar um profundo entendimento da nossa *natureza social*. A vida em sociedade, os laços comunitários, o trabalho cooperativo, tudo isso faz parte da nossa natureza básica. Agora, pensemos nas abelhas: a sua sobrevivência depende da cooperação. Se cada abelha decidir tomar um caminho diferente, todas morrerão, todas! Por esse motivo, ainda que não tenham religião, leis ou uma constituição, elas cooperam, pois sabem que precisam trabalhar em equipe para sobreviver. E, de certa forma, essa também é a nossa natureza.

– Naturalmente, se investigarmos a nossa natureza social e a necessidade de trabalharmos em equipe, prestaremos mais atenção ao bem-estar dos outros. Isso criará uma sociedade mais estável, feliz e pacífica, e o resultado será que todos poderão usufruir desses benefícios. Não há dúvidas quanto a isso. Por outro lado, se ignorarmos a nossa natureza social e o bem-estar dos outros, todos sofrerão, inclusive nós mesmos, não é verdade?

– É, sim. Mas, antes de prosseguirmos, dada a importância desse assunto, eu gostaria que o senhor sugerisse outras estratégias que nos permitem aumentar essa conscientização.

– Na verdade, basta prestarmos atenção nas provas ou nos exemplos que confirmam a nossa natureza social – respondeu.

– O senhor consegue pensar em algum exemplo? – perguntei.

Ele parou para refletir.

– Consigo. Vejamos o que acontece quando uma comunidade depara com uma crise. Em geral, é nesse momento que vemos a nossa natureza cooperativa aflorar, que nos unimos para lidar com a crise, considerando o bem-estar da comunidade a coisa mais importante. Essa é uma reação humana básica, confiar nos outros em busca de apoio e de segurança. É algo que revela a nossa natureza social.

– Tomemos o exemplo de Nova York, depois dos ataques de 11 de setembro. A crise fez os nova-iorquinos se unirem como nunca. Aumentou o espírito comunitário, eles trabalharam em equipe e derrubaram barreiras sociais, na medida em que começaram a se conectar uns com os outros. Ouvi dizer que se olhavam nos olhos e se cumprimentavam nas ruas como bons vizinhos, apesar das diferenças de *status* social, de vestimenta etc. E acho até que

◆

375

A ARTE DA FELICIDADE EM UM MUNDO CONTURBADO

isso teve um impacto duradouro. Quando ocorreu um apagão na cidade, ouvi dizer que o espírito comunitário foi extraordinário. As pessoas se abriram umas com as outras e compartilharam a experiência.

Acrescentei:

– Mas por que não agimos assim o tempo todo? Por que precisamos de uma crise para nos unir?

Por um momento, o Dalai-Lama ficou em silêncio. Às vezes, ele parava para refletir. Em geral, as suas reflexões eram breves. O semblante pensativo indicava que ele estava remoendo alguma questão na cabeça, talvez procurando entender melhor um ponto crucial. Sentado de pernas cruzadas, balançou suavemente para a frente e para trás. Como sempre, fiquei maravilhado com a sua coragem para enfrentar novas questões. Ainda que estivéssemos discutindo um assunto que já fora debatido à exaustão, havia uma espécie de frescor na maneira como ele se dispunha a rever as suas opiniões a qualquer instante.

Aparentemente tendo terminado a sua breve contemplação introspectiva, ele retomou a conversa tão inesperadamente quanto tinha parado para pensar:

– Então, Howard, acho que isso tem que ver com a analogia médica que estamos usando: quando sentimos dor, buscamos um remédio. Mas só fazemos isso quando temos certeza de que estamos doentes. O problema pode estar crescendo bem na nossa frente, mas, se não sentirmos dor, nada faremos, pois não existe uma ameaça imediata ou uma dor urgente. Em geral, precisamos sentir dor para começar a agir.

◆

– Aqui estamos nós, falando sobre maneiras de aprofundar a nossa ligação com os outros. Podemos dizer que, se existe algo que nos une de verdade, criando um espírito comunitário e um sentimento de ligação, é a crise ou o sofrimento que compartilhamos. Mas de certa forma – acrescentei, brincando –, eu não me surpreenderia se a criação voluntária de uma crise fosse a única maneira de construir esse sentimento de ligação e de comunhão entre as pessoas!

O Dalai-Lama deu uma breve risadinha.

– Bem, voltando à analogia médica. No caso de uma doença, uma pessoa prudente não esperaria sentir uma dor aguda para ir ao médico. É preferível que ela aprenda a reconhecer os sintomas e as causas da doença antes que a dor se agrave. Ela pode querer se informar para saber o que está acontecendo, assim poderá cuidar melhor da sua saúde. Do mesmo modo, se os membros de uma sociedade refletirem durante os momentos de paz, enxergarão a sua natureza social e a importância do bem-estar coletivo para todos eles. É por isso que devemos pensar nessas questões antes do surgimento de uma crise.

– Se pararmos para pensar, vamos ver que o bem-estar do indivíduo é essencial para o bem-estar da sociedade e que os seus interesses estão entrelaçados. Eu disse anteriormente que podemos aumentar a nossa conscientização sobre essas coisas procurando exemplos ou provas da nossa natureza social. Felizmente, isso é muito fácil de fazer. As pessoas tendem a se unir naturalmente. Isso faz parte da nossa natureza básica.

A ARTE DA FELICIDADE EM UM MUNDO CONTURBADO

Quando se trata de investigar os grandes mistérios, o eterno enigma, a origem das características básicas da humanidade, como a nossa natureza social, podemos começar por aquilo que nos separa definitivamente das outras espécies: o nosso cérebro. Ou talvez possamos começar pelo elemento que é responsável por todas as grandes obras da humanidade que foram criadas pelo cérebro: *um pedaço de fruta ainda verde.*

Não, não me refiro à maçã de Eva, que foi tirada da árvore do conhecimento do bem e do mal. Refiro-me a um pedaço de fruta comum, ainda verde, que pendeu de uma árvore comum, numa floresta africana há cerca de 15 ou 20 milhões de anos. Numa manhã qualquer, por volta dessa época, um macaquinho perdeu o café da manhã e ficou faminto. Perdeu-o porque dormiu até tarde, e, assim, as frutas maduras caíram das árvores e foram recolhidas pelos outros macacos. O seu estômago estava gemendo, e ele estava tão faminto que decidiu morder uma fruta ainda verde, mesmo sabendo que isso lhe faria mal, uma vez que a sua espécie só comia frutas maduras. Mas, então, milagre! Ele descobriu que podia comer a fruta verde, percebeu que ela satisfazia a sua fome e era digerível! Teve sorte, pois, desse dia em diante, a sua mutação genética lhe permitiu comer o seu quinhão de frutas todos os dias – os outros macacos tinham de esperar até que as frutas maduras caíssem do pé, mas ele podia comer quando bem entendesse. Como não precisava esperar pela comida, isso lhe dava mais tempo para acasalar, e ele teve muitos filhos, que também podiam comer frutas verdes. Algumas gera-

A FELICIDADE EM UM MUNDO CONTURBADO

ções mais tarde, a floresta foi povoada por macacos com essa habilidade.

Nessa mesma floresta, vivia um clã de macacos aparentados que só conseguia digerir frutas maduras, o que, francamente, os deixava irritados. De repente, as frutas sumiram das árvores, antes mesmo de ficarem maduras, e eles passaram fome. Não era justo! Por fim, a situação tornou-se tão séria que eles tiveram de mudar para a orla da floresta, próximo da savana. A comida era mais farta, é claro, pois não tinham de competir com aqueles malditos comedores de frutas verdes! Mas também havia um problema: criaturas estranhas e assustadoras viviam naquelas partes da floresta, gatos e cachorros enormes, que gostavam de comer os pequenos macacos tanto quanto eles gostavam de comer frutas maduras.

Nenhum deles quis voltar para o interior da floresta, onde era mais seguro, mas não havia o que comer. Lá, tinham se acostumado com a independência. Catavam as frutas maduras que caíam no chão e desprezavam o trabalho em equipe. Mas, na savana, aprenderam que, se trabalhassem juntos, avisando uns aos outros da presença de predadores e tentando afugentá-los coletivamente, teriam muito mais chances de sobreviver. Decidiram tentar, e deu certo! Mas nem tudo era uma maravilha. Na floresta, existia liberdade. Mas, agora que tinham de trabalhar em equipe, embora quisessem satisfazer as próprias vontades, precisavam equilibrá-las para não prejudicar o grupo como um todo. E, assim, as coisas começaram a se complicar. À medida que o grupo crescia, novas alianças iam se formando, e a dança da vida ia adquirindo novas sutilezas para assegurar a proteção, a alimentação e a procriação da coletividade.

Esses habitantes da savana eram antepassados remotos dos chimpanzés, dos gorilas e dos seres humanos, e foi assim que o nosso cérebro se originou, pelo menos segundo os primatologistas. Há a ideia, na nossa cultura, de que a evolução do cérebro está associada ao surgimento de polegares opositores e que evoluímos mentalmente para produzir ferramentas e superar os nossos concorrentes de outras espécies. Mas essa teoria, que recebeu o nome de teoria da inteligência maquiavélica (ou "do cérebro social"), *atribui a evolução do cérebro à nossa natureza social*. De acordo com ela, a sobrevivência dos nossos antepassados dependia do equilíbrio entre o trabalho em equipe e a satisfação de desejos pessoais, o que permitiu o desenvolvimento tanto da esfera individual quanto da· esfera social e criou um saudável espírito de competição e de cooperação. Depois que passamos a viver em grupos, colocamos uma nova carga sobre o cérebro. Tivemos de aprender a equilibrar nossas necessidades pessoais com as necessidades do grupo, cooperar com os outros e impor limites aos instintos individualistas. Também tivemos de aprender a lidar com o comportamento dos nossos companheiros, formando alianças dinâmicas e maleáveis etc. E, à medida que as estruturas sociais foram se tornando mais complexas, a nossa capacidade para pensar racionalmente, para planejar e desenvolver estratégias complexas, foi sendo empregada em atividades que tinham o intuito de garantir as coisas básicas da vida, sem que isso implicasse o isolamento, que era um tanto perigoso.

◆

A FELICIDADE EM UM MUNDO CONTURBADO

Para os primatologistas, essa teoria é muito atraente, pois explica uma variedade de coisas, como o fato de que, entre os primatas, o tamanho relativo do neocórtex (o mais moderno centro "pensante" do cérebro), em comparação com o resto do cérebro, está diretamente relacionado com o tamanho dos grupos sociais que podem ser formados pela espécie. De fato, esses cientistas conseguem precisar o tamanho dos grupos da espécie medindo o tamanho do neocórtex de um primata numa autópsia. Essa teoria da fruta verde também é consistente com o crescimento do tamanho corporal dos primatas posteriores (o que lhes deu mais recursos para se proteger dos predadores) e explica uma vasta gama de atitudes comportamentais dos primatas, como o fato de eles se enfeitarem, o que supostamente surgiu com a necessidade de solidificar alianças dentro do grupo e de formar laços mais estreitos.

Se essa teoria estiver certa, isso significa que o cérebro humano, o componente definidor da nossa espécie, evoluiu especificamente para que trabalhássemos em equipe e que a nossa natureza social, como propõe o Dalai-Lama, está no cerne da nossa humanidade.

A descoberta da ligação entre o grupo social e o tamanho do cérebro dos primatas levou alguns especialistas a calcular o tamanho máximo dos grupos sociais humanos, chegando-se a um total de cerca de 150 ou 200 pessoas. O cérebro humano foi criado para viver em grupos desse tamanho e foi projetado para a vida em sociedades caçadoras-coletoras. O "tamanho natural dos grupos" é aquele que nos permite viver da melhor maneira possível, administrando sem conflitos a organização social, memorizando

◆

381

as características pessoais dos membros do grupo e prevendo o seu comportamento – é o tamanho máximo que nos permite cultivar relacionamentos interpessoais favoráveis e agradáveis. Nesse nível, a pressão dos pares serve para limitar os excessos individuais, e os membros do grupo resolvem os seus problemas diretamente, sem recorrer às leis, às autoridades etc. Depois que li esse estudo, lembro que fiquei fascinado com o fato de o Dalai-Lama ter dito que os tibetanos refugiados na Índia tinham se agrupado em "assentamentos" de 160 pessoas.

Quais são as consequências de vivermos hoje em "grupos" de centenas de milhões de indivíduos, organizados em "países"? São muitas. Isso significa que somos capazes de nos conectar num nível "pessoal" com cerca de 150 pessoas por vez, pelo menos no que diz respeito à anatomia cerebral – quando o número é maior, as pessoas simplesmente se tornam membros abstratos de um grupo qualquer com características estereotipadas. De certa forma, esse é o número máximo de pessoas que o cérebro consegue registrar simultaneamente como seres humanos reais, com características próprias. Quando o número é maior, podemos usar muitas estratégias para lidar com as pessoas com quem convivemos. Compartilhamos um idioma que nos permite veicular informações a respeito de determinada pessoa sem ter de conhecê-la pessoalmente; construímos hierarquias sociais e governamentais, com representantes de grandes parcelas da população; criamos estereótipos, atribuindo certas características a membros de um grupo, para não precisar conhecê-los individualmente.

◆

A FELICIDADE EM UM MUNDO CONTURBADO

Do ponto de vista biológico, argumenta-se que, quanto mais o grupo se expande, mais as pessoas são vistas intuitivamente como objetos sem nome e sem rosto, como "coisas", em vez de "indivíduos". Podemos passar por milhares de pessoas todos os dias e até mesmo interagir com algumas delas, mas isso não nos impede de bloquear todos os seus traços individuais – o carteiro entrega cartas todos os dias, mas, num nível instintivo (ou cerebral), ele é apenas "a coisa que entrega cartas"; o lixeiro faz a gentileza de levar o nosso lixo embora, causando grande impacto positivo na nossa qualidade de vida (imagine se ninguém fizesse isso!), no entanto pensamos nele como "a coisa que faz o lixo desaparecer".

Isso explica muita coisa. Quanto mais próxima a pessoa estiver do nosso grupo, mais ela nos parecerá real e será tratada com compaixão e carinho. É por isso que somos mais afetados pela morte de um vizinho do que pela morte de um grupo de jovens que sofreu um acidente de ônibus em outra parte da cidade; é por isso que somos mais afetados pela morte de uma dezena de pessoas que mora na nossa vizinhança do que pela morte de 50 mil pessoas atingidas por um terremoto do outro lado do mundo. E talvez seja por isso que, naquela primeira manhã em que encontrei o Dalai-Lama, enquanto eu ouvia o noticiário, como relatei no começo deste livro, as histórias reais de sofrimento humano, que envolviam pessoas como eu, tiveram pouco impacto no meu estado emocional.

Não preciso dizer que esse é apenas um dos muitos fatores que contribuem para os problemas do mundo moderno. Felizmente, sempre poderemos transformar "a coisa

A ARTE DA FELICIDADE EM UM MUNDO CONTURBADO

que faz o lixo desaparecer" numa pessoa real, se abandonarmos os nossos estereótipos e passarmos a enxergar os outros como seres humanos de verdade, merecedores de dignidade e de respeito, de empatia e de compaixão. Já discutimos alguns dos métodos que nos permitem fazer isso, como a "técnica das verduras" e a estratégia do contato pessoal. E, nesse ponto, o Dalai-Lama oferece um último método: desenvolver uma conscientização da nossa natureza social, da nossa interdependência e da nossa humanidade comum, para que possamos ver todas as pessoas através dessa lente.

Seja qual for a opinião que tenhamos a respeito da natureza humana, uma coisa é certa: do ponto de vista evolutivo e biológico, o Dalai-Lama tem razão em dizer que fomos feitos para trabalhar em grupo e somos incapazes de sobreviver sem a colaboração dos outros. É claro que isto não acontece somente com os seres humanos. Muitos primatas, assim como os seus primos humanos, vivem em grupos e demonstram claros sinais de tristeza quando são isolados. Num experimento, macacos foram separados do grupo, e constatou-se que eles puxavam a alavanca repetidas vezes simplesmente porque queriam ver outro macaco. De fato, quer se adote o enfoque da sociobiologia, quer o da psicologia evolutiva, a maioria dos cientistas concorda que esse tipo de comportamento está impresso na fisiologia humana, e muitos estudos comprovam a visão do Dalai-Lama sobre a natureza social dos seres humanos.

Mas, como diz Sua Santidade, o estudo da natureza social humana não é de interesse apenas dos cientistas.

Não é meramente uma questão filosófica, religiosa ou acadêmica, mas uma questão de sobrevivência. Numa época em que cada vez mais pessoas são levadas a viver isoladas, tocando a vida sob a ilusão de que são independentes e autossuficientes, parece que muitos acreditam que não precisam se conectar a uma comunidade ou humanidade mais ampla, que isso é opcional. De alguma forma, nos últimos dois séculos, esquecemos que precisamos de contato social, que isso é fundamental para a nossa sobrevivência. Quando retomamos a conversa, o Dalai-Lama me lembrou dessa verdade fundamental com espantosa clareza.

CONTEMPLANDO A NOSSA INTERDEPENDÊNCIA

> Estamos presos à teia inescapável da causalidade, ao tecido universal do destino. O que afeta uma pessoa diretamente, afeta todas as pessoas indiretamente. É assim que o mundo é feito.
>
> — DOUTOR MARTIN LUTHER KING

O Dalai-Lama discorreu convincentemente sobre a nossa natureza social e disse que uma compreensão profunda desse fato pode nos ajudar a mudar a nossa percepção e a nossa atitude com relação aos outros. E, assim, chegamos ao segundo fato essencial. Perguntei:

— Vossa Santidade, discutimos o primeiro fator que pode ser usado para o cultivo de uma comunhão maior entre as pessoas. Mas e quanto ao segundo fator?

— Ah, sim — respondeu ele, prontamente. — Outro fator que nos une é a nossa *interdependência*. Como seres humanos, dependemos uns dos outros para sobreviver. E acho que, na sociedade moderna, estamos nos tornando cada vez mais interdependentes e interconectados. No passado, muitas pessoas viviam isoladas, como fazendeiros ou nômades. Não dependiam tanto umas das outras. A autossuficiência era algo possível, na medida em que os fazendeiros trabalhavam para extrair o próprio sustento da terra. Mas as coisas mudaram. Cada vez mais pessoas estão mudando para a cidade, e o sustentáculo das comunidades metropolitanas é a união e o trabalho em equipe. Desde o tempo das cavernas até os dias de hoje, parece que os seres humanos sempre gostaram de viver em sociedade. Tendemos a nos unir naturalmente. Mas, devido ao crescimento da sociedade e das metrópoles, parece que cada vez mais precisamos cultivar um sentimento de cooperação e de comunhão.

– É por isso que costumo dizer que o mundo está ficando menor – continuou. – Graças à tecnologia e aos meios de comunicação modernos, estamos interagindo cada vez mais com as pessoas ao redor do mundo e, graças à estrutura econômica mundial, estamos cada vez mais interconectados. Além disso, o nosso bem-estar está intimamente relacionado com o bem-estar dos outros. Por exemplo, sempre que acontece uma reviravolta no Oriente Médio, isso imediatamente afeta o preço dos barris de petróleo. Ocorre uma espécie de efeito dominó que encadeia uma série de ações e de reações que afetam até mesmo as famílias comuns que vivem do outro lado do planeta.

– Hoje, somos afetados diretamente pelo que acontece nas sociedades vizinhas e até mesmo em partes longínquas

A FELICIDADE EM UM MUNDO CONTURBADO

do globo. Por exemplo, o excesso de poluição gerado pela indústria norte-americana pode afetar outros países... Pode afetar até mesmo a camada de ozônio, num nível global. Mas, na maioria das vezes, não pensamos nas consequências das nossas ações e experimentamos uma sensação de independência, de desligamento da comunidade ou da sociedade.

– Mas eu estava pensando – continuei. – Apesar da interdependência e da interconexão do mundo de hoje, parece que sentimos cada vez mais uma sensação de isolamento e de independência...

– Por exemplo, a pessoa pode trabalhar numa empresa com muitos funcionários, mas, quando recebe o pagamento, a cada duas semanas, diz: "Faço o meu trabalho, ganho o meu dinheiro e me sustento. Então, não me importa o que os outros funcionários fazem; isso é problema deles..."

O Dalai-Lama balançou a cabeça positivamente, com o semblante pensativo, e disse:

– Parece que, a partir da mais tenra idade, desenvolvemos um sentimento de ligação com as nossas mães, entregando-nos aos seus carinhos e aos seus cuidados, mas, de alguma forma, quando crescemos, passamos a acreditar que podemos nos virar sozinhos, como se pudéssemos existir longe dos outros. Creio que isso é um equívoco.

– Vejamos o exemplo da pessoa que trabalha numa grande empresa – disse, endireitando a postura e mostrando-se mais interessado. – Nesse caso, tudo se resume à sua atitude ou visão de mundo. As grandes empresas são como comunidades. Por exemplo, na indústria automobilística, embora cada operário produza uma peça na linha de mon-

387

tagem, coletivamente eles fabricam carros, de modo que dirão: "Fabricamos carros", e não "Fabrico carros". De certa forma, existe o entendimento de que as partes compõem o todo.

– É tudo uma questão de perspectiva – continuou o Dalai-Lama. – Isso faz a diferença. As pessoas têm uma escolha. Podem reconhecer a sua interdependência, assim como o trabalhador que se sente ligado aos outros funcionários da linha de montagem. Ou podem manter a atitude do tipo: "Sou livre e independente, ganho o meu dinheiro e compro minhas coisas." Esse tipo de atitude, é claro, leva a uma sensação de independência, e o resultado é um sentimento de falta de comunhão com os outros.

Se pararmos para pensar, encontraremos facilmente muitas provas de que as pessoas estão cada vez mais ligadas umas às outras, formando uma relação de interdependência. A história moderna está cheia de exemplos de interconexão e de interdependência em todos os níveis – nos meios de comunicação, na Internet, no transporte, no enlaçamento das economias, no advento de armas com um potencial destrutivo tão grande que as autoridades decidiram criar a doutrina de destruição mútua assegurada (a ideia de evitar uma guerra nuclear com base na certeza de que ela destruiria ambos os lados). A tecnologia moderna tem avançado a largos passos. Lembremos que, no período olduvaiense, a tecnologia corrente – utensílios de pedra – permaneceu a mesma, com poucas mudanças, por *2 milhões de anos*. A inovação seguinte ocorreu 300 mil anos atrás, quando algum gênio descobriu que podia colocar um cabo no machado de pedra e ter um utensílio formado por mais de um componente. Ainda que os primeiros avanços tecnológicos tenham ocorrido num ritmo lento, com o advento das grandes civilizações as mudanças tecnológicas tornaram-se cada vez mais frequentes, até que atingiram a velocidade assombrosa que é peculiar à idade contemporânea. Nos últimos dois séculos, vimos o mundo ser completamente transformado pela Revolução Industrial e acompanhamos a velocidade vertiginosa das mudanças do século XX, cuja interdependência traduziu-se em fatores econômicos – por exemplo, a crise financeira de 1929 em Wall Street, que repercutiu em todo o mundo – e em fatores militares, haja vista as duas guerras mundiais, que lançaram uma rede sobre o mundo, provocando a morte tanto de civis quanto de combatentes, engolidos por um devastador "efeito colateral".

Por fim, chegamos ao presente, quando a nossa vida parece virada de ponta-cabeça quase todos os dias devido a uma nova invenção. Até mesmo a interdependência do século passado parece irrelevante se comparada com o "encolhimento" do mundo de hoje, como diz o Dalai-Lama. Uma interdependência multifacetada de crescente complexidade está unindo as pessoas ao redor do mundo, adentrando todos os aspectos da vida, tanto para o bem quanto para o mal. A tradicional interconexão econômica e militar continua se expandindo, e a relação entre o investimento de capital e as ligações de mercado está criando uma situação de dependência que une diretamente o destino socioeconômico de todos os países. As diferentes culturas estão interagindo umas com as outras, assim como acontece com os ícones culturais, as modas e as ideias populares que atravessam fronteiras, ligando indivíduos de todo o mundo. O próprio Dalai-Lama é um exemplo disso – o seu nome, o seu rosto e a sua mensagem de bondade, de responsabilidade universal, de direitos humanos etc. são conhecidos em todo o mundo.

Sem dúvida, o mundo está se transformando num lugar mais interdependente, e a cooperação entre as comunidades e as nações está se tornando cada vez mais importante. O Dalai-Lama estende o princípio da interdependência a todos os níveis da existência humana, tanto ao pessoal quanto ao global, pois, a seu ver, o bem-estar do indivíduo está associado ao bem-estar da coletividade. Se investigarmos a fundo, encontraremos exemplos dessa interconexão em todos os níveis imagináveis, desde o planetário até o microbial. No nível planetário, por exemplo, nada há de mais relevante do que a questão da interdependência ambiental, como destaca o Dalai-Lama. As mudanças repentinas e avassaladoras que transformaram os padrões de consumo, a tecnologia, a indústria e o transporte de massa no século XX colocaram a interdependência ecológica no epicentro das discussões mundiais, uma vez que o desastre nuclear de Chernobyl, a destruição da Floresta Amazônica, a poluição industrial e o uso de substâncias nocivas, como o CFC, criaram problemas ambientais que afetam todos nós, espalhando-se mundo afora. E, no nível microbial, os vírus e as bactérias podem ser vistos como agentes de interconexão, na medida em que não respeitam as fronteiras nacionais: correm o mundo de pessoa para pessoa, com resultados mortíferos, e isto desde a época dos conquistadores que levaram doenças da Península Ibérica para os povos ameríndios do Novo Mundo, dizimando 8 milhões de pessoas no século XVI, até a trágica epidemia de Aids dos dias de hoje.

É fácil ver como o princípio da interdependência atua em todos os níveis, até mesmo no individual. Um método conhecido e bastante poderoso que nos ajuda a contemplar a nossa interdependência é a ideia dos seis graus de separação. Hoje, esse conceito é mais conhecido devido à brincadeira dos seis graus de separação até Kevin Bacon, cujo objetivo é ligar qualquer ator a Kevin Bacon em não mais do que seis etapas. O conceito original foi criado pelo escritor húngaro Frigyes Karinthy, que escreveu o conto "Chain-Links" (1929), no qual um dos personagens dizia que o mundo moderno estava diminuindo por causa da crescente interconexão dos seres humanos e dos avanços tecnológicos nos meios de comunicação e de transporte. Os seus personagens criaram um jogo baseado na ideia de que é possível escolher uma pessoa qualquer e contatá-la por meio de cinco indivíduos, um dos quais é um amigo seu (isto é, você conhece alguém que conhece alguém que conhece alguém... que conhece a tal pessoa). Mas o principal, como diz o Dalai-Lama, não é o fator específico que selecionamos para ilustrar a sensação de interdependência, mas a vontade de prestigiar o papel que ela desempenha na nossa vida, num nível pessoal e íntimo, reconhecendo que nossa felicidade está atrelada às outras pessoas e que, portanto, nosso bem-estar está associado ao bem-estar delas. A menos que sejamos ermitões autossuficientes ou náu-

◆

A ARTE DA FELICIDADE EM UM MUNDO CONTURBADO

fragos como o personagem de Tom Hanks, sempre dependeremos das outras pessoas para sobreviver.

Quando se trata de reforçar a importância da nossa natureza social e da nossa interdependência – a ideia de que nascemos para viver e trabalhar com as outras pessoas, uma vez que dependemos delas para sobreviver –, há um exercício de meditação simples que pode nos ajudar a fortalecer essas ideias. Primeiro, escolhemos um objeto qualquer que seja utilizado regularmente ou tenha importância para nós. Depois, passamos pelo menos cinco minutos imaginando quantas pessoas foram necessárias para produzir, preparar e transportar esse objeto, incluindo todos os seus componentes e a sua matéria-prima. Por fim, entre os milhares de envolvidos, tentamos visualizar pelo menos alguns deles como seres humanos reais, imaginando a sua aparência, as suas roupas, a sua família etc.

Fazer isso todos os dias por uma semana ou mais pode ser um poderoso exercício. Você pode fazer experimentos e, depois, modificar o exercício, para que ele cause mais impacto, mas recomendo que use um objeto ou produto diferente a cada vez. Muita gente escolhe uma refeição como objeto – por exemplo, ovos *poché* com torradas – e imagina a pessoa que lhe trouxe a comida, o cozinheiro, o balconista de supermercado, o responsável pelo estoque, o caminhoneiro que levou os produtos ao supermercado, o granjeiro que coletou e empacotou os ovos, os fazendeiros que plantaram, colheram e entregaram a ração de galinha para os granjeiros… A lista pode se estender indefinidamente, em qualquer sentido, com diferentes níveis de detalhamento. Você pode tentar visualizar todos aqueles que montaram o trator que colheu o trigo da torrada, ou os mineiros de terras estrangeiras que extraíram os minérios utilizados na fabricação desse trator etc. Com um pouco de prática, esse exercício nos ajuda a entender que estamos conectados a um grande número de pessoas ao redor do mundo e que dependemos delas para satisfazer as nossas necessidades mais básicas. Quando nos conscientizarmos disso, seremos tomados por um profundo sentimento de gratidão por elas.

Uma amiga experimentou fazer esse exercício enquanto comia uma fatia comum de torta de chocolate congelada. Ela descreveu as muitas pessoas que visualizou, inclusive os cortadores de cana-de-açúcar, que trabalhavam num terreno úmido numa ilha tropical, os plantadores de trigo, os produtores de farinha, os plantadores de cacau e o funcionário de uma grande fábrica, vestindo um jaleco branco, envolto pelo aroma de centenas de bolos de chocolate recém-assados. Depois de imaginar mil pessoas trabalhando duro para produzir os ingredientes, confeccionar a sobremesa, despachá-la para o supermercado etc., ela disse que se sentiu como uma exótica rainha do tempo antigo que contatara mil pessoas ao redor do mundo para lhe trazerem uma simples torta de chocolate e disse que, por um instante, a torta lhe pareceu a coisa mais rara e especial que já comera em toda a vida.

CONTEMPLANDO A NOSSA HUMANIDADE COMUM

Após refletir sobre nossa natureza social e nossa interdependência, seguimos para a terceira verdade que o Dalai-

-Lama nos convida a contemplar: "a nossa humanidade comum". Ele sugere que reflitamos sobre essas três verdades para podermos alcançar um maior sentimento de comunhão com todos os seres humanos e nos relacionar com os outros em função de características agregadoras, e não desagregadoras. À primeira vista, pode parecer que a simples conscientização da nossa humanidade comum é suficiente para evocar uma profunda sensação de comunhão com os outros. Para alguns, a conscientização da nossa natureza social e da nossa interdependência pode ser uma tarefa um tanto insípida e acadêmica. Por que deveríamos nos dar ao trabalho de fazer isso?

Se pararmos para pensar, entenderemos por que o Dalai-Lama sabiamente nos convida a contemplar esses aspectos da nossa existência. Em primeiro lugar, quando nos conscientizamos de que somos animais sociais, de que a nossa natureza social está impressa na nossa personalidade, enfatizamos a importância dessas questões e percebemos quanto elas são essenciais para a nossa sobrevivência como espécie. Além disso, quando refletimos sobre a nossa interdependência, chegamos à conclusão de que o nosso bem-estar está associado ao bem-estar dos outros. E, depois que nos conscientizamos desses fatos, passamos a considerá-los uma questão de sobrevivência, que determina a nossa felicidade pessoal e o nosso bem-estar – e, assim, reforçamos a importância e o valor prático de uma conscientização maior da nossa humanidade comum, em vez de pensarmos nessa questão como algo puramente religioso, filosófico ou acadêmico.

◆

A FELICIDADE EM UM MUNDO CONTURBADO

– E, com isso, Vossa Santidade, chegamos à terceira das suas contemplações. Antes de prosseguirmos, no entanto, a título de esclarecimento, eu gostaria que o senhor explicasse brevemente o que quis dizer com "humanidade comum" – falei.

– É muito simples. Para contemplar a nossa humanidade comum, precisamos investigar primeiro os traços básicos que compartilhamos como seres humanos. Se refletirmos sobre isso, chegaremos à conclusão de que todos desejamos encontrar a felicidade e superar o sofrimento. Para mim, essa é a verdade mais básica da nossa natureza. Mas, é claro, as nossas características compartilhadas também compreendem o desejo de sermos queridos pelos outros e a nossa capacidade para a empatia. Além disso, nós, seres humanos, possuímos uma maravilhosa inteligência, tão rica quanto a nossa faculdade imaginativa.

– Acho que o cultivo de uma conscientização da nossa igualdade fundamental como seres humanos é muito importante – continuou. – Todos possuímos corpos humanos, emoções humanas e mentes humanas. Se você for esfaqueado, sangrará; se eu for esfaqueado, sangrarei. Se você perder alguém que ama, ficará triste; se eu perder alguém que amo, ficarei triste. Se você refletir sobre uma verdade importante, ganhará sapiência; se eu refletir sobre uma verdade importante, ganharei sapiência.

– Para mim, todas essas características que nos diferenciam, como a riqueza, o *status* social etc., são secundárias. Estou convencido de que podemos aprender a nos relacionar uns com os outros num nível mais profundo, tendo por base a nossa humanidade compartilhada. Queremos fazer

◆

que as pessoas se relacionem umas com as outras num nível humano básico, e as características humanas comuns funcionam como uma base para a confiança.

Por fim, o Dalai-Lama revelou a profunda essência da sua prática, dizendo:

– Quando me relaciono com alguém, quer seja um presidente ou um importante empresário, quer seja uma pessoa comum, um mendigo ou um aidético, o que nos permite formar uma ligação imediata é a nossa humanidade comum. – E concluiu dizendo: – É nesse nível que procuro me relacionar com as pessoas. É isso o que me permite sentir uma profunda ligação com os outros. Esse é o segredo.

O Dalai-Lama disse essas últimas palavras de maneira simples e objetiva, compartilhando as suas experiências pessoais com o seu jeito sincero, franco e humilde. Não havia nada de extravagante no seu tom de voz, mas, tendo visto Sua Santidade interagir e se relacionar com outras pessoas por mais de duas décadas, exatamente como fora descrito, não pude deixar de me comover. Eu o vira se relacionar com muitas pessoas ao redor do mundo, das mais diferentes classes sociais. Vira o modo como ele as tratara, com carinho, respeito e dignidade. Vira muitas delas se derramerem em lágrimas ao vê-lo, lágrimas de alegria – uma reação que não se limitava apenas aos tibetanos, para quem conhecer o Dalai-Lama era a realização de um longo sonho.

Não sei o que se passa na cabeça das muitas pessoas que respondem com lágrimas de tristeza ou de alegria à presença do Dalai-Lama. Mas imagino que, em parte, essa resposta deva ser resultado da experiência única que é para

A FELICIDADE EM UM MUNDO CONTURBADO

qualquer um ser tratado como um ser humano, com dignidade, respeito e carinho, ao contrário do que acontece nas interações sociais comuns, nas quais nos relacionamos uns com os outros em função do papel que estamos desempenhando no momento (o de amigo, o de empregado, o de patrão, o de aluno etc.). Por fim, eu vira as pessoas deixando Sua Santidade com sorrisos invariavelmente largos, relaxados, como se tivessem se alimentado após um longo jejum.

E, assim, chegamos à última contemplação – a da nossa humanidade comum. Nos capítulos de abertura deste livro, o Dalai-Lama sugeriu uma estratégia para aumentar a confiança e o espírito comunitário, que consistia na adesão a um grupo qualquer, cujos membros tivessem histórias e interesses semelhantes aos nossos. De certa forma, isso pode ser visto como um antídoto para tratar os sintomas das doenças sociais, um remédio que oferece alívio temporário. Mas, agora, Sua Santidade nos oferece um remédio mais forte, que atinge níveis mais profundos e fortalece o sistema imunológico-emocional da sociedade. Ele nos convida a ir além dos nossos interesses comuns – como jogadores de boliche, irmãos de uma ordem benevolente, metodistas, jogadores de *baseball*, jogadores de xadrez, amantes de bicicletas, comedores de trufas ou amantes de gatos –, para que possamos descobrir as características que compartilhamos com todos os seres humanos: a nossa humanidade comum. Mudar a nossa visão de mundo, de modo a alcançar uma compreensão profunda tanto das nossas semelhanças como seres humanos quanto das nossas dife-

◆

397

A ARTE DA FELICIDADE EM UM MUNDO CONTURBADO

renças como indivíduos, é a melhor solução para criarmos uma sociedade mais feliz, na qual as pessoas tenham uma sensação de ligação e de confiança, um vínculo com todos os seus membros.

Esse método pode parecer simples, mas não é. Ele requer mais do que a mera conscientização das nossas semelhanças como seres humanos, mais do que o simples reconhecimento da nossa natureza social, da nossa interdependência, dos nossos traços comuns. Requer uma reflexão profunda e sistemática que nos permita internalizar esses conceitos e integrá-los à nossa visão de mundo básica, à nossa atitude instintiva ao depararmos com um ser humano, quer seja um amigo ou um inimigo.

Embora não seja fácil, podemos realizar esse tipo de mudança interna, modificar a nossa visão de mundo e enxergar os outros seres humanos em função da nossa humanidade comum, das nossas semelhanças – e o Dalai-Lama, entre outros, é a prova viva de que isso é possível.

Quando penso no modo como o Dalai-Lama se relaciona com as pessoas, em função da sua humanidade comum, tratando-as sempre com respeito e dignidade, uma série de imagens dos últimos 25 anos vem à minha cabeça, comprovando essa simples verdade. Mas, quando tento encontrar um exemplo específico, parece que as cenas passam tão rapidamente que não consigo paralisá-las e selecionar uma delas. Por alguma razão, neste momento, lembro-me de uma breve conversa que aconteceu num almoço de empresários em Mineápolis, alguns anos atrás, durante uma turnê de Sua Santidade pelos Estados Unidos, da qual participei. Era um evento bastante restrito, organi-

◆

398

A FELICIDADE EM UM MUNDO CONTURBADO

zado pelos ricos e poderosos. Entramos pelos fundos do edifício, e a equipe de segurança do Departamento de Defesa nos guiou através de um labirinto de corredores secundários até a cozinha, a caminho do salão de baile. O pessoal da cozinha, os ajudantes de garçom e os lavadores de pratos tinham se reunido para ver o Dalai-Lama passar, perfilados ao longo dos corredores, sorrindo e nos cumprimentando cordialmente. O discurso de Sua Santidade estava marcado para antes da hora do almoço, e o *timing* da equipe de segurança foi tão preciso que tivemos de esperar apenas alguns minutos nos bastidores antes de sermos anunciados pelo orador que estava no palco. Um jovem ajudante de garçom estava de pé, próximo do local onde tínhamos parado, e, enquanto aguardávamos, ele e o Dalai-Lama trocaram algumas palavras sem importância. Depois que fomos anunciados pelo orador, subimos na plataforma que fazia as vezes de palco, e o Dalai-Lama iniciou um solene discurso. A breve conversa entre Sua Santidade e o ajudante de garçom nada teve de especial. Foi apenas uma resposta natural à situação, livre de fingimentos, sem intenções veladas nem ostentação. Na verdade, acho que a única coisa extraordinária foi a reação de surpresa do ajudante de garçom. Ainda assim, lembro que fiquei impressionado com o fato de o Dalai-Lama ter tratado os ricos e poderosos da festa e o ajudante de garçom do mesmo modo, com a mesma atenção e o mesmo carinho, como se estivesse diante das pessoas mais importantes do mundo e não houvesse mais ninguém.

Lembro que reparei em outro detalhe da festa, um detalhe insignificante que pareceu traduzir a verdade de que

♦

399

A ARTE DA FELICIDADE EM UM MUNDO CONTURBADO

somos todos seres humanos, sem grandes diferenças num nível fundamental. Quando subimos ao palco, olhei para a divisória que separava o palco da área de trabalho e da cozinha. Era apenas uma fina parede de madeira compensada coberta por uma camada de verniz escuro. Tudo o que separava os ricos empresários, que comiam pato assado em mesas de linho branco, com talheres de prata e copos de cristal, dos trabalhadores que tinham preparado a comida e a fina decoração, tudo o que separava esses dois ambientes distintos era uma fina parede de meio centímetro.

Por algum motivo isso me lembrou a ideia de que existe enorme distância entre nós e os outros, de que existem enormes diferenças entre as pessoas, sobretudo entre os ricos e os pobres, os poderosos e os humildes etc. Pensamos que somos diferentes em muitos aspectos, mas esta é uma ilusão. Na verdade, há poucas diferenças, e parece que o Dalai-Lama age com base nessa realidade, tratando todas as pessoas da mesma maneira, pois somos todos iguais.

Sem dúvida, o Dalai-Lama possui imensa capacidade para se conectar com as outras pessoas num nível humano básico. Mas e quanto a nós? Como podemos desenvolver essa habilidade? Consciente de que a sua atitude era resultado de anos e anos de prática espiritual, perguntei:

– Vossa Santidade, eu gostaria de saber se existe alguma meditação, alguma técnica, algum exercício específico que possa ser praticado regularmente e que nos permita gerar uma profunda sensação de confiança e de comunhão com as outras pessoas... Alguma espécie de meditação budista que promova esse estado mental, mas que também possa ser usada por não budistas.

– Existem muitos tipos diferentes de meditação. Cabe a cada um escolher aquele que for melhor para o seu caso específico. No entanto, mesmo na ausência de um exercício formal – explicou –, podemos usar algumas das ideias que discutimos anteriormente como uma espécie de "meditação analítica".

– *Agora, sim, estamos fazendo algum progresso!*, exclamei mentalmente. Pensei que ele fosse sugerir um método budista para gerar esse estado mental, ou que fosse condensar as nossas discussões de maneira diferente, seguindo uma fórmula secreta que pudesse ser usada como meditação diária, não sei. Mas na expectativa de que o Dalai-Lama revelasse uma técnica de meditação mais estruturada para o cultivo da comunhão, falei:

– Explique o que vem a ser essa "meditação analítica".

– Para ser mais específico – respondeu –, podemos refletir sobre algumas questões. *Primeiro*, somos animais sociais. Podemos reforçar essa ideia pensando em quanto os outros animais sociais dependem uns dos outros para viver. *Segundo*, o nosso bem-estar depende do bem-estar das pessoas que nos cercam. O mundo está ficando cada vez menor, estamos nos tornando cada vez mais interdependentes. *Terceiro*, podemos refletir sobre as nossas semelhanças fundamentais como seres humanos, como o fato de que todos queremos ser felizes e evitar o sofrimento.

– Mas já falamos sobre isso! – reclamei.

– Eu sei! – disse ele abrindo um largo sorriso, como se eu finalmente tivesse entendido.

◆

Capítulo 15

A EMPATIA E A COMPAIXÃO: ENCONTRANDO A FELICIDADE EM UM MUNDO CONTURBADO

—V ossa Santidade, uma vez que esse é o nosso último encontro em Tucson, quero ver se consigo juntar os muitos temas que foram debatidos, para descobrir se existe algum princípio unificador que esteja relacionado com a busca da felicidade em um mundo conturbado.

– Ótimo – disse o Dalai-Lama empolgado.

Quando falei que aquele era o nosso último encontro em Tucson, lembrei-me brevemente da nossa primeira série de conversas naquele lugar, muitos anos antes. Eu lhe perguntara: "Vossa Santidade, *o senhor* é feliz?" Lembro-me da sua resposta: "Sou, é claro."

A FELICIDADE EM UM MUNDO CONTURBADO

Agora, uma nova pergunta começava a vir à minha cabeça, uma pergunta mais pertinente às questões que estávamos discutindo:

– Vossa Santidade, eu o conheço há muitos anos e acho que o senhor é uma pessoa verdadeiramente feliz, apesar das dificuldades que a vida lhe impôs. Lembro que lhe perguntei, certa vez, se o senhor era feliz, e a sua resposta foi sim. Será que a sua felicidade tem que ver com o fato de o senhor se relacionar com as pessoas em função da sua humanidade comum?

– Acho que sim – disse ele, lacônico.

– Pode falar um pouco mais sobre os efeitos benéficos que resultam desse tipo de atitude?

– Sobre os efeitos... – começou o Dalai-Lama, lentamente. – Acho que, quando nos relacionamos com as pessoas num nível humano básico, somos libertados. Isso nos permite alcançá-las com mais facilidade. Experimentamos uma sensação de confiança e de segurança.

– Num nível prático – interrompi –, suponho que essa sensação de confiança nos ajude a superar problemas tais como o preconceito e a falta de espírito comunitário.

– É verdade – confirmou o Dalai-Lama, e depois continuou: – Se tivermos esse tipo de atitude, não precisaremos ser apresentados às outras pessoas. Teremos a impressão de que já as conhecemos, mesmo que isso não seja verdade. Nesse sentido, não haverá estranhos.

– Se fizermos isso, permitiremos que a nossa capacidade natural para a empatia se manifeste espontaneamente. Acho que a empatia é uma das características mais maravilhosas da nossa espécie. Quando refletimos sobre o fato de

◆

403

A ARTE DA FELICIDADE EM UM MUNDO CONTURBADO

que, assim como eu, outras pessoas também querem ser felizes e evitar o sofrimento, automaticamente criamos empatia com elas. E, assim, passamos a nos preocupar com o seu bem-estar e desenvolvemos um sentimento genuíno de compaixão.

– Fico feliz que o senhor tenha mencionado a empatia e a compaixão – falei –, pois era exatamente sobre isso que eu queria lhe falar, para esclarecer algumas questões. Primeiro, sobre a empatia… Por definição, a empatia compreende a capacidade que uma pessoa tem de se ligar aos outros, de se relacionar com eles, de entender os seus sentimentos, de sentir as suas dores etc. Assim, tenho a impressão de que o simples fato de nos relacionarmos com as outras pessoas em função da nossa humanidade comum e das características que compartilhamos como seres humanos constitui um método para aumentar a empatia. A diferença é que, com esse tipo de empatia, podemos nos relacionar com todos os seres humanos sem precisar memorizar as suas características individuais ou experiências pessoais.

– É verdade – concordou.

– A empatia e a compaixão estão intimamente relacionadas – continuei. – Quando somos compassivos, abrimos o coração para a dor dos outros, procuramos nos informar sobre as suas experiências tristes e desejamos que eles se recuperem do sofrimento. Assim, a empatia é um pré--requisito básico para a compaixão, pois precisamos nos relacionar com o indivíduo para conhecer a sua história, precisamos sentir o que ele está sentindo para sermos verdadeiramente compassivos.

◆

404

A FELICIDADE EM UM MUNDO CONTURBADO

– Para resumir, podemos dizer que o cultivo da nossa humanidade comum tem o efeito de gerar empatia e que, quanto maior é a empatia, maior é a compaixão.

– É verdade – disse o Dalai-Lama novamente.

– Fico me perguntando se o senhor não teria mais nada a dizer sobre a relação entre a compaixão, a felicidade individual e a construção de uma sociedade mais feliz (na qual possamos resolver alguns dos problemas do mundo).

O Dalai-Lama organizou os seus pensamentos e falou:

– Primeiro, como costumo dizer, quando sentimos compaixão pelos outros, quem se beneficia disso somos nós. A compaixão é uma verdadeira fonte de felicidade. O cultivo de um sentimento benévolo de proximidade com os outros sossega a nossa mente e nos ajuda a combater os nossos medos e as nossas inseguranças, além de nos dar forças para lidar com quaisquer obstáculos que encontremos. A compaixão é a nossa principal fonte de sucesso na vida. Creio que, em todos os níveis da sociedade (nos níveis familiar, comunitário, nacional e global), a chave para um mundo mais feliz e próspero é o cultivo da compaixão. Então, veja bem, a compaixão é algo que realmente vale a pena. Não é apenas uma questão religiosa, espiritual ou ideológica. Não é um luxo, é uma necessidade.

– Vossa Santidade, já sei o que o senhor tem a dizer a respeito do cultivo da compaixão e tenho consciência de que, em última análise, a sobrevivência da nossa espécie depende disso. Mas acho que um dos motivos pelos quais as pessoas não levam isso a sério é o fato de que, apesar da sua insistência em explicar o valor prático desse tipo de atitude, muitas delas ainda acreditam que a compaixão

A ARTE DA FELICIDADE EM UM MUNDO CONTURBADO

pertence exclusivamente à esfera da religião e da espiritua-
lidade. Por exemplo, o senhor disse que a compaixão faz
aumentar a nossa saúde física e mental, mas a maioria das
pessoas acha que a compaixão é apenas uma questão moral, e não de saúde.

– No meu caso, por exemplo, quando conversamos
sobre a compaixão alguns anos atrás, achei tudo maravilhoso, mas havia algo que me soava muito doce e sentimental, algo religioso. Levei anos para começar a pensar
nos muitos benefícios práticos da compaixão e para aceitar
a ideia de que ela leva à felicidade pessoal. Em parte, o
que me fez mudar de ideia foram os estudos científicos
que comprovam essa posição, muitos dos quais só foram
publicados recentemente.

– De todo modo, acho que concordo com a sua ideia.
Por exemplo, se as pessoas seguirem o seu conselho de
levar a compaixão mais a sério, creio que isso provocará
profundo impacto na sociedade. Mas como penso que a
civilização ocidental jamais recorrerá ao budismo como
principal caminho religioso, para que ela adote esses princípios será preciso que eles sejam apresentados num contexto secular, o que, em geral, significa abordá-los e apre-
sentá-los pelo viés da ciência.

– Sem dúvida – concordou o Dalai-Lama.

– Felizmente, agora existem muitos estudos que comprovam os efeitos benéficos da compaixão, com os quais o
senhor já deve estar familiarizado, devido aos seus muitos
encontros com homens da ciência. Além disso, alguns estudos mostram que as pessoas podem treinar as suas mentes para se tornar mais compassivas e felizes e que esse

A FELICIDADE EM UM MUNDO CONTURBADO

tipo de treinamento mental pode alterar a estrutura e o funcionamento do cérebro. Acho que isso é importante, pois muitas pessoas podem pensar que a compaixão e a gentileza são coisas inatas, que têm origem genética, mas isso não é verdade. Refiro-me à noção de que já nascemos compassivos e, se não formos naturalmente bondosos, não poderemos fazer nada para mudar esse fato, assim como não poderemos mudar a nossa altura, mas isso não é verdade.

– Há muitas pesquisas que sustentam as ideias do senhor, que se baseiam em princípios budistas, mas, para que elas atinjam a sociedade, é necessário que a informação extrapole os limites das universidades, dos laboratórios, dos periódicos científicos e das conferências. Só então as pessoas começarão a mudar a sua atitude com relação à compaixão.

– Concordo – falou o Dalai-Lama. – É por isso que sempre digo que devemos promover essas ideias na sociedade, que devemos nos educar. Isso pode ser feito por intermédio da mídia, do sistema de ensino etc. E, Howard, acho que você também deveria investigar o assunto para colocar esse tipo de informação no seu livro. Precisamos divulgar essas ideias de todas as maneiras possíveis. E, é claro, não basta reconhecer a importância da empatia, da compaixão etc., não basta falar sobre essas coisas, é preciso colocá-las em prática e mudar a maneira como interagimos uns com os outros.

Quando abordamos os aspectos finais da nossa série de conversas – a empatia e a compaixão –, tive a impressão de que todas as peças e todos os temas se encaixaram perfeitamente.

◆

A ARTE DA FELICIDADE EM UM MUNDO CONTURBADO

Enquanto o Dalai-Lama fazia os seus últimos comentários a respeito do assunto, resumindo a discussão, um tom inconfundível de esperança e de confiança brotava da sua voz, gerado pela crença na possibilidade de um futuro melhor, de um mundo melhor, construído por nós.

– Portanto – concluiu –, se aprendermos a nos relacionar com as pessoas com base na compaixão, se estabelecermos uma ligação com elas, se reconhecermos a nossa humanidade comum num nível profundo e, o que é mais importante, se ensinarmos isso às gerações seguintes, reduziremos boa parte dos conflitos e dos problemas do mundo de hoje. E acredito que seremos capazes de gerar a felicidade pessoal e a felicidade social ao mesmo tempo.

E, assim, começamos a dar o último passo em direção ao nosso objetivo, que era encontrar a felicidade em um mundo conturbado, usando uma abordagem que visava ao cultivo da felicidade interior e à resolução dos problemas do mundo de hoje. Nessa última conversa, o Dalai-Lama apresentou os elementos finais do seu método para alcançar esse objetivo, que se pautava na coerência e na lógica. Resumindo:

O método começa com o cultivo de um profundo reconhecimento da nossa humanidade comum, de uma profunda conscientização das características que compartilhamos como seres humanos. Isso se torna a base para um sentimento de empatia com todas as pessoas. Essa empatia, por sua vez, torna-se a base para um sentimento de compaixão. A compaixão leva a maior felicidade pessoal. E, quando

◆

408

A FELICIDADE EM UM MUNDO CONTURBADO

agimos de maneira compassiva, damos os primeiros passos no sentido de resolver os problemas do mundo, e isso, por fim, leva a uma sociedade "mais feliz e mais pacífica".

Algumas pessoas podem achar essa abordagem um tanto simplista ou ingênua, mas ela não é nem uma coisa nem outra. Trata-se de uma abordagem bastante poderosa e eficiente. Só precisamos experimentá-la. Seguindo o conselho do Dalai-Lama, resolvi compensar as lacunas das nossas conversas com os dados científicos que comprovam a validade e a eficiência dessa abordagem. Esse tipo de informação ajuda a reforçar a profundidade e a sabedoria das palavras de Sua Santidade. Antes de começar, no entanto, acho que vale a pena fazer uma pequena retomada, para contextualizar essa abordagem.

UM BREVE RESUMO: LIDANDO COM OS PROBLEMAS DO MUNDO DE HOJE

Ao longo das nossas conversas, o Dalai-Lama identificou alguns dos problemas do mundo de hoje – a falta de união, a alienação social, o preconceito, o ódio, o racismo, os conflitos e a violência, entre outros. Esses problemas podem atrapalhar a nossa felicidade em muitos níveis – como no individual, no comunitário, no social e no global. Ao discorrer sobre essa questão, ele começou dizendo que pode haver muitas causas para os problemas sociais e que essas causas podem ocorrer em diferentes níveis – tanto no nível "interno", que compreende fatores como as emoções

◆

409

A ARTE DA FELICIDADE EM UM MUNDO CONTURBADO

negativas, as convicções falsas ou distorcidas e os estereótipos, quanto no nível "externo", que compreende as condições sociais e os fatores situacionais adversos, entre outras coisas. Tendo isso em vista, também disse que devemos ter muitas estratégias e abordagens ao nosso dispor para superar esses problemas. Nos primeiros capítulos, discutimos algumas das causas específicas que geram esses problemas, bem como algumas estratégias específicas para lidar com eles. Usando o modelo preferido de Sua Santidade, o "modelo médico", podemos dizer que essas estratégias específicas, que têm por objetivo lidar com as causas dos problemas sociais, são como remédios específicos para as doenças desse nosso mundo conturbado.

Agora, revisitaremos as causas desses problemas num nível mais profundo e fundamental. *Nesse ponto, o Dalai- -Lama identificou uma causa geral para as nossas doenças sociais, atribuir essas "enfermidades" ao modo como nos relacionamos com as outras pessoas, seja com base nas semelhanças (naquilo que nos une), seja com base nas diferenças (naquilo que nos difere).* De fato, essa é a principal causa de muitos dos problemas de hoje, sejam eles globais, sociais, comunitários ou mesmo interpessoais.

Nesse nível mais profundo, para sanar as doenças sociais, precisamos nos relacionar com as pessoas de maneira agregadora, superando as rígidas e impenetráveis fronteiras entre o "eu" e o "nós", ou entre o "nós" e o "eles". A mudança no modo como nos relacionamos uns com os outros, tanto no nível individual quanto no nível intergrupal, pode ser vista como uma cura geral para todos os problemas do mundo.

◆

A FELICIDADE EM UM MUNDO CONTURBADO

Já exploramos um antídoto ou "cura" que atua nesse nível mais fundamental, mudando o nosso enfoque e o nosso modo de pensar: *o cultivo das emoções positivas*. Vimos que estas emoções podem mudar a maneira como nos relacionamos com as outras pessoas, "alargando" o nosso modo de pensar e a nossa perspectiva, expandindo os limites do "eu" e do "nós", derrubando as barreiras entre essas duas orientações. Durante as nossas conversas sobre os efeitos benéficos das emoções positivas, nós as definimos de maneira um tanto vaga, abrangendo grande variedade de estados mentais positivos. Na categoria geral das emoções positivas, incluímos não apenas as emoções genuínas, como a alegria e a felicidade, como também estados mentais positivos que possuem um componente cognitivo e envolvem uma visão de mundo, uma percepção e uma atitude positivas.

Vimos que praticamente todas as emoções positivas geram efeitos "alargadores" e uma variedade de benefícios comprovados pela ciência. Também identificamos o cultivo das emoções positivas como uma poderosa estratégia que se situa no ponto de interseção entre a felicidade pessoal e a felicidade social. Essa estratégia visa à busca da felicidade em um mundo conturbado, aumentando a felicidade interna e provocando mudanças comportamentais que reduzem alguns dos problemas do mundo de hoje. Além dos efeitos gerais das emoções positivas, também discutimos a variação dos efeitos mais específicos. Por exemplo, vimos que a família da "esperança" (a esperança, o otimismo, a confiança, a resiliência etc.), além de possuir os mesmos efeitos gerais das outras emoções positivas, também nos ajuda a superar os momentos difíceis de sofrimento, incentiva-nos a buscar os nossos objetivos apesar dos obstáculos, das decepções, dos contratempos e dos problemas cotidianos que a vida nos impõe. Agora que conhecemos o fato de que pode haver diferenças ou variações nos efeitos das emoções positivas, podemos discutir uma emoção em particular, que foi mencionada pelo Dalai-Lama e possui propriedades singulares, acrescentando as últimas peças do quebra-cabeça.

Próximo do fim da reunião daquele dia, o Dalai-Lama identificou *uma emoção positiva específica que pode ser considerada a emoção positiva suprema para o cultivo da felicidade e do bem-estar interiores e para a geração de mudanças positivas no modo como nos relacionamos uns com os outros: a compaixão.*

A EMPATIA: DEFINIÇÃO E FUNÇÕES BÁSICAS

Antes de discutir a questão específica da compaixão, creio que é importante focalizar outro estado mental positivo, o principal fator que impulsiona a compaixão e lhe dá forças para superar alguns dos problemas sociais mencionados neste livro: *a empatia.*

Existem muitas definições para a empatia, mas todas elas parecem abranger certos aspectos básicos: em primeiro lugar, a ligação emocional; em segundo lugar, o componente cognitivo, que influi nos julgamentos que fazemos das outras pessoas; e, por último, o mecanismo que mantém os limites entre a identidade própria e a identidade alheia e nos permite saber quais atributos ou emoções são nossos e quais pertencem à outra pessoa.

◆

No senso comum, a empatia é vista como a capacidade de "se colocar no lugar do outro" e de imaginar ou sentir o que ele está sentindo. De fato, quando os pesquisadores investigam a empatia, utilizam uma técnica para estimulá-la que se chama "mudança de foco", na qual os sujeitos de estudo tentam se colocar no lugar de outra pessoa.

Como disse o Dalai-Lama, a capacidade para a empatia é uma das características humanas mais maravilhosas, sobretudo quando é usada em nome do amor, da compaixão e da bondade. E, mesmo quando esses estados mentais estão ausentes, a empatia desempenha papel crucial na nossa vida. Como ressaltou Sua Santidade, os seres humanos são animais sociais. O funcionamento do grupo depende do modo como "lemos" as pessoas e antecipamos o seu comportamento e as suas reações. E, por aumentar a nossa capacidade para fazer isso, a empatia desempenhou importante papel na evolução humana.

Hoje, ela é tão importante para nós quanto foi para a sobrevivência dos nossos antepassados remotos. Pode nos conectar às outras pessoas e evitar a exclusão social. Isso é de suma importância, pois a exclusão social pode ser devastadora para o indivíduo, provocando toda espécie de efeitos negativos – doenças, depressão e até mesmo a redução do raciocínio lógico. De modo mais específico, a empatia promove interações sociais agradáveis e coordena o nosso comportamento social a fim de adaptá-lo ao comportamento do grupo. No geral, ela ajuda a fortalecer os laços sociais – e laços sociais fortes são fundamentais para o bem-estar psicológico de uma pessoa.

◆

A ARTE DA FELICIDADE EM UM MUNDO CONTURBADO

Devido à interdependência e aos sistemas sociais complexos de hoje, a empatia tornou-se ainda mais importante. Ela nos ajuda a coordenar e a sincronizar o nosso comportamento em função do comportamento dos outros membros do grupo, promovendo relacionamentos interpessoais mais agradáveis e facilitando a interação social. Com efeito, a capacidade de enxergar através de outros olhos sempre foi considerada um ingrediente fundamental para o bom funcionamento da sociedade. À medida que a sociedade moderna vai se tornando mais diversa e vamos conhecendo pessoas de culturas diferentes, a nossa capacidade para a empatia vai se tornando mais e mais importante.

Os efeitos da empatia:
enxergar os outros como semelhantes

Segundo o Dalai-Lama, para que possamos superar os problemas sociais do mundo de hoje, precisamos nos relacionar com as outras pessoas em função das nossas semelhanças, e não das nossas diferenças. Nas últimas décadas, os estudiosos reuniram um impressionante corpo de dados que comprova que a empatia produz efeitos específicos que reduzem o abismo entre o indivíduo e as outras pessoas.

Num experimento, os pesquisadores realizaram testes para verificar a opinião que os sujeitos de estudo faziam de si mesmos, identificando a sua autoimagem e os traços ou atributos com os quais se identificavam etc. Mais tarde, num experimento "não relacionado", os sujeitos de estudo assistiram a filmes nos quais alguns estudantes falavam sobre a sua experiência acadêmica. Um dos grupos foi instruído a assistir ao filme e imaginar o que os estudantes estariam pensando e sentindo, ou como seria estar na situação deles. O outro grupo foi instruído a não se colocar no lugar dos estudantes e a adotar uma estrutura mental neutra e objetiva, observando o seu comportamento. Constatou-se que aqueles que assistiam ao filme de maneira empática tendiam a se considerar mais parecidos com os estudantes, atribuindo-lhes características e traços que reconheciam em si mesmos.

Um detalhe importante que diz respeito à maneira como percebemos os outros quando sentimos empatia é que, em geral, quando lhes atribuímos traços que nos pertencem, tendemos a considerar apenas os traços positivos, e não os negativos.

Além disso, os sujeitos de estudo "empáticos" não apenas atribuíam os próprios traços aos estudantes, como também maior número de traços gerais, percebendo-se um aumento significativo na quantidade de atributos com os quais os caracterizavam. O que isso significa? Significa, por exemplo, que percebemos as outras pessoas de maneira mais realista quando demonstramos empatia com elas e as vemos como seres humanos complexos, com uma variedade de características e traços diferentes, como nós.

Outro fato curioso é que, quando sentimos empatia com outra pessoa, tendemos a enxergá-la como enxergamos a nós mesmos, no que diz respeito ao modo como explicamos o seu comportamento e como interpretamos as suas ações. Por outro lado, em circunstâncias normais, existem diferenças entre a maneira como explicamos o nosso comportamento e a maneira como explicamos o comportamento das outras pessoas.

Em geral, tendemos a explicar o nosso comportamento em função das situações que enfrentamos. Se chegamos em casa e ela está desarrumada, atribuímos a causa da desarrumação às circunstâncias ("trabalhei até tarde e não tive tempo de arrumar as coisas pela manhã" ou "eu estava atrasado para o trabalho"). Por outro lado, quando explicamos o comportamento das outras pessoas, costumamos usar explicações estruturais do tipo "elas são assim mesmo", isso faz parte do seu caráter, da sua índole. Assim, quando entramos no apartamento desarrumado de um vizinho, achamos que ele também é desarrumado – é o seu jeito de ser. Essa diferença fundamental entre a maneira como explicamos o nosso comportamento e a maneira como explicamos o comportamento alheio chama-se EFA – erro fundamental de atribuição.

Estudos mostram que, quando sentimos empatia, o EFA desaparece e passamos a interpretar o comportamento das outras pessoas da mesma maneira como interpretamos o nosso próprio comportamento, atribuindo as suas atitudes a condições ou circunstâncias específicas, e não à sua índole básica ou "jeito de ser".

OS BENEFÍCIOS DA EMPATIA: UM ANTÍDOTO
PARA OS PROBLEMAS SOCIAIS

Como vimos, segundo o Dalai-Lama, muitos dos problemas sociais de hoje são causados pela maneira como nos

A FELICIDADE EM UM MUNDO CONTURBADO

relacionamos uns com os outros e, embora possa haver muitos fatores mentais envolvidos nessa questão, está claro que a empatia é o principal deles. Ela tem a capacidade quase mágica de mudar o nosso enfoque para que vejamos os outros com base nas nossas semelhanças, e não nas nossas diferenças. Esse é o fator que nos permite estabelecer uma ligação com as outras pessoas e entender o que elas estão sentindo. Nos últimos anos, os pesquisadores reuniram um grande corpo de dados que mostra que a empatia afeta de modo específico o nosso pensamento, a nossa percepção, o nosso julgamento e o nosso comportamento, atuando como um antídoto para a desconfiança, o preconceito, o ódio, o racismo, o conflito e muitas outras doenças sociais.

Reconhecemos que as outras pessoas podem ter características ou traços parecidos com os nossos, que as suas opiniões e o seu comportamento são determinados pelas circunstâncias, assim como acontece conosco, que as suas reações podem variar segundo a situação etc. Embora a projeção da autoimagem em outras pessoas seja uma espécie de distorção da realidade, isso é contrabalanceado pelo fato de que, quando sentimos empatia, vemos os outros mais realisticamente, como se tivessem uma vida interna mais rica e diversificada. O resultado dessa mudança no pensamento e na percepção é que passamos a ter um entendimento melhor do indivíduo, enxergando-o como um ser humano complexo, real, vivo.

Nas nossas conversas, não importa o problema que estejamos discutindo, o Dalai-Lama sempre sugere o cultivo de uma "abordagem realista". Nesse aspecto, os estudos científicos mostram que ele está certo. Quando sentimos

◆

417

empatia com alguém, enxergamos a pessoa de maneira mais realista e esse efeito é de enorme importância para a resolução dos problemas sociais. Nos capítulos anteriores, vimos que, quando personalizamos os membros de um grupo externo que é estereotipado, usando métodos como a técnica das verduras, tendemos a afastar automaticamente os preconceitos negativos e os estereótipos. O mesmo processo ocorre quando sentimos empatia com alguém, pois vemos a outra pessoa como um indivíduo singular. Portanto, podemos dizer que *a empatia é um antídoto para os estereótipos!*

Muitos estudos mostram que *a empatia funciona como um antídoto para o preconceito.* Um efeito comprovado cientificamente é o fato de que gostamos das pessoas com quem temos empatia. *Existe um princípio psicológico bastante conhecido segundo o qual tendemos a gostar das pessoas que são mais parecidas conosco.* De fato, esse é um dos fatores que contribuem para a dinâmica do grupo interno. Quando nos identificamos com um grupo e nos juntamos a ele, tendemos a projetar nossa autoimagem nele. É a nossa identificação com o grupo que cria a predileção pelo grupo interno. *Uma importante descoberta feita no estudo da empatia é que, quando sentimos empatia com um membro qualquer de um grupo estereotipado, a mudança no modo de enxergarmos o indivíduo estende-se a todos os outros membros do seu grupo; assim, passamos a enxergar mais semelhanças entre esse grupo e o nosso grupo e o tratamos com mais simpatia.*

Os efeitos positivos da empatia podem ser muitos. Por exemplo, ela está associada ao perdão, à redução de con-

A FELICIDADE EM UM MUNDO CONTURBADO

flitos intergrupais e à implementação do diálogo como forma de resolver conflitos. A prática da empatia também reduz as agressões sociais e melhora a opinião sobre os grupos externos, o que acarreta uma mudança de atitude com relação a eles.

OS MECANISMOS PSICOLÓGICOS SUBJACENTES À EMPATIA

Muitos estudiosos dizem que o mecanismo psicológico subjacente à empatia funciona como uma espécie de junção entre a nossa autoimagem (o nosso sentimento de identidade – a soma de todas as nossas características) e a imagem que fazemos da outra pessoa (a visão que temos dela – a soma de todas as suas características). Para isso, precisamos projetar a nossa autoimagem na outra pessoa, o que os especialistas chamam de "sobreposição de identidades". Quando essa sobreposição acontece, a autoimagem do indivíduo funde-se à da outra pessoa, e as fronteiras entre o "eu" e o "ele" se dissolvem. Os nossos traços e os traços que atribuímos aos outros se misturam, e a nossa identidade funde-se à identidade do outro, produzindo uma sensação de "universalidade". *Essa sobreposição de identidades está no cerne de todos esses efeitos benéficos, uma vez que é difícil sermos preconceituosos, violentos etc. quando enxergamos o outro do mesmo modo como enxergamos a nós mesmos, pelo menos do ponto de vista psicológico.*

É claro que a empatia ocorre em muitos níveis. Temos consciência de algumas partes ou aspectos do processo, po-

◆

419

A ARTE DA FELICIDADE EM UM MUNDO CONTURBADO

rém outras partes são inconscientes e automáticas. Por exemplo, quando sentimos empatia com alguém, temos consciência de certos aspectos da sensação de "universalidade" que resulta da sobreposição de identidades. Podemos nos sentir emocionalmente próximos do indivíduo, percebendo-o como um semelhante, mostrando interesse pelo seu bem-estar ou apenas nos alegrando com o relacionamento.

Por outro lado, há certos aspectos desse processo psicológico que não se manifestam conscientemente, o que pode provocar efeitos estranhos. Por exemplo, segundo alguns pesquisadores, essa sobreposição de identidades ocorre em dois níveis. Em um deles, projetamos a nossa autoimagem na outra pessoa e passamos a enxergá-la como alguém que se parece conosco, como já explicamos. Mas é o sentido inverso que parece um tanto bizarro: passamos a enxergar os traços da outra pessoa em nós mesmos e os incorporamos à nossa personalidade. Se a pessoa com quem sentimos empatia faz parte de um grupo estereotipado, tendemos a assumir os seus atributos estereotipados.

Alguns experimentos fascinantes comprovaram esse efeito. Adam Galinsky, um psicólogo social da Northwestern University, conduziu uma série de experimentos utilizando imagens de indivíduos de grupos externos estereotipados, com o intuito de mostrar que as pessoas podiam assumir as características desses grupos ao sentir empatia com qualquer um dos seus membros. Os pesquisadores mostraram aos sujeitos de estudo uma foto de uma atraente líder de torcida num jogo de futebol americano, com pompons e tudo, depois pediram-lhes que escrevessem um texto sobre um dia típico na vida dessa líder de torcida, do ponto de vista dela, imaginando como seria a sua vida etc., com o intuito de gerar uma mudança de enfoque. Em seguida, entregaram aos sujeitos de estudo um questionário de personalidade para que eles respondessem, como parte de um experimento "não relacionado". Nesse questionário, eles tinham de se autodescrever detalhadamente, dizendo quanto se achavam bonitos, lindos e charmosos. Aqueles que participaram do exercício de mudança de enfoque avaliaram-se como sendo muito mais atraentes e charmosos (traços estereotípicos das líderes de torcida) do que os membros do grupo de controle, que não tinham se colocado no "lugar do outro".

Alguns experimentos semelhantes foram realizados utilizando técnicas de "estimulação" diferentes para alterar o enfoque dos sujeitos de estudo, como solicitar textos do tipo "um dia na vida de fulano", exibir filmes sobre a vida de determinadas pessoas e depois pedir aos sujeitos de estudo que assistissem ao filme empaticamente (enquanto o grupo de controle era instruído a assistir a ele de maneira objetiva, sem pensar no ponto de vista da outra pessoa). Entre os membros dos grupos estereotipados, havia um negro de meia-idade, um professor de ciências políticas branco e um senhor de idade. Os sujeitos de estudo identificaram-se com os traços estereotípicos desse grupo, tanto com os negativos quanto com os positivos. E, o que foi ainda mais estranho, assumiram traços comportamentais condizentes com os estereótipos. Por exemplo, indivíduos brancos do sexo masculino comportaram-se de modo agressivo e hostil depois que adotaram o ponto de vista do homem negro e obtiveram os piores resultados nos testes

◆

421

intelectuais, comprovando os estereótipos. Já aqueles que foram afetados pelo estereótipo dos velhos obtiveram resultados piores nos testes de memória e passaram a caminhar mais lentamente pelos corredores, embora não tivessem consciência disso. Por fim, os sujeitos de estudo que assistiram ao vídeo do professor obtiveram melhores resultados nos testes acadêmicos e de raciocínio lógico.

Um dado curioso é que, embora os sujeitos de estudo tenham apresentado níveis menores de preconceito e estereotipação, comportaram-se de maneira consistente com os estereótipos, o que demonstra uma dissociação entre o comportamento, a percepção e o julgamento, que resulta dos diferentes caminhos neurais responsáveis por essas atividades.

OS MECANISMOS CEREBRAIS SUBJACENTES À EMPATIA

Embora alguns pesquisadores tenham investigado os efeitos benéficos da empatia, como a sobreposição de identidades, pelo viés da psicologia, outros preferiram analisar os mecanismos neurais ou cerebrais a ela subjacentes – o que resultou em descobertas maravilhosas nos últimos anos.

Todos os seres humanos nascem com a capacidade para empatia; ela já vem embutida no cérebro. No entanto, assim como acontece com outras características inatas, há diferenças particulares com relação aos níveis de empatia exibidos por cada indivíduo – alguns apresentam problemas nessa parte do cérebro, outros possuem uma enorme capacidade para a empatia e para a compaixão.

♦

422

A FELICIDADE EM UM MUNDO CONTURBADO

Grande parte do que sabemos sobre a construção de empatia e de outras emoções positivas no cérebro surgiu nas últimas duas décadas, e houve descobertas incríveis. Uma das descobertas mais impressionantes aconteceu por acaso, no começo da década de 1990. Os pesquisadores Giacomo Rizzolatti e Vittorio Gallese, da Universidade de Parma, na Itália, estavam estudando os neurônios específicos responsáveis por enviar instruções para os braços e as mãos dos macacos, para que eles se estiquem e apanhem um objeto – no caso, era um amendoim. (É amplamente sabido, é claro, que para cada função que o corpo desempenha existe uma região específica do cérebro, composta de células nervosas, chamadas de neurônios, responsável por isso. Os neurônios enviam mensagens por meio de sinais químicos e elétricos, que são levadas por uma série de filamentos nervosos para os órgãos-alvo, dando-lhes instruções a respeito da maneira como devem proceder. Por exemplo, existe uma área que controla os movimentos das mãos, outra que recebe a informação sensorial da mão etc.)

Certo dia, um dos pesquisadores esticou o braço para pegar um amendoim e viu que o macaco tinha ativado os neurônios em questão, como se ele próprio estivesse esticando o braço para pegar alguma coisa! Foi um achado estranho e inusitado e, quando os pesquisadores se debruçaram sobre ele, descobriram que havia células especiais em certas regiões do cérebro que eram ativadas quando os animais executavam uma ação ou viam outra pessoa executar essa ação. Essas células foram chamadas de neurônios-espelho, devido ao fato de espelharem as atitudes de outras pessoas – como se o animal estivesse fazendo algu-

♦
423

ma coisa, quando, de fato, estava apenas observando. Mais tarde, elas foram encontradas no cérebro humano. De certa forma, isso pode ser visto como uma contraparte neural para o fenômeno da sobreposição de identidades, visto que essas células inibem a distinção que fazemos entre realizar determinada ação e observar outra pessoa fazê-la. Ainda que essas células tenham sido encontradas apenas em algumas regiões cerebrais, como as que são responsáveis pelos movimentos das mãos e da boca, alguns pesquisadores acreditam que os neurônios-espelho podem estar presentes em outras áreas do cérebro e talvez contribuam para a construção da empatia.

Estudos complementares realizados na última década mostram que certos mecanismos neurais constroem ligações entre o "eu" e o "ele". Muitas pesquisas e experimentos científicos comprovam o valor dessa teoria, que é chamada de modelo de percepção-ação e pode desempenhar importante papel na geração de empatia, talvez funcionando como uma base neurocerebral para a sobreposição de identidades. Segundo a teoria, quando percebemos que alguém está sob a influência de determinada emoção, o nosso cérebro automaticamente ativa a área que gera essa emoção. Muitos acreditam que esse sistema seja responsável pela nossa capacidade de recriar o estado mental de outras pessoas, ajudando-nos a gerar uma "sintonia" com elas. Quando isso acontece, o cérebro ativa as áreas que estão associadas à formação de uma tendência a agir de maneira específica, como se estivéssemos nos preparando para ativar os mesmos músculos e os mesmos processos fisiológicos que observamos na outra pessoa, isto é, como se fôssemos essa pessoa.

Num experimento, monitorou-se o funcionamento do cérebro dos sujeitos de estudo com aparelhos de RMNf, enquanto eles assistiam a um vídeo que mostrava uma pessoa recebendo um estímulo doloroso. Constatou-se que o simples fato de eles verem outra pessoa sentindo dor ativava áreas do cérebro que estão associadas à sensação de dor em primeira mão, ou seja, os circuitos neurais que eram ativados quando eles sentiam dor também eram ativados quando viam alguém sentindo dor. Isso representa uma espécie de "compartilhamento de experiência" num nível neural, uma "comunhão" entre o "eu" e o "outro", uma sobreposição de identidades neural.

Felizmente, quando vemos outras pessoas sentindo dor, essa "sobreposição" não se estende às áreas do cérebro envolvidas na decodificação dos aspectos sensoriais da dor, isto é, a parte do cérebro que diz à pessoa que algo lhe dói fisicamente. As áreas que são ativadas dizem respeito aos aspectos "motivacionais" e "afetivos" da dor. Isso significa que as áreas responsáveis por afastar a pessoa da fonte da dor (por exemplo, quando colocamos a mão sobre o fogo) e as áreas responsáveis pela produção de emoções desagradáveis são ativadas tanto na pessoa que observa quanto na pessoa que, de fato, sente a dor. Não importa o que estejamos vendo, a "sobreposição" é apenas parcial. Se *todas* as mesmas áreas do cérebro fossem ativadas, isso resultaria numa espécie de alucinação que faria a pessoa recriar a realidade da experiência observada.

◆

Faz sentido que haja diferenças entre a experiência em primeira mão e a experiência observada, e faz sentido que os sistemas neurais responsáveis pela dor produzam uma sobreposição parcial, e não total. Se todos os sistemas neurais responsáveis pela criação de uma experiência fossem ativados quando observamos o comportamento de outra pessoa, teríamos a ilusão de estarmos agindo semelhantemente a ela, o que geraria uma espécie de alucinação que recriaria a realidade dessa experiência.

Cultivando maior empatia

Vimos que a prática da empatia está associada a muitos benefícios, que podem funcionar como soluções específicas para os problemas gerais ou como um antídoto para os obstáculos cotidianos, contribuindo para o bom funcionamento da sociedade. Embora cada um de nós seja dotado com um nível particular de empatia, muitos estudos mostram que a nossa capacidade para a empatia (assim como para muitas habilidades) pode ser aprimorada por meio de treinamento e esforço.

O método mais comum para o cultivo da empatia, como vimos, é a mudança de enfoque, o ato de se colocar no lugar do outro. Esse método é bastante eficiente, mas possui algumas limitações naturais. O Dalai-Lama oferece uma abordagem alternativa mais poderosa que não depende da capacidade da pessoa de imaginar as circunstâncias específicas e as condições de vida da outra pessoa. A abordagem revolucionária dele compreende uma profunda reflexão sobre a nossa humanidade comum.

◆

A FELICIDADE EM UM MUNDO CONTURBADO

A empatia convencional:
baseada na mudança de enfoque

O método convencional, usado quando tentamos aumentar a nossa empatia conscientemente, exige que imaginemos as circunstâncias específicas da vida de uma pessoa em particular ou, mais diretamente, que imaginemos como seria estar no lugar dela. Já discorremos sobre a questão da natureza bivalente da sobreposição de identidades. Primeiro, projetamos as nossas características em outra pessoa; depois, assumimos as suas características e passamos a acreditar que somos parecidos. Na primeira etapa, não precisamos conhecer o outro. Podemos projetar as nossas características em qualquer pessoa, até mesmo em animais de estimação. Mas, na segunda etapa, precisamos conhecer minimamente a outra pessoa, ou pelo menos imaginar que a conhecemos. Estudos científicos revelam que não precisamos conhecer os detalhes específicos da história de vida da outra pessoa para sentirmos empatia. No entanto, parece que a empatia ocorre mais naturalmente nos casos em que nos relacionamos com a experiência do outro com base em experiências anteriores. É mais fácil para a mulher sentir empatia com uma mãe se ela já tiver sido mãe, é mais fácil para o homem sentir empatia com um bombeiro se ele já tiver sido bombeiro. *Não precisamos* conhecer o outro e enxergá-lo como semelhante para sentirmos empatia, *mas isso ajuda.*

Essa é uma das limitações tradicionais do método para o cultivo da empatia que se baseia na mudança de enfoque. Afinal de contas, as circunstâncias de vida específicas que compartilhamos com as outras pessoas podem ser limitadas. Também existem outras limitações. Alguns pesquisadores ficaram com medo de que as pessoas desenvolvessem uma empatia com os *skinheads* neonazistas, por exemplo. Para aqueles que assumem inconscientemente as características de um grupo estereotipado, assumir as características dos *skinheads* pode não ser um bom negócio. Além disso, devido à sobreposição de identidades, eles podem achar que possuem valores e atributos em comum com os *skinheads*. Mas é raro isso acontecer. Estudos mostram que a "junção" de traços que ocorre quando sentimos empatia compreende apenas os traços positivos. No entanto, o mais provável é que a pessoa sofra reprimendas da sociedade se disser que entende o ponto de vista dos *skinheads* neonazistas, ainda que não concorde com eles.

A principal forma de empatia: baseada na nossa humanidade comum

Nesse aspecto, o método do Dalai-Lama mostra-se mais vantajoso: *a conexão com o outro se baseia na nossa humanidade comum!* No caso da mudança de enfoque, precisamos imaginar como seria estar no lugar da outra pessoa, visualizando o seu casamento, o seu emprego, a sua família, o seu passado. Já com a "abordagem realista" do Dalai-Lama, podemos basear as nossas semelhanças na realidade, no fato inegável de que somos todos iguais num nível fundamental. Não precisamos fazer adivinhações,

A FELICIDADE EM UM MUNDO CONTURBADO

não precisamos imaginar as circunstâncias particulares da vida da outra pessoa para projetar as nossas características pessoais na imagem que fazemos dela, quer isso seja verdadeiro ou não. Com essa abordagem, que se baseia na contemplação da nossa humanidade comum, a sobreposição de identidades é construída a partir das características que todos os seres humanos possuem – por exemplo, todos querem ser felizes, todos querem evitar o sofrimento e a dor, todos querem ser amados etc. Isso torna a empatia mais intensa, pois temos a força e o poder da verdade nos apoiando. Além disso, com a abordagem do Dalai-Lama, podemos sentir empatia com qualquer indivíduo, mesmo que ele não se pareça conosco.

Vimos que o método tradicional para a mudança de perspectiva pode nos ajudar a superar os estereótipos e o preconceito. Vimos também que, quando sentimos empatia com um membro de um grupo estereotipado, o sentimento estende-se a todos os membros do grupo, eliminando preconceitos. Mas, nesse caso, a eliminação dos estereótipos e dos preconceitos não se estende aos *outros* grupos estereotipados! Podemos superar o nosso preconceito contra os negros, por exemplo, praticando a empatia, mas isso não mudará o que sentimos com relação aos outros grupos raciais. Mas, quando baseamos a empatia nas características que compartilhamos como seres humanos, estendemos o seu escopo aos demais grupos estereotipados!

◆

O PODER DA EMPATIA

Já dissemos que a empatia gera muitos benefícios tanto para a felicidade individual quanto para a resolução dos problemas sociais. Mas a sua verdadeira utilidade ultrapassa todos os aspectos discutidos até aqui. Estudos mostram que a empatia desempenhou importante papel no comportamento solidário das pessoas que resgataram judeus durante a Segunda Guerra. Em muitos casos, ela foi o principal fator que os motivou a agir, dando-lhes força para transcender o horror e as terríveis pressões sociais e para salvar os judeus de uma morte certa, muitas vezes atraindo o perigo para si. Isso exigiu deles os mais altos níveis de força interna, de coragem e de integridade moral, e foi o poder da empatia (e, é claro, o da compaixão, sobre o qual falaremos adiante) que lhes insuflou essas características heroicas.

Estudos mostram que tendemos a sentir empatia com as pessoas que se parecem conosco. No nível prático, isso significa que, num resgate, se enxergarmos a vítima como alguém que se pareça conosco, que apresente a mesma origem étnica, as mesmas atitudes, a mesma personalidade ou a mesma cultura, sentiremos uma empatia ainda maior – e, portanto, teremos mais vontade de ajudar. Nesse caso, refiro-me à empatia do tipo convencional, baseada na mudança de enfoque. Alguns estudiosos do holocausto dizem que o motivo pelo qual poucas pessoas se ofereceram para ajudar os judeus foi o fato de eles serem vistos como um povo diferente e pouco solidário.

Mas alguns historiadores argumentam que havia dois tipos de indivíduos dispostos a resgatar os judeus durante

A FELICIDADE EM UM MUNDO CONTURBADO

a Segunda Guerra. As pessoas do primeiro tipo identificavam-se com a vítima e se achavam parecidos com ela em termos políticos, teológicos e socioeconômicos. Esses ajudaram os judeus em função de uma empatia convencional. Mas as pessoas do segundo tipo eram diferentes. O grupo de estudiosos do holocausto formado pelo doutor Dam Oliner e pela doutora Pearl Oliner identificou um traço em particular que definia esse segundo grupo. Eles perceberam que esses indivíduos apresentavam altos níveis de extensibilidade, entendida como uma *"conexão com o outro por meio da percepção de uma humanidade comum"*. Eles sentiam empatia com as vítimas por causa das suas características humanas, e não pelas suas características sociais, econômicas, políticas e religiosas.

Qual era a diferença entre a empatia convencional e a empatia que se baseava na nossa humanidade comum? Na Dinamarca, havia uma forte identificação com os judeus antes da guerra, e os dinamarqueses relacionavam-se com eles em função da sua humanidade comum, não se limitando a traços específicos. Em países como a Polônia e a Lituânia, as diferenças políticas e teológicas do pré-guerra eram mais nítidas, e as pessoas tendiam a sentir empatia do tipo convencional com os judeus que pertenciam ao seu grupo político, religioso ou social. Na Dinamarca, 96 por cento dos judeus foram resgatados! Na Polônia e na Lituânia, 95,5 por cento foram mortos!

Se tivermos um profundo entendimento da nossa humanidade comum, da empatia, da compaixão e do valor prático dessas coisas, e se tivermos coragem para implementá-las na vida cotidiana, isso não apenas poderá deter-

◆

431

A ARTE DA FELICIDADE EM UM MUNDO CONTURBADO

minar ou influenciar os nossos níveis de felicidade pessoal e social, como também poderá se tornar uma questão de vida, morte e sobrevivência. Em última análise, essa abordagem pode transformar o futuro da humanidade.

A DEFINIÇÃO DA COMPAIXÃO

Por fim, chegamos ao zênite das emoções humanas: *a compaixão*. Ela é definida comumente como uma espécie de solidariedade ou uma abertura para os sentimentos alheios que está associada ao desejo de que os outros se recuperem do sofrimento. Para alguns, está incluído na concepção de compaixão o desejo de ajudá-los.

Para o propósito deste livro, no entanto, pode ser útil pensar na compaixão não como uma emoção à parte, mas como um grupo de emoções ou estados mentais positivos que têm afinidade entre si, assim como a "família da esperança". Usando esse modelo, podemos pensar numa "família da compaixão", composta por várias emoções ou estados mentais positivos: a empatia, a compaixão, a gentileza e outros. O Dalai-Lama já empregou vários termos para descrever os estados mentais dessa família. Um "bom coração", "afeição" e um "coração acolhedor" são os três mais usados. Quando ele fala da amizade, o seu tom de voz muitas vezes expressa esse sentimento. Nos últimos anos, no entanto, ele tem usado mais o termo "preocupação" para se referir à compaixão.

◆

A FELICIDADE EM UM MUNDO CONTURBADO

OS BENEFÍCIOS DA COMPAIXÃO

A compaixão é o estado mental que existe na interseção entre a felicidade interior ou individual e a felicidade externa ou social, atuando como um antídoto universal tanto para a infelicidade quanto para os problemas sociais. Pelo menos é isso o que dizem o Dalai-Lama, a ciência e o bom-senso.

Por quê? Já exploramos muitos dos problemas que afligem o mundo de hoje. O Dalai-Lama é o primeiro a reconhecer que precisamos utilizar muitas abordagens, em níveis diferentes, para corrigir a complexa variedade de problemas da sociedade moderna. Mas ele também diz que, no nível mais fundamental, a maioria dos problemas é causada pelas distorções de percepção e de pensamento, pelas emoções negativas e pelo modo como nos relacionamos uns com os outros, e que tudo isso pode nos destruir, de uma forma ou de outra.

Discutimos alguns "tratamentos" ou remédios específicos para os problemas da sociedade e chegamos à conclusão de que as emoções positivas, em geral, funcionam como um antídoto para as causas subjacentes aos problemas sociais. A compaixão produz todos os benefícios tanto da empatia quanto das outras emoções positivas. Como é uma das emoções positivas mais poderosas, ela tem a capacidade de gerar todos os efeitos benéficos das outras emoções positivas. Como vimos, estudos mostram que basicamente qualquer emoção positiva pode gerar esses efeitos, não importa se a emoção introduzida experimentalmente é a alegria, a serenidade ou uma sensação geral de "felici-

◆

433

dade", de "otimismo" etc. A compaixão é uma das emoções positivas mais poderosas e traz consigo os mesmos efeitos benéficos das outras emoções positivas em geral.

Também vimos que a empatia possui alguns dos efeitos benéficos das outras emoções positivas, bem como a capacidade singular de transformar o modo como nos relacionamos uns com os outros, formando laços sociais e promovendo mudanças de pensamento que podem nos ajudar a resolver muitos dos problemas atuais. Além de possuir todos os efeitos benéficos das emoções positivas em geral, a compaixão também traz consigo todos os efeitos benéficos da empatia. Isso acontece porque a empatia é um componente fundamental da compaixão. Onde houver compaixão, sempre haverá empatia. Como a compaixão nos faz sentir o sofrimento alheio, precisamos ter pelo menos algum grau de empatia com a outra pessoa. E, como a compaixão requer certa medida de empatia, por definição, quando sentimos compaixão, trazemos à tona todos os efeitos benéficos da empatia discutidos anteriormente.

Como observou o Dalai-Lama, existe estreita ligação entre a empatia e a compaixão. Do ponto de vista da ciência, muitos estudos comprovam a ligação entre a mudança de enfoque, a compaixão e o altruísmo, mostrando que a empatia faz que sejamos compassivos e solidários com o próximo – que é o objeto da compaixão e da empatia. Batson, por exemplo, investigou a fundo a ligação entre a empatia e a compaixão e descobriu que a mudança de enfoque aumenta a "preocupação empática", um estado mental que leva a atitudes solidárias, motivadas apenas pelo desejo de aumentar o bem-estar do próximo. É claro, existem muitas variáveis ou fatores que determinam a nossa capacidade individual para a empatia e para a compaixão e a nossa resposta ao sofrimento alheio. Em alguns casos, enxergar a realidade do ponto de vista de outra pessoa pode não levar necessariamente à compaixão. Em outros, a compaixão pode não levar à solidariedade. Por exemplo, às vezes, a pessoa sente uma empatia e uma compaixão tão fortes, e é tocada de maneira tão profunda pelo sofrimento alheio, que se vê tomada pela angústia e pela paralisia. Em casos como esse, pode ser preciso que adote estratégias para reduzir a ansiedade e o medo, como as que foram discutidas no capítulo 9. Sempre haverá diferenças individuais. Certa vez, perguntei ao Dalai-Lama o que podemos fazer nesse caso. Ele respondeu que devemos fortalecer o nosso sentimento de compaixão até que ele se torne forte o bastante para debelar a angústia.

A compaixão e a mudança social

Quando se trata do potencial que a compaixão tem para provocar mudanças positivas na sociedade – eliminando o preconceito, a discriminação, o racismo, o conflito, a violência e outros problemas –, está claro que ela, sozinha, não é suficiente para gerar mudanças sociais. Afinal de contas, a compaixão é apenas um estado mental. Para promover mudanças, *precisamos agir, precisamos mudar as nossas atitudes que estão associadas a estados mentais destrutivos.* Como vimos, a compaixão pode nos ajudar a superar os estados mentais destrutivos, como o preconceito e o ódio, e mudar a percepção que temos do outro, tornando-a mais realista e menos estereotipada. Só isso já produziria mudanças na maneira como nos relacionamos com os amigos e vizinhos. *E, tendo em vista os efeitos contagiantes das emoções positivas e a natureza interdependente do mundo atual, podemos dizer que qualquer impacto causado no nosso círculo de conhecimentos teria consequências mais amplas, como ondas se alastrando na superfície de um lago.*

Felizmente, os benefícios da compaixão vão muito além da simples neutralização das tendências pessoais ao preconceito, ao racismo, ao conflito e à violência. A compaixão nos motiva a tomar atitudes para ajudar os outros, para reduzir o seu sofrimento e promover o seu bem-estar. Nem todos possuem as mesmas qualidades e a mesma capacidade para ajudar o próximo. *Cada um deve decidir o que fazer para construir um mundo melhor. Mas creio que cultivar um estado mental que nos permita fazer isso é um ótimo primeiro passo.*

A compaixão e a felicidade pessoal

Propusemos a ideia de que a compaixão é o ponto de interseção entre a felicidade pessoal e a felicidade social, na medida em que contribui para ambas. Dissemos que ela pode nos ajudar a superar os problemas sociais ou, pelo menos, provocar mudanças que aumentem a nossa capacidade para resolver esses problemas. Agora, resta-nos falar sobre a ligação entre a felicidade pessoal e a compaixão.

◆

Essa ideia está começando a ganhar força no Ocidente, embora ainda haja uma enorme lacuna entre o conceito de compaixão proposto pelo Dalai-Lama, que está associado à busca da felicidade pessoal, e a visão que prevalece no ideário ocidental.

Na conversa que tivemos naquela tarde, em Tucson, o Dalai-Lama não se aprofundou na questão da compaixão. Esse era um assunto que já tínhamos discutido muitas vezes no passado. Assim, para não perder tempo, ele discorreu sobre a essência ou mensagem fundamental da compaixão e dirigiu os seus comentários ao contexto atual. Além do mais, tendo investigado a fundo a questão das características comuns a todos os seres humanos, entre outras coisas, assuntos que jamais tinham sido abordados por esse viés, não havia muito a acrescentar. Mesmo assim, para esclarecer a ideia do Dalai-Lama, para quem a compaixão está associada à felicidade pessoal, creio que seja útil tecer alguns comentários.

Faz muitos anos que eu e o Dalai-Lama discutimos as diferenças entre o seu modelo de compaixão – que é o do budismo tibetano – e o modelo tradicional do Ocidente. Para ele, ser compassivo significa entender o sofrimento das outras pessoas, preocupar-se com elas, desejar que sejam libertadas do sofrimento e agir no sentido de ajudá-las. Para os ocidentais, a compaixão está vinculada à ideia do altruísmo, que carrega uma conotação de autossacrifício, no qual os efeitos benéficos que resultam da compaixão ou altruísmo voltam-se em sua totalidade para a outra pessoa, de modo que a felicidade pessoal do indivíduo compassivo não é equacionada. De fato, achamos que, quando

A ARTE DA FELICIDADE EM UM MUNDO CONTURBADO

a pessoa pensa no seu bem-estar ao realizar um gesto caridoso, isso "não conta" como um verdadeiro ato de altruísmo ou compaixão. Ao falar sobre a omissão da pessoa como objeto legítimo da sua própria compaixão, o Dalai-Lama disse que achava que os ocidentais simplesmente não entendiam o espírito da coisa. Falou que é normal termos compaixão por nós mesmos e querer colher os frutos da compaixão que sentimos pelos outros, isto é, a felicidade pessoal que resulta desse sentimento.

A cultura ocidental talvez ainda não seja capaz de vincular automaticamente o conceito da compaixão ao conceito da felicidade pessoal, mas as descobertas científicas estão começando a mudar isso. Quando essas descobertas transpuserem os limites dos laboratórios e dos cursos universitários, espraiando-se pela cultura popular moderna, veremos mudanças radicais na sociedade, na medida em que cada vez mais pessoas cultivarão a compaixão pelos outros como meio de obter felicidade e satisfação pessoal.

Quando escrevi o primeiro volume da série *A arte da felicidade*, havia poucos estudos sobre a felicidade e um número ainda menor sobre a compaixão, sobretudo pelo viés da biologia. Naquele volume, mencionamos um ou dois estudos feitos por pioneiros do campo da felicidade humana, vozes dissidentes na época. Desde então, houve uma espécie de revolução da felicidade, e surgiram muitas pesquisas no campo das emoções positivas, o que gerou grande corpo de dados que comprova a ligação entre a felicidade pessoal e a compaixão. Alguns dos estudos mais interessantes nessa área foram realizados por Richard Davidson, diretor do Laboratório de Neurociência Afetiva da Universidade

◆

438

A FELICIDADE EM UM MUNDO CONTURBADO

de Wisconsin-Madison. A originalidade dos seus trabalhos deve-se, em parte, às conversas que teve com o Dalai-Lama, que continuam acontecendo até hoje, patrocinadas pelo Instituto da Mente e da Vida. Ao monitorar a atividade cerebral de um grupo de sujeitos de estudo com aparelhos de RMNf, Davidson localizou uma área no cérebro associada à felicidade. Mais especificamente, identificou uma área localizada na porção esquerda do córtex pré-frontal que está associada aos estados mentais positivos da felicidade, como o entusiasmo, a alegria, o vigor e a tranquilidade mental. Numa série de experimentos, Davidson investigou o que acontece no cérebro quando sentimos compaixão.

Num dos meus experimentos prediletos sobre a relação entre a felicidade pessoal e a compaixão, o doutor Davidson e seus colegas levaram um monge budista franco-tibetano ao laboratório para estudar os efeitos da compaixão. Esse monge era muitíssimo bem treinado. Passou muitos anos no Himalaia, meditando sobre a compaixão. Ligando-o ao aparelho de EEG e de RMNf, Davidson primeiro monitorou o funcionamento cerebral do monge em estado de repouso, para medir suas atividades cerebrais básicas. Depois, pediu-lhe que realizasse uma intensa meditação budista sobre a compaixão. O resultado foi que, durante a meditação, houve uma transferência drástica de atividade cerebral para a porção esquerda do córtex pré-frontal, acendendo a "região da felicidade" no cérebro. Diante disso, Davidson concluiu: "Quando nos preocupamos com o bem-estar do outro, isso nos proporciona um sentimento de bem-estar." O que poderia ser melhor para comprovar a ligação entre a felicidade pessoal e a compaixão?

◆

439

A ARTE DA FELICIDADE EM UM MUNDO CONTURBADO

Muitos outros estudos tentaram estabelecer esse tipo de ligação. Num deles, a doutora Sonja Lyubomirsky e os seus colegas da Universidade da Califórnia, em Riverside, pediram a um grupo de sujeitos de estudo que escolhesse um dia da semana para realizar cinco "atos de gentileza". Não precisavam ser atos heroicos de autossacrifício, bastava que os objetos de estudo abrissem a porta para alguém com um sorriso caloroso ou colocassem uma moeda no parquímetro esgotado de outra pessoa. Depois de seis semanas, eles exibiram significativo aumento nos seus níveis gerais de felicidade e de satisfação pessoal.

Experimentos como esse parecem comprovar a visão do Dalai-Lama: "Se queremos fazer as outras pessoas felizes, precisamos praticar a compaixão. Se queremos ser felizes, precisamos praticar a compaixão."

Para comprovar os efeitos benéficos que resultam dessa emoção, mencionarei outro experimento realizado por Davidson e os seus colegas. Muitos estudos revelam que podemos treinar a nossa mente para superar as emoções negativas e nos tornar mais compassivos, felizes etc. Assim, no experimento de Davidson, os pesquisadores procuraram investigar a capacidade humana para o treinamento mental, sobretudo no que diz respeito à regulação das emoções negativas. Na primeira etapa, foram mostradas imagens desagradáveis para os sujeitos de estudo, enquanto os seus cérebros eram monitorados por máquinas de RMNf. Essas imagens, que tinham o intuito de evocar respostas emocionais extremamente negativas, retratavam, em sua maioria, pessoas doentes ou mutiladas, como um bebê que possuía um enorme tumor que lhe saía pelo olho. Elas

◆

440

A FELICIDADE EM UM MUNDO CONTURBADO

tendiam a provocar repulsa, medo e outros sentimentos negativos. Isso foi confirmado pelos aparelhos de RMNF, que sinalizaram a ativação de estruturas como as amígdalas cerebelosas que, como sabemos, são responsáveis por emoções como a ansiedade e o medo, assim como pelas respostas de estresse.

Na etapa seguinte, os sujeitos de estudo utilizaram uma técnica para abrandar a sua resposta emocional negativa. Essa técnica consistia no cultivo de *um sentimento de compaixão*. Depois, foram instruídos a olhar novamente para as imagens, só que, dessa vez, manifestando um desejo sincero de que as pessoas retratadas se recuperassem logo do sofrimento e alcançassem um resultado positivo. O simples ato de olhar para as imagens com uma tendência compassiva funcionava como um antídoto para as emoções negativas, anulando a ativação das amígdalas! Assim, podemos dizer que existem provas de que a prática da compaixão pode nos ajudar a regular ou reduzir as emoções negativas e as respostas de estresse, construindo emoções positivas e felicidade. De maneira geral, essa técnica também pode ser vista como um modo de reavaliar positivamente as imagens desagradáveis ou como um método para alargar o ponto de vista da pessoa, permitindo-lhe olhar para a situação de diferentes ângulos, com um enfoque mais positivo etc. Ou seja, é a mesma técnica que o Dalai-Lama recomendou para nos ajudar a lidar com a adversidade e os problemas do dia a dia. Nesse caso, vemos que ela também pode ser considerada um antídoto eficiente para as emoções negativas e para as respostas de estresse.

◆

A ARTE DA FELICIDADE EM UM MUNDO CONTURBADO

Vimos que a compaixão transforma o nosso modo de pensar e de interagir com as outras pessoas, fortalecendo os laços de confiança; resgata o espírito comunitário; elimina os estereótipos, o preconceito e o racismo; afasta os conflitos e a violência. Vimos também que ela pode ser fonte inesgotável de felicidade e de bem-estar pessoal. Por esse motivo, creio que podemos dizer que a compaixão é a emoção ou estado positivo mais importante para a humanidade, funcionando como um ponto de interseção entre a felicidade individual e a felicidade social. E, como disse o Dalai-Lama, o cultivo de uma profunda conscientização da nossa humanidade comum é a maneira mais direta e eficiente de estabelecer um profundo sentimento de ligação com os outros, que sirva de base para a compaixão.

MUDANDO A OPINIÃO DAS PESSOAS
SOBRE A COMPAIXÃO

Infelizmente, a prática da compaixão e da gentileza não é amplamente disseminada no mundo de hoje. Talvez um dos principais empecilhos seja o fato de ainda não sermos capazes de enxergar a compaixão como fonte legítima de felicidade pessoal, ou o fato de não reconhecermos a vasta gama de efeitos positivos que resultam dessa emoção. Ainda achamos que a compaixão é algo que oferecemos ao próximo, algo que está dissociado da nossa própria felicidade. Ainda achamos que a compaixão é um ensinamento religioso, espiritual ou moral, quando, na verdade, ela é um estado mental que apresenta muitos aspectos prá-

442

A FELICIDADE EM UM MUNDO CONTURBADO

ticos e se baseia num modo de encarar a vida que pode ser cultivado por meio de métodos efetivos. Ainda achamos que a compaixão é um capricho, um luxo, quando, na verdade, ela é uma necessidade.

O nosso maior desafio, portanto, é mudar a opinião que as pessoas têm sobre a compaixão, para que ela seja vista como um valor prático real, produto de uma visão de mundo que pode ser cultivada individualmente. Talvez possamos criar uma rápida conscientização da importância disso se conseguirmos fazer que grandes setores da sociedade norte-americana adotem técnicas para o cultivo da compaixão. E a chave para isso encontra-se no estudo que acabei de mencionar, realizado por Davidson e seus colegas. Nele, os pesquisadores observaram os efeitos dessas técnicas no funcionamento cerebral da pessoa não apenas dentro do laboratório, como também no dia a dia, fora do laboratório. Como vimos, o cortisol é um dos hormônios secretados quando exibimos um quadro de estresse. Em circunstâncias normais, quando não estamos estressados, a liberação desse hormônio na corrente sanguínea dá-se de maneira mais intensa no período da manhã e, depois, vai diminuindo aos poucos ao longo do dia. Num gráfico, isso seria representado por uma linha diagonal descendente que se estenderia do período da manhã até o período da noite. Quando estamos estressados, esse hormônio é liberado continuamente durante todo o dia, resultando num gráfico com uma linha horizontal. Para monitorar os níveis de estresse dos sujeitos de estudo, extraiu-se a sua saliva em seis momentos diferentes do dia. Ao colocar os resultados num gráfico, os pesquisadores perceberam que as pessoas que praticavam a técnica da compaixão ou da "reavaliação" exibiam uma linha mais inclinada, que indicava menos estresse.

E, assim, finalmente chegamos ao ponto principal. A linha reta no gráfico dos níveis de cortisol, que representa uma produção contínua desse hormônio em razão do estresse, está associada a uma variedade de efeitos prejudiciais ao corpo. *Um desses efeitos é que a pessoa apresenta uma cintura maior, ou seja, uma barriga gorda. A linha inclinada, por sua vez, resulta numa cintura menor, ou seja, numa barriga magra.* Talvez essa seja a chave para a transformação súbita e drástica da sociedade norte-americana, para a criação de uma sociedade mais compassiva. Talvez tenhamos encontrado, finalmente, uma maneira de transformar o mundo e de erradicar a violência e o ódio. Tudo o que precisamos fazer é colocar anúncios em jornais de supermercado: INCRÍVEL! NOVA DESCOBERTA!!! É MELHOR DO QUE "O SEGREDO"!!! *A DIETA DA COMPAIXÃO!!!* ISSO MESMO! SEJA GENTIL E COMPASSIVO E PERCA 8 CENTÍMETROS DE BARRIGA DA NOITE PARA O DIA!!!

Brincadeiras à parte, creio que a opinião das pessoas começará a mudar em breve e que a prática da compaixão será disseminada amplamente entre a população, graças aos esforços do Dalai-Lama e de outros que se dedicaram a nos mostrar o verdadeiro valor desse estado mental e os seus inúmeros benefícios para a nossa felicidade pessoal e para o mundo como um todo. Creio também que a ciência desempenhará importante papel nesse sentido, ao mudar a maneira como enxergamos a prática da empatia, da compaixão e das outras emoções positivas. Pode ser que leve tempo, mas há indícios positivos que sugerem que essas ideias estão sendo cada vez mais aceitas em todo o mundo. E parece que, agora, existe a esperança de que encontraremos um caminho que nos levará à felicidade pessoal e a um mundo melhor.

Essa última conversa em Tucson foi o ponto máximo de uma série de discussões que se estendeu por alguns anos. Como poderia levar algum tempo até o nosso próximo encontro, levei para o Dalai-Lama um *kata*, um cachecol de seda branco, que costuma ser oferecido tanto em uma primeira apresentação quanto em uma despedida, segundo a tradição tibetana. O *kata* que eu levei para ele era particularmente bonito; tinha cerca de três metros de comprimento e sessenta centímetros de largura e a sua estampa era composta por símbolos auspiciosos e versos que lhe desejavam boa sorte e felicidade.

Nosso encontro chegara ao fim. O assistente do Dalai--Lama entrara no cômodo para indicar que a visita marcada para aquela hora já estava esperando. O Dalai-Lama cumprimentou o assistente com um aceno de cabeça, virou-se para mim e disse:

– Howard, acho que teremos de encerrar por aqui. Mas, antes, quero lhe agradecer. Gostei das discussões que tivemos. Quando você relatá-las no seu livro, espero que sejam de serventia para alguém.

Percebendo que havia pessoas esperando para falar com o Dalai-Lama, rapidamente comecei a reunir o meu equipamento de gravação e os meus cadernos, de modo

A ARTE DA FELICIDADE EM UM MUNDO CONTURBADO

um tanto atrapalhado, enquanto eu procurava o *kata* que levara para lhe presentear.

– Obrigado, Vossa Santidade, por ter sido tão generoso ao me ceder parte do seu tempo. Sabe, ao longo dos anos, discutimos outros assuntos que estão relacionados com os problemas sociais, como a distância entre ricos e pobres, os diferentes estilos de vida, o consumismo, a ganância etc., mas acho que essas questões ainda não foram suficientemente exploradas. Espero que possamos continuar as nossas conversas no futuro.

– Está bem – concordou.

Embora os *katas* sejam enrolados de modo simples, levei algum tempo para abrir o que eu havia comprado. Enquanto eu fazia isso, o Dalai-Lama disse:

– Sabe de uma coisa, Howard? Esse costume de trocar *katas* tem um simbolismo interessante. A inspiração para o costume vem da Índia, onde as pessoas se presenteiam com guirlandas de flores ou echarpes de seda em ocasiões especiais. O tecido dos *katas* é feito na China, mas são os tibetanos que têm o costume de usá-los. Então, nesse caso, há uma harmonia entre os três povos vizinhos: a Índia, a China e o Tibete. Fantástico! – Por um momento, ele deu aquela sua maravilhosa gargalhada, cheia de inocência e alegria, que sempre elevava o meu espírito e alimentava a minha esperança de encontrar a verdadeira felicidade.

E, assim, o Dalai-Lama estendeu a mão para me cumprimentar, enquanto me envolvia com o outro braço e me puxava para perto, encerrando-me num amistoso abraço de urso.

◆

446

SOBRE OS AUTORES

SUA SANTIDADE, O DALAI-LAMA, nasceu no dia 6 de julho de 1935, no seio de uma família de fazendeiros pobres, no nordeste do Tibete. Aos 2 anos, foi reconhecido como o Dalai-Lama, o líder espiritual e temporal do povo tibetano, o décimo quarto numa sucessão que data do século XIV. Aos 26 anos, começou o seu longo treinamento como monge budista. Desde 1959, o Dalai-Lama está exilado em Dharamsala, na Índia. Fugiu do Tibete após um levante fracassado do povo tibetano contra a ocupação das forças chinesas. A sua busca incansável pelos direitos humanos, pela paz mundial e pelos valores humanos básicos rende-

A ARTE DA FELICIDADE EM UM MUNDO CONTURBADO

ram-lhe o reconhecimento da comunidade internacional. Recebeu inúmeras honrarias e prêmios, incluindo o Prêmio Nobel da Paz de 1989 e a Medalha do Congresso Norte--Americano.

Quando lhe perguntam sobre o papel que desempenha na vida, o Dalai-Lama responde que é "apenas um monge budista". Muitos o consideram um dos principais líderes espirituais do seu tempo e um dos maiores estudiosos e professores do budismo. Nas suas longas viagens, defende com ardor seus três maiores compromissos: em primeiro lugar, está comprometido com a promoção de valores humanos básicos, o que costuma chamar de "ética secular". Em segundo lugar, está comprometido com a promoção da harmonia e do entendimento entre as principais tradições religiosas do mundo. E, em terceiro lugar, está comprometido com a "questão do Tibete", dedicando-se ao bem-estar do povo tibetano, e atuando como porta-voz na sua luta por direitos humanos, autonomia e liberdade. Aonde quer que vá, o Dalai-Lama faz um sincero apelo ao público em favor da gentileza, da compaixão, da tolerância e da responsabilidade universal.

Para mais informações sobre o Dalai-Lama, incluindo o seu cronograma de palestras, visite: www.dalailama.com

O doutor HOWARD C. CUTLER é psiquiatra, autor e orador. É coautor, com o Dalai-Lama, da aclamada série de livros *A arte da felicidade*, traduzida para mais de cinquenta idiomas e que despontou nas listas de livros mais vendidos de todo o mundo. Seu livro de estreia, *A arte da felici-*

SOBRE OS AUTORES

dade: um manual para a vida, manteve-se na lista de *best-sellers* do *The New York Times* por 97 semanas. Um dos principais estudiosos da ciência da felicidade humana e pioneiro no campo da psicologia positiva, o doutor Cutler oferece palestras, seminários e cursos sobre a felicidade para indivíduos e organizações em todo o mundo.

O doutor Cutler é bacharel em artes e em zoologia, doutor em medicina pela Universidade do Arizona e pós--graduado em psiquiatria. Além disso, é diplomado pelo Conselho Norte-Americano de Psiquiatria e Neurologia e participa da equipe editorial do *American Journal of Psychotherapy*. Dedicou a sua vida a ajudar os outros a encontrar a felicidade, a satisfação e o sucesso. Atualmente, mora em Phoenix, no Arizona.

Para mais informações sobre *A arte da felicidade*, incluindo livros, seminários e cursos, ou para entrar em contato com o doutor Cutler, visite: www.theartofhappiness.com

LIVROS DA SÉRIE
A ARTE DA FELICIDADE

A arte da felicidade: um manual para a vida, de Sua Santidade, o Dalai-Lama, e Howard C. Cutler. São Paulo, Martins Fontes, 2000.

A arte da felicidade no trabalho, de Sua Santidade, o Dalai-Lama, e Howard C. Cutler. São Paulo, Martins Fontes, 2004.

A arte da felicidade em um mundo conturbado, de Sua Santidade, o Dalai-Lama, e Howard C. Cutler. São Paulo, WMF Martins Fontes, 2011.

SOBRE A SÉRIE
A ARTE DA FELICIDADE

Os livros da série *A arte da felicidade* abordam a felicidade humana, tendo sido escritos pela Sua Santidade, o Dalai-Lama, e pelo doutor Howard C. Cutler. Apoiam-se tanto no budismo oriental, representado pelo Dalai-Lama, quanto na ciência ocidental, representada pelo doutor Howard C. Cutler, um psiquiatra norte-americano. Depois da publicação de *A arte da felicidade: um manual para a vida*, em 1998, o mundo viu o crescimento do interesse pela questão da felicidade, incluindo o surgimento de um novo campo da psicologia dedicado ao estudo da felicidade humana. Durante esses anos, o Dalai-Lama e o doutor Cutler têm dado continuidade à sua colaboração. Os volumes seguintes da série estão sendo elaborados.

◆

Impressão e acabamento:

tel.: 25226368